Helene Hübener

Aus dem Leben einer Waise

FRANCKE
Verlag der Francke-Buchhandlung GmbH

Die Deutsche Bibliothek – CIP-Einheitsaufnahme

Hübener, Helene:
Aus dem Leben einer Waise / Helene Hübener. –
Marburg an der Lahn : Francke, 2001
(Heimatlicht-Taschenbuch)
ISBN 3-86122-911-0

35037 Marburg an der Lahn
Umschlaggestaltung: Reproservice Jung, Wetzlar
Foto: Privat
Satz: Verlag der Francke-Buchhandlung GmbH
Druck: St.-Johannis-Druckerei, Lahr

Heimatlicht „Taschenbuch“

Inhaltsverzeichnis

Heimatlos

Ein milder Frühlingstag. Es war, als sei das kleine Städtchen aus langem Winterschlaf erwacht. Überall Leben und Bewegung. Knaben spielten und lärmten auf der Straße, kleine Mädchen zeigten einander bunte Ostereier oder fuhren ihre Puppen spazieren in der warmen Frühlingssonne; Frauen standen schwatzend in den offenen Haustüren und freuten sich über das schöne Wetter; Männer waren geschäftig bei der Arbeit, es galt ein halb vollendetes Haus fertig zu stellen.

Dem Bau gegenüber, an einem unteren Fenster eines zweistöckigen Hauses, stand ein blasses etwa elfjähriges Mädchen, das Gesicht an die Fensterscheibe gedrückt, und schaute hinaus auf das Leben da draußen. Zwei kleine Mädchen, die eben mit ihren Puppenwagen vorüberfuhren, blieben stehen, klopften an die Fensterscheibe und riefen: „Frieda, komm heraus." Sie schüttelte traurig den Kopf, und eine Träne rollte langsam über die blasse Wange. Während die eine noch einmal bat, sagte die andere: „Lass sie nur, sie kommt doch nicht. Seit ihre Mutter gestorben ist, spielt sie nicht mehr mit uns." Die Kinder schoben ihren Wagen weiter, und bald dachten sie nicht mehr an das einsame Kind in Trauerkleidern, dort unten in der Stube.

Als sei ihm plötzlich ein erlösender Gedanke gekommen, schlüpfte es aus der Tür, ging die Treppe hinauf und öffnete die zu den oberen Räumen führende Tür. Es betrat einen großen, zweifenstrigen Raum, in dem sich eine Menge Möbel, wie zum Umzug bereit, befanden. Einige Leute standen herum; sie besahen und betasteten die einzelnen Gegenstände, andere saßen und unterhielten sich über das, was sie etwa zu kaufen gedachten.

„Ich werde mir das kleine Plüschsofa erstehen“, rief eine Dame und setzte sich darauf. „Es passt gerade in mein Zimmer, ich habe mir längst so was gewünscht.“

„Wann ist die Versteigerung?“, fragte eine andere.

„Morgen früh um 9 Uhr.“

„Es sind recht wertvolle Sachen dabei“, meinte ein Herr. „Das Pianino hat einen schönen Klang, wenn es nicht sehr in die Höhe getrieben wird, fällt es mir hoffentlich zu.“

Der Raum füllte sich mit Leuten aus den verschiedensten Ständen. Aufkäufer, die mit alten Möbeln und Kleidungsstücken Handel trieben, fanden sich ein, darunter einige mit nicht gerade vertrauenerweckenden Gesichtern. Sie sahen aus, als möchten sie alles mit ihren scharf spähenden Augen verschlingen, fuhren bald auf diesen, bald auf jenen Gegenstand los, redeten und prahlten, was sie alles kaufen wollten. Immer neue Menschen erschienen auf der Bildfläche, es war heute freie Besichtigung der zu kaufenden Gegenstände. „Jetzt wird mir’s unheimlich", sagte die auf dem Plüschsofa sitzende Dame zu ihrer Begleiterin, „ich gehe. Ich weiß nun, was ich kaufen will, diese vielen Gesichter bedrücken mich."

Die kleine Frieda war von niemand beachtet worden; die Menschen hatten alle zu sehr mit ihren Angelegenheiten zu tun. Als sie die vielen fremden Menschen sah, versteckte Frieda sich schnell hinter einen großen Schrank und flüchtete von da durch die offen stehende Tür in ein kleines Nebenzimmer, das außer einem Bett und einem Koffer ganz leer stand. Sie setzte sich auf den Koffer, begrub das kleine Gesicht in die Hände und begann jämmerlich zu schluchzen. In diesem Stübchen hatte ihre inniggeliebte Mutter den letzten Atemzug getan, hier hatte sie kurz vorher mit ihr gebetet und sie der Obhut des treuen himmlischen Vaters übergeben. „Er wird dich nicht verlassen noch versäumen", hatte sie gesagt, „vertrau stets auf ihn, halte dich fest zu seinem Wort, das Wort Gottes ist die ewige Wahrheit."

Plötzlich wurde die Tür, die vom Vorsaal aus in das kleine Zimmer führte, hastig aufgerissen. Eine ältere Frau sah sich suchend um und stürzte dann auf die Kleine zu. „Da bist du schon wieder hier oben, Kind. Du solltest ja gar nicht mehr hinauf. Und nun sitzest du hier und weinst wieder. Trockne schnell deine Tränen. Der Onkel, der dich mitnehmen will, ist eben angekommen, er will dich sehen." Dabei fasste sie das Kind an der Hand und zog es hinter sich her, nicht durch das große Zimmer, sondern durch die Tür, durch die sie gekommen, über den großen Vorraum, der zur Treppe führte.

„O mein Vögelchen", rief plötzlich die Kleine, machte sich los und eilte einem Tischchen zu, wo im Halbdunkel ein kleiner Kanarienvogel in einem hübschen Drahtkäfig leise zirpte. „Mein armes Vögelchen, es hat heute noch nichts bekommen –"

„Ich hab's gefüttert", beruhigte die Frau. „Ich nehme es hernach in meine Stube, komm jetzt, Kind, den Onkel dürfen wir nicht warten lassen."

Frieda warf noch einen letzten Blick auf ihr Eigentum, dann folgte sie der Hauswirtin nach unten.

In der unteren Stube schritt ein langer, hagerer Herr auf und ab. Als die Tür sich öffnete, drehte er sich um und sagte, während er Frieda die Hand reichte: „Dies also ist die Kleine. Wie heißt du, mein Kind?"

„Frieda Senker." Leise und schüchtern kam es von ihren Lippen. „Deine Mutter hat mir kurz vor ihrem Tode geschrieben. Ich bin ein entfernter Vetter, nähere Verwandte hat sie nicht. Sie hat mich gebeten, mich deiner anzunehmen. Du wirst, wenn die Sachen hier geordnet sind, mich begleiten und künftig bei uns wohnen. Ist alles zur Versteigerung bereit, Frau Nekel?"

„Alles, Herr. Sie ist für morgen früh angesetzt.

Mein Mann und ich haben ordentlich geschuftet, bis alles soweit war. Der Herr schrieb, er habe nur wenig Zeit und könne sich nicht lange aufhalten –"

„Nein, ich habe sehr wenig Zeit. Die ganze Sache kommt mir recht ungelegen."

Wieder ging er im Zimmer auf und ab. Die Wirtin entfernte sich, und Frieda, die etwas Scheu empfand vor dem fremden, wie es schien, etwas gestrengen Onkel, trat ans Fenster und sah dem Treiben auf der Gasse zu.

„Mein Kind, ich gehe jetzt in mein Gasthaus", sagte auf einmal der Onkel neben ihr, „wo bleibst du?"

„Ich bin seit meiner Mutter Tod bei Frau Nekel, sie holte mich gleich herunter, als – mein Mütterchen starb –"

„Hübsch von der Frau", unterbrach sie der Onkel. „Ob wir ihr etwas dafür bezahlen müssen?"

„Ich weiß es nicht", war Friedas Antwort.

„Morgen werden wir wohl noch hier bleiben, aber übermorgen spätestens, denke ich, reisen wir." Mit diesen Worten verabschiedete sich der neue Onkel und ließ die kleine Waise allein.

„Hier ist dein Vogel, Kleine", sagte Frau Nekel und setzte den Vogelbauer auf den Tisch. „Wir wollen ihn unten behalten, sonst wird er morgen am Ende mit verkauft –"

Frieda ging auf den Tisch zu, steckte den Finger in den Käfig und rief: „Lieber kleiner Hansi, ich habe in diesen traurigen Tagen gar nicht an dich gedacht.“ Zutraulich kam das Tierchen näher und pickte an dem Finger seiner Herrin. „Frau Nekel“, fing diese nach einer Weile an, „Sie sagten, der Vogel würde, wenn er oben bleiben würde, vielleicht mit verkauft; werden denn Mütterchens Sachen wirklich alle verkauft?“

„Ja doch, ja, Herzenskind. Es muss Geld herauskommen, ohne Geld will der Onkel dich nicht mitnehmen, und – es ist sonst sehr wenig da –“

„Mutter hat immer noch viel für Geld gearbeitet, das kann ich noch nicht. Ich kann weder sticken noch Wäsche auf der Maschine nähen, aber ich werde es lernen, werde noch viel lernen, dann kann ich mir auch Geld verdienen. Der Onkel, der mich mitnehmen will, ist wohl arm?“

„Ich weiß es nicht, Herzchen, weiß es nicht“, sagte Frau Nekel und streichelte der Kleinen die Wangen.

„Muss ich Ihnen auch Geld geben dafür, dass Sie mich seit meiner Mutter Tod hier behalten haben?“

„Behüte, Kind, nicht einen Pfennig sollst du mir geben. Wo bliebe da die christliche Barmherzigkeit, wenn man seinem Nächsten nicht in der Not hilft. Deine liebe Mutter ist stets freundlich und gut gegen mich gewesen, hat immer pünktlich ihre Miete bezahlt, hat mir oft etwas auf ihrer Maschine genäht, und als sie dann zum Sterben krank lag, hat sie mir die Hand hingestreckt und gesagt: ‚Nehmen

Sie sich meiner Frieda an, bis er kommt und sie holt'."

„Bis der Vetter kommt und sie holt, behalte ich das Kind, hab' ich ihr in die Hand versprochen, und was man einer Sterbenden verspricht, das muss man halten."

„Werden denn die Sachen, die bei uns in der Stube alle so hübsch nebeneinander standen – werden sie alle auseinander gerissen?"

„Einer kauft dies, der andere das, je nachdem. Aber den Vogel nimmst du mit, dafür will ich schon sorgen. Wir knüpfen ein Tuch um den Bauer, dann ist's Vögelchen ganz still, unterwegs merkt keiner etwas von ihm."

„Aber meine Kleider werden doch nicht verkauft?"

„Nein, mein Kind. Komm jetzt mit mir, wir wollen deinen Koffer packen und das Bett verschnüren. Dein Bett, das in der Kammer steht, geht mit. Das hat der Onkel so befohlen."

Frieda begleitete Frau Nekel die Treppe hinauf. Sie sprach fast gar nicht, ihr Köpfchen hatte zuviel zu denken.

Vor vierzehn Tagen war es noch so schön auf der Welt gewesen, da hatte Mutterliebe sie umfangen und alles Trübe von ihr fern gehalten. Dann auf einmal waren dunkle Wolken heraufgezogen, schwere Trübsal war über sie hereingebrochen, die Mutter war tot, das Heim, das trauliche, gemütliche Heim sah wie eine Wüste aus; fremde Menschen hatten diesen Nachmittag oben gehaust, hatten ihre Sachen befühlt und betastet, als ob sie gar kein Recht mehr daran hätte, und was würde nun mit ihr? Einem fremden Onkel sollte sie folgen in die unbekannte Welt und ihr Mütterchen verlassen, das draußen auf dem Gottesacker unter dem grauen Hügel schlief.

Als sie mit Packen fertig waren, nahm sie still die Suppe, die Frau Nekel brachte, und legte sich dann ins Bett. Denn sie hatte in diesen Tagen viel geweint und bedurfte dringend des Schlafes.

Die Reise

Am anderen Morgen erwachte die kleine Frieda schon früh. Sie kleidete sich rasch an, und da sie Frau Nekel in der Küche herumwirtschaften hörte, sich also unbeobachtet wusste, ging sie schnell nach oben. Sie wollte noch einmal die Räume sehen, in denen sie mit ihrer Mutter so glücklich gewesen war. Ob die Mutter immer glücklich war? Traurig hatte sie oft dreingeblickt, mitunter waren ihr Worte entschlüpft, die ihr, dem Kinde, unverständlich waren. „Liebe Frieda“, hatte sie einmal gesagt, „ich hätte mir dein Los anders vorgestellt, aber es ist nicht meine Schuld.“ Was die Mutter gemeint hatte, war ihr nicht klar; sie hatte es bei der Liebe der Mutter so gut gehabt.

Still ging sie durch den Raum. Die schönen Bilder waren von der Wand abgenommen und standen mit der Kehrseite ihr zugewandt. Die einzelnen Möbel, der Glasschrank mit den Büchern, die Kommoden, die große Uhr, jedes Stück hatte seine Erinnerung. Nun sollte sie nichts behalten. Wessen Eigentum würden sie wohl werden?

Da ließen sich Männertritte hören. Sie schrak zusammen. So schnell sie konnte trat sie hinter den großen Schrank, der den mittleren Raum des Zimmers einnahm.

„Es muss so viel wie möglich aus den Sachen herausgeschlagen werden, Herr Auktionator", sagte eine kräftige Stimme.

„Das will ich wohl, Herr Wilms, aber Steinfeld ist eine kleine Stadt. Honoratioren gibt es nicht viele, ob von der Landbevölkerung jemand hereinkommt, ist ungewiss –"

„Kind, was tust du hier", rief eine Stimme plötzlich neben ihr, die Frieda als die des Onkels erkannte. „Mache, dass du nach unten kommst, Kinder haben hier heute gar nichts zu tun." Er hatte mit seinen scharfen Augen das Kind entdeckt, das sich schnell aus dem Staube machte.

Frau Nekel empfing die Kleine unten mit mütterlicher Zärtlichkeit. „Schon davongelaufen, Friedchen! Du hast noch nichts gegessen, komm, der Kaffee wartet schon lange. Der Onkel war ungehalten, dass er dich nicht fand, du solltest auf keinen Fall oben hinauf, sollst den ganzen Morgen ruhig im Zimmer bleiben. Hat er dich gesehen?"

Frieda umschlang die Alte, begann bitterlich zu weinen und rief: „Kann ich nicht bei Ihnen bleiben, liebe Frau Nekel; ich mag nicht mit dem Onkel gehen. Bitte, bitte, behalten Sie mich doch!"

Der Frau ward es selber weich ums Herz, aber sie bezwang sich und redete dem Kind zu, wie gut sie es bei den Verwandten haben würde, wie die Tante gerade wie die liebe Mutter sein und wie alles sich viel schöner gestalten würde, als sie es sich vorstellte.

Eine Stunde später stand die Kleine wieder am Fenster und sah, wie eine Menge Menschen dem Hause zuströmten und die Treppe hinaufstürmten. Es mochten wohl viele Neugierige dabei sein, denn manche kamen bald wieder heraus, um andern Platz zu machen. Laut tönte die Stimme des Auktionators, laut dröhnte es, wenn er zuschlug, und Gepolter machte es, wenn die Glücklichen, die etwas erbeutet hatten, mit ihren Sachen die Treppe herunterkamen. Frieda aber machte große Augen, wenn die schönen Stücke, die Mutters Wohnung geschmückt hatten, an dem Fenster vorübergetragen wurden.

„Da geht alles hin", sagte sie ergeben, als Frau Nekel in die Stube kam.

„Aber es bringt schönes Geld ein, und das Geld gehört alles der kleinen Frieda."

Diese Bemerkung machte nicht den gewünschten Eindruck. Das Kind verstand noch nicht viel von Geld und Geldeswert. Wenn es auf Frieda angekommen wäre, hätte sie lieber alles, was der Mutter gehört hatte, um der Erinnerung willen behalten.

Der Morgen wurde ihr sehr lang. Als das Getöse oben nachließ, hörte sie wieder die lauten Stimmen der beiden Herren. Bald kamen sie herunter und betraten das Zimmer. Der Onkel hatte, wie es schien, eine verdrießliche Miene aufgesetzt, er wollte jedenfalls mit dem andern Herrn allein reden, denn er rief aus der Tür: „Frau Nekel, nehmen Sie doch die Kleine eine Weile zu sich in die Küche." Und sich an Frieda wendend: „Geh, Kind, du kannst Frau Nekel gewiss etwas helfen."

Sehr schnell war sie draußen, und als Frau Nekel sie hier und da anstellte und sie lobte, wenn sie geschickt dabei verfuhr, wurde das kleine Gesicht ganz belebt, sie schien für den Augenblick alles zu vergessen, was das Herz bedrückte.

„Siehst du, heute mache ich dir noch ein Leibgericht, weil es der letzte Mittag ist. Nicht wahr, du vergisst mich nicht und schreibst mir einmal, wie es dir geht?"

„Ich vergesse Sie nie, Frau Nekel. Sie sind so gut zu mir. Wenn das meine Mutter wüsste."

„Sie weiß es, Kind. Die Seligen wissen alles." Das war ihre Ansicht, in der sie sich nicht irremachen ließ.

Die Herren hatten gar lange Beratungen. Frau Nekel deckte in der Küche den Tisch für sich und ihren Mann. Auch für Frieda war ein Platz dabei. Das alte Ehepaar aß immer in der Küche. „Das Zimmer bleibt sauberer", pflegte die Alte zu sagen, und Frieda fand es bei diesen Leuten ganz in der Ordnung, weil es immer so gewesen. Bei der Mutter war es anders, dort war im Zimmer gedeckt worden, auch gab es silberne Löffel statt der zinnernen. Aber es schmeckte ihr bei den alten Leuten sehr gut, denn es war mit Liebe gekocht, und das macht viel aus.

Jetzt wurde die Küchentür geöffnet. „Wir sind

früher fertig geworden, als ich dachte, Frau Nekel, vielen Dank für alles, auch dass Sie das Kind hier so lange verpflegt haben. Bitte, sorgen Sie dafür, dass Frieda mit ihrem Gepäck um fünf Uhr auf dem Bahnhof ist, ich werde mich um diese Zeit dort auch einfinden. Leben Sie wohl." Sprach's und war verschwunden.

„Alter", sagte Frau Nekel zu ihrem Mann, „kannst du dich heute Nachmittag von der Arbeit ein Stündchen freimachen? Der Koffer ist halt zu schwer für mich, und ein Dienstmann kostet Geld."

„Muss wohl", war die Antwort. „Für die kleine Frieda tut man es schon gern. Wie wird es mit dem Bett?"

„Es soll mit Fracht geschickt werden, das können wir morgen besorgen."

Der Onkel ging schon mit großen Schritten auf dem Bahnsteig auf und ab, als die beiden Alten mit dem Koffer ankamen. Frieda trippelte nebenher in ihrem schwarzen Hütchen und einer einfachen schwarzen Jacke. Sie trug etwas sehr vorsichtig, das mit einem Tuch verhangen war.

„Es ist höchste Zeit", rief Herr Wilms. „Sie kommen selbst mit den Sachen, es hätte ja auch ein Dienstmann genommen werden können. Bitte, wollen Sie den Koffer im Gepäckraum abgeben, er muss sofort aufgegeben werden." Nachdem dies geschehen war, sagten die Alten der kleinen Waise Lebewohl und ermahnten sie, dem Onkel zu folgen, der schon wartend an dem eben eingelaufenen Zug stand.

„Schnell, Kind“, sagte er und hob sie in das Abteil. Dann sprang er selbst hinein, und nach kurzer Zeit brauste der Zug davon.

„Vater“, sagte Frau Nekel auf dem Rückweg zu ihrem Mann, „Vater, weißt du, das Kind tut mir Leid, ich glaube, viel Liebe wird es nicht finden.“ Sie wischte sich eine Träne aus dem Auge.

„Mutter, du bist so rührsam. Die Kleine wird sich schon durchs Leben schlagen. Je härter die Jugend, desto schöner das Alter.“

„Mein Kind, was hast du da unter dem Tuch verborgen?“, fragte Herr Wilms, nachdem sie eine Strecke gefahren waren, und hob mit der Hand das Tuch ein wenig in die Höhe.

„Meinen kleinen Vogel“, sagte Frieda schüchtern; „Frau Nekel meinte, ich könnte ihn mitnehmen.“

„Ob das meiner Frau passen wird?“, fügte Herr Wilms hinzu und machte ein unzufriedenes Gesicht. „Jedenfalls hätte ich erst gefragt werden müssen. Hast du denn Futter für das Tier?“

„Frau Nekel hat mir eine große Tüte mit Vogelfutter geschenkt.“ Es trat eine Pause ein. Frieda dachte daran, ob wohl der Onkel oder die Tante ihr Geld geben würde, später neues zu kaufen. Sie besaß ja wenig oder gar nichts, und die Mutter, die früher für alles gesorgt hatte, war nicht mehr da. Sie konnte sich noch keine Vorstellung von ihrem künftigen

Leben bei den Verwandten machen. Bis jetzt hatte sie noch große Scheu vor dem langen, etwas sauer dreinschauenden Onkel. Er sprach während der langen Fahrt kaum, nur hin und wieder machte er eine Bemerkung oder tat eine Frage.

Es dunkelte bereits. Endlich wurde ausgestiegen. Sie betraten einen Saal, der hell erleuchtet war. Reisende saßen an Tischen und verzehrten ein Abendbrot, oder sie liefen eilfertig umher, um sich Plätze zu suchen. Einige hasteten mit ihren Sachen zu einem abgehenden Zug hinaus.

„Wir haben eine Stunde Aufenthalt und wollen etwas essen", sagte Herr Wilms, bestellte ein Butterbrot für sich und das Kind, trank ein Glas Bier dazu, zog eine Zeitung heraus und las, während Frieda dem Treiben der ankommenden und abgehenden Reisenden zusah. Der Onkel bestellte noch einmal etwas für sich und fragte: „Willst du auch noch etwas oder hast du genug?"

Jetzt meldete der Schaffner ihren Zug nach F., in dem das Unterbringen des Vogels einige Schwierigkeiten machte, da das Abteil stark besetzt war. Frieda behielt ihren Liebling ständig auf dem Schoß, bis ein Herr sagte: „Kleine, jetzt wird geschlafen, gib deinen Vogel her, ich setze ihn vorsichtig ins Netz, da steht er sicher."

„Es ist ein Unsinn, dass das Kind den Vogel mitnahm", brummte Herr Wilms, „überall macht es Umstände." Frieda war dem freundlichen Herrn sehr dankbar; sie fühlte große Müdigkeit und konnte sich nun zurücklehnen und die Augen schließen. Es währte nicht lange, so senkte sich ein wohltätiger Schlaf auf ihre Lider. Sie vergaß alles Leid der letzten Tage und sah sich im Traum mit ihrer geliebten Mutter zusammen im traulichen Heim.

Nach etwa zwei Stunden fühlte sie sich an den Schultern gefasst, eine Stimme rief: „Aussteigen, wir sind daheim." Der Onkel hatte schon den Vogel in der Hand und behielt ihn auch, als sie über den Bahnsteig schritten. Es war dunkle Nacht.

„Gib mir deine Hand, du findest hier nicht zurecht", sagte er. Frieda, die noch schlaftrunken war, legte vertrauensvoll ihre Hand in die des Onkels und trippelte neben ihm her in die dunkle unbekannte Welt. Es mochte zwei Uhr nachts sein, als sie sich der Wohnung des Onkels näherten. Es war ein kleines Haus in der Vorstadt, das in einem Garten lag. Zwei Fenster im Erdgeschoss waren noch erhellt.

Herr Wilms betrat den Vorgarten, gab Frieda den Vogel und suchte in seiner Tasche nach einem Schlüssel. Beim Öffnen der Haustür wurde eine starkgebaute Dame sichtbar, die ein Licht machte. „Wilms, bist du da?", rief sie. „Und dies ist die Kleine? Komm herein, mein Kind, was trägst du denn in der Hand?"

Frieda setzte befangen den Bauer auf einen Tisch, der nächst der Tür stand, während die Dame ihren Gatten begrüßte. Dann zog sie die Kleine in die Stube an einen gedeckten Tisch mit den Worten: „Nun iss etwas, mein Kind, und dann ins Bett, es ist nicht gut, wenn Kinder in der Nacht reisen müssen. Aber es ließ sich nicht ändern, mein Mann muss morgen wieder an die Arbeit.“

Frieda trank mit Behagen eine Tasse Tee, sie war sehr durstig; dann aß sie ein wenig, doch fielen ihr vor Müdigkeit die Augen zu.

„Sie ist todmüde und muss gleich ins Bett“, sagte Frau Wilms, die brennend neugierig war, ihren Mann allein zu sprechen. Sie begleitete die Kleine eine ziemlich steile Treppe hinauf auf den Boden, wo an einer Seite des Hauses in einer Dachkammer ein Bett für sie bereit stand. Frieda war zu müde, um sich lange umzusehen. Sie kleidete sich schnell aus und war in wenigen Minuten im Bett. Frau Wilms sagte ihr gute Nacht, nahm das Licht und ging hinunter. Zwei Minuten später schlief Frieda tief und fest im neuen Heim.

Herr Wilms saß zurückgelehnt in der Sofaecke, als seine Frau das Zimmer betrat. „Nun erzähle“, sagte sie mit einem Gesicht, das vor Begierde brannte, Ausführliches zu hören über die Sache, die sie seit einigen Wochen sehr bewegt hatte. „Werden wir denn eine gute Pension bekommen für die Waise, die uns so unerwartet ins Haus geflogen ist?“

Er lachte bitter. „Gute Pension, mein Kind? Fast gar nichts hat Luise Senker hinterlassen, und aus den Sachen ist lächerlich wenig herausgekommen.“

„Ich denke, sie hatte wertvolle Sachen. Man hat doch immer gehört, dass sie früher ein großes Haus geführt haben. Wo ist denn das alles geblieben?"

„Wahrscheinlich verkauft. Es waren einige gute Möbel dabei, aber es wurde nicht hoch geboten, der kleine Ort hatte nicht viel reiche Käufer aufzuweisen."

„Es ist aber doch so viel Geld da, dass wir nicht zu kurz kommen, wenn wir das Kind behalten? Du weißt, dass die Mutter schrieb, wir sollten ihr eine sorgfältige und gute Erziehung geben, damit sie sich später einmal ihren Lebensunterhalt als Lehrerin verdienen könne. Sie muss also eine höhere Töchterschule besuchen, das kostet viel Geld. Außerdem sollen wir sie nähren und kleiden", murrte Frau Wilms unzufrieden. „Eine unangenehme Zugabe."

„Ja, eine sehr unangenehme Zugabe", wiederholte er, und beide Eheleute sahen sehr sauer drein.

„Sie ist nun einmal da", seufzte Frau Wilms, „ich muss versuchen, möglichst viel Vorteil aus ihrem Hiersein herauszuschlagen. Wenn sie nur kräftiger wäre, dass ich im Haus Hilfe von ihr haben könnte!"

Beide schwiegen eine Weile, dann rief Frau Wilms plötzlich aus: „Wie mag Luise Senker nur so in Armut geraten sein?"

„Ich hörte, es hinge mit dem Chef eines großen Handlungshauses in L. zusammen. Senker war sein Teilhaber, man entzweite sich, so hörte ich, Senker trennte sich von ihm und ist, wie man sagt, sehr übervorteilt worden."

„Sehr dumm von dem Mann, dass er sich hat übervorteilen lassen! Wie ist nur Luise Senker darauf gekommen, uns, gerade uns, das Kind zu hinterlassen, uns, die wir nie eigene Kinder hatten und gar nicht daran gewöhnt sind, Kinder um uns zu haben?"

„Wahrscheinlich, weil wir ihre einzigen Verwandten sind, und weil sie uns für reich genug hielt, die Kleine ohne Beihilfe großzuziehen."

„Reich genug!", wiederholte die Frau spöttisch. „Wer kann sagen, dass er reich ist! Das Geld ist sehr vergänglich. Aber ich denke, Wilms, du wirst müde sein nach den Strapazen der letzten Tage. Lass uns schlafen gehen. Es ist unverantwortlich, was man sich um fremder Leute Kind für Ungelegenheiten gefallen lassen muss." Die Eheleute gingen enttäuscht zur Ruhe. Sie hatten sich eingebildet, eine gut zahlende Erbin ins Haus zu bekommen, und fanden dafür ein armes Waislein, das auf ihre Barmherzigkeit angewiesen war.

Frau Wilms

Die Kleine schlief tief und fest. Sie erwachte erst, als die Sonne schräge Strahlen in ihr Kämmerlein warf und die Vögel unter dem Dach zwitscherten und zirpten. Verwundert sah sie sich um. Wo war sie eigentlich, was war mit ihr vorgegangen? In einer Dachkammer hatte sie nie geschlafen, die Verwandten waren gewiss arme Leute, wenn der Onkel in seiner äußeren Erscheinung auch ganz vornehm aussah. Und die Tante? Frieda konnte sich nur besinnen, eine sehr umfangreiche Dame gesehen zu haben, die bequem in ihrem Lehnstuhl saß. Sie war zu müde gewesen, um Beobachtungen anzustellen. Sie wusch sich, zog sich schnell an, die langen blonden Zöpfe waren bald geflochten, die Mutter hatte sie schon früh gelehrt, sich selbst zu helfen. Sollte sie nun hinuntergehen, oder warten, bis sie gerufen wurde? Sie sah zu dem kleinen, schmalen Fenster hinaus, das sich an der Querseite der Kammer befand. Da gab es nicht viel zu sehen. Eine graue Mauer, wahrscheinlich die Wand des Nachbarhauses, erhob sich in geringem Abstand von ihrem Hause, nur ein Weg trennte beide. Die kleinen Sperlinge auf dem Dach zwitscherten ununterbrochen und erinnerten sie plötzlich an ihren kleinen Kanarienvogel. Was war nur aus ihm geworden? Sie hatte sich in der Nacht gar nicht wieder um ihn gekümmert. Sie musste gleich sehen, wo er war. Schnell öffnete sie die Tür, da stand der mit einem Tuch verhangene Käfig einige Schritte von ihr auf dem Boden. Sie eilte darauf zu, band das Tuch ab und sah das kleine Tier in einer Ecke seines Bauers mit eingezogenem Köpfchen traurig dasitzen. Kaum erblickte der Vogel sie, so kam Leben in ihn, er hüpfte von Stange zu Stange, streckte das Köpfchen vor und ließ ein sehnsüchtiges Piepen hören.

„Ja, du sollst dein Futter haben, mein geliebtes Vögelchen." Sein Piepen klang ihr wie ein Gruß aus der Heimat. Sie eilte zu ihrer kleinen Reisetasche und entnahm ihr die Tüte, die die gute Frau Nekel ihr geschenkt hatte, tat genügend von dem Inhalt in das Futternäpfchen, füllte das Glas aus ihrer Kanne mit frischem Wasser und ergötzte sich an dem eifrigen Picken des Vogels. Dann, als wollte er ihr danken, begann er sein Liedchen, sang so hell und frisch, wie er es daheim getan hatte, so dass ihr die Freude aus den Augen sah. „Nun habe ich doch etwas, was ich lieb haben kann", dachte sie und konnte sich an dem Hin- und Herhüpfen des Tierchens und an dem munteren zutraulichen Wesen nicht satt sehen.

„Jetzt werde ich doch wohl gehen müssen", dachte sie. Beim Hinuntersteigen war ihr beklommen zumute. Es war alles so still im Hause, nichts regte sich.

Sie schliefen vielleicht noch, oder sollte sie einmal an jene Tür dort anklopfen? Leise und schüchtern machte sie einen Versuch. „Herein", rief eine Stimme, worauf sie die Tür öffnete. Da saß Frau Wilms am Kaffeetisch, behaglich ihr Frühstück verzehrend in eben dem Lehnstuhl, in dem Frieda sie in der Nacht gesehen. Der Onkel war nicht sichtbar.

„Bist du da, Kind, komm näher. Was soll ich dir geben, Kaffee oder Milch?"

„Was Sie mir geben wollen, es ist mir alles recht."

„Nun, da hast du eine Tasse Kaffee. Er wird aber zu stark für dich sein." Sie tat noch eine Portion heißes Wasser dazu und ein klein wenig Milch, reichte ihr eine Semmel und sagte: „Nenne mich nur ‚Tante' und ‚du'. Wir sind zwar keine nahe Verwandte, deine Mutter hat sich sonst wenig oder gar nicht um uns gekümmert, aber da du nun einmal hier bist, kannst du mich als Tante ansehen."

„Da du nun einmal hier bist" – es klang nicht sehr vertrauenerweckend. Ob es der Tante wohl lieber gewesen wäre, wenn sie nicht mitgekommen wäre? Frieda hatte ein zartes Empfinden, es war, als ob ihr etwas im Halse steckte und ihr das Schlucken erschwerte.

„Es ist eine große Torheit, dass du ein lebendiges Tier mitgebracht hast. Wir sind nicht an so was gewöhnt. Du musst den Vogel in deiner Schlafkammer behalten; ich bin nervös, das Piepen und Singen würde mich umbringen."

Als Frieda schwieg, sagte sie: „Hast du gehört, was ich sagte?" Ein leises „Ja" erfolgte. Sie war zufrieden, dass sie das Tierchen oben behalten durfte, unten würde sie nie gewagt haben, sich mit ihm zu unterhalten.

„Es kommt jeden Morgen eine Frau, die die Zimmer reinigt“, begann nun die Tante. „Du wirst dich von ihr unterweisen lassen, wie sie es macht und ihr dabei helfen. Vorerst nimm das Kaffeegeschirr in die Küche und reinige die Tassen. Später kannst du deinen Koffer auspacken und deine Sachen in Ordnung bringen.“ Die Dame erhob sich schwerfällig; es schien ihr nicht leicht zu werden, sich zu bewegen. Frieda, die ein mitleidiges Herz hatte, beschloss, recht aufmerksam gegen die Tante zu sein und ihr möglichst viel abzunehmen. Sie hatte gleich Gelegenheit, als Frau Wilms einen Schlüssel fallen ließ.

Schnell sprang sie, ihn aufzuheben, was ein freundliches: „Danke, mein Kind!“ zur Folge hatte.

„Das gute schwarze Kleid, das du trägst, müssen wir durch ein billigeres ersetzen, das du bei der Hausarbeit anziehen kannst, damit dies lange dein Bestes bleibt. Oder bringst du noch andere Kleider mit?“

„Zwei Kleider von der Mutter sind noch da. Frau Nekel meinte, es könnte für mich etwas daraus gemacht werden.“

„Ja, wenn die Schneiderinnen nicht so viel Geld verlangten! Nun, wir müssen sehen, wie wir es am billigsten einrichten können.“

„Den Verwandten muss es recht schlecht gehen! Wenn Mütterchen das gewusst hätte! Sie glaubte bestimmt, dass sie sehr wohlhabend seien", dachte die Kleine.

Frieda zeigte sich beim Spülen des Geschirrs in der Küche recht anstellig, und als die Frau erschien, freute sie sich, noch einen andern Menschen kennen zu lernen.

„Das haben Sie recht gemacht, Frau Wilms, dass Sie sich eine Kleine zugelegt haben. Es ist gleich gesellschaftlicher, wenn Herr Wilms in Geschäften fort ist."

„Ja, Frau Benak, sie soll Ihnen helfen. Lernen Sie sie nur tüchtig an, dann kann ich Ihre Hilfe später entbehren."

Frau Benak sah verdutzt aus. „Das Kind ist doch viel zu schwach zu der schweren Hausarbeit!"

„Es soll nicht gleich sein; für später."

„Das wollt' ich meinen", brummte die Alte und fügte etwas hinzu, was Frieda nicht verstand. Dann ergriff sie Besen und Schrubber und wirtschaftete mit großem Eifer im Hause herum. Frieda musste heute nur Staub in allen Zimmern wischen, bekam aber dadurch einen Einblick in das ganze Reich der Tante.

Das Haus war nicht groß, aber Eigentum der Verwandten. Links gab es drei miteinander verbundene Zimmer und eine Kammer, rechts befand sich eine große, geräumige Stube, die einem Kontor glich. Es standen drei Pulte darin und ein großer mit Schriften bedeckter Arbeitstisch, außerdem ein altertümliches Ledersofa und zwei mit Leder überzogene Lehnstühle. „Wische alles sorgfältig ab, aber spute dich, dass du jeden Morgen bis um 9 Uhr fertig bist, ehe die Herren kommen", hatte die Tante gesagt. Die drei Pulte ließen darauf schließen, dass außer Herrn Wilms noch andere dort arbeiteten.

Und wirklich, als sie eben fertig war und mit dem Staubtuch aus dem Herrenzimmer kam, huschte ein dunkelhaariger Jüngling an ihr vorbei, vergaß, weil er anscheinend über das fremdartige kleine Wesen in diesem sonst öden Hause erschrocken war, das Grüßen, schwang sich auf seinen hohen Sessel und begann eifrig zu schreiben. Wieder erklang die Hausglocke, es erschien ein schon älterer blonder Herr, etwas verwachsen, der ebenfalls im Kontor verschwand. Nun, das fing doch an lebendig zu werden, wo blieb aber Herr Wilms? „Ist mein Mann heruntergekommen?", fragte die Tante, als Frieda sich anschickte, im Wohnzimmer Staub zu wischen.

„Nein, es kamen zwei junge Leute."

„Das sind die Schreiber. Mein Mann hat Agenturen und Versicherungen, die bringen viel Arbeit." Frieda wusste nicht, was Agenturen waren, aber so viel reimte sie sich zusammen, dass es wohl kaufmännische Geschäfte waren.

Als sie mit den ihr aufgetragenen Pflichten fertig war, durfte sie auspacken. Frau Benak war ihr behilflich, den Koffer nach oben zu bringen. Er war schwer, weil er viele Schulbücher enthielt, Kleidungsstücke gab es wenige. Mit Freuden begrüßte sie ihre Bücher und Hefte. Wo und wann würde sie hier zur Schule gehen? Die Osterferien waren schon vorüber, ob sie die Tante fragen durfte oder lieber abwartete, bis ihr etwas gesagt wurde?

Da – unter den Schulbüchern lag die von der Mutter geschenkte Bibel! Wie lieb hatte sie mit ihr gesprochen, als sie sie ihr überreichte. „Dies ist der größte Schatz, den wir haben, mein Kind, halte die Bibel wert. Gottes Wort ist die ewige Wahrheit. Es zeigt dir, was du tun und lassen sollst, es gibt dir Rat, Kraft und Trost zu allen Zeiten, es lehrt dich vor allen Dingen deinen Heiland lieben."

Frieda schlug die Bibel auf. Da stand von der Mutter mit fester Hand geschrieben: „Selig sind, die Gottes Wort hören und bewahren." Wie wenig hatte sie in den letzten Tagen an der Mutter Worte gedacht. Es war so viel Neues, Unbekanntes auf sie eingestürmt, dass sie nicht einmal gebetet hatte. Was würde wohl die Mutter sagen, wenn sie es wüsste. Das sollte von nun an anders werden, sie wollte jeden Morgen beim Aufstehen und jeden Abend beim Schlafengehen Gottes Wort lesen und zu ihrem himmlischen Vater beten. Einen irdischen hatte sie nicht mehr, auch keine Mutter, und ob sie Onkel und Tante je so lieben würde wie die Eltern, das konnte sie sich jetzt noch nicht vorstellen. Sie kam sich recht verlassen vor; wie gut, dass sie einen Vater im Himmel hatte, der sie liebte und behütete.

„Nun, Kind, du kommst ja gar nicht wieder zum Vorschein, sind die Sachen noch nicht ausgepackt? Stelle die Bücher hübsch ordentlich auf die Kommode, die Wäsche gehört hinein, die Kleider werden in den Schrank gehängt, der auf dem Boden steht." Frau Wilms blieb im Zimmer, bis Frieda alles nach ihren Angaben besorgt hatte. „So, nun komm mit mir in die Küche, du kannst mir da helfen. Ich wollte noch eins sagen. Merke dir genau den Weg von deiner Kammer bis zur Treppe, es werden ungefähr zehn Schritte sein." Als sie an der Treppe standen, sagte sie: „Nun schließe die Augen und sieh, ob du die Kammertür findest." Frieda tat wie ihr befohlen, sie machte zehn Schritte mit geschlossenen Augen und griff nach der Tür. Die Tante hatte Recht, sie fühlte den Drücker in der Hand. „Siehst du, es geht", sagte sie, „also zehn Schritte von der Treppe; die Treppe hat zwanzig Stufen, das merke dir."

Sonderbar dieses Manöver, aber es mutete Frieda wie ein Spaß an, so dass sie im Laufe des Tages, wenn sie nach oben ging, die Augen schloss, zehn Schritte zählte und dann die Kammertür erreicht hatte. Immer traf sie es nicht genau, aber sie fühlte dann an der Wand herum, bis sie die Türklinke in der Hand hatte. Der Spaß hörte auf Spaß zu sein, als die Tante abends beim Gutenachtwünschen sagte: „Ein Licht gibt es nicht, dazu sind die Lichter zu teuer. Du kennst ja deinen Weg zur Schlafkammer, weißt, wo dein Bett steht, und wirst bestimmt schon hineinfinden."

Nun erschrak das Kind. Das hatte ihr noch niemand zugemutet, im Finstern allein zu Bett zu gehen. Sogar der Onkel sagte: „Das erste Mal könntest du ihr wohl ein Licht geben", worauf die Tante meinte: „Wilms, wir haben es doch ausgemacht, dass es so sein soll. Übrigens kennt sie den Weg schon genau, es ist besser, es finden keine Ausnahmen statt."

Frieda ging still ihres Weges. Sie zählte zwanzig Stufen und wusste, sie war nun oben, und nach zehn Schritten hatte sie glücklich die Kammertür erreicht. Es war etwas ganz Neues, Unbekanntes, es war ihr interessant, alles ohne Licht zu finden und sich selbst in der Finsternis ins Bett zu legen. Beinahe hätte sie gelacht, als sie drin war. Sie war ein zufriedenes, glücklich veranlagtes Kind, das sich leicht in alles fand. Aber sie wollte in ihrer Bibel lesen, wie sie es diesen Morgen gelobt hatte, das war im Finstern unmöglich. „Lieber Heiland, du weißt, dass ich es nicht kann, wenn die Tage heller werden, will ich es nachholen."

Dann sprach sie ihr Abendgebet, das konnte sie ohne Licht, darauf legte sie sich auf die Seite zum Schlaf, der heute nicht gleich kommen wollte.

Sie sah immer noch den Onkel und die Tante ihr gegenüber auf dem Sofa sitzen. Sie hatten eigentlich merkwürdige Gesichter. Der Onkel hatte einen kleinen Kopf mit einer großen Habichtsnase, die beinahe wie ein Schnabel aussah, dabei einen langen dünnen Hals. Er war sehr schlank und mager, während die Tante einen ziemlichen Umfang zeigte und ein großes, langes, stark knochiges Gesicht hatte. Der Onkel sah einem Papagei sehr ähnlich, während der Tante Gesicht an das eines anderen Tieres erinnerte. Dieser Gedanke ließ sie nicht gleich einschlafen. Ja, nun hatte sie es heraus, der Onkel sah wie ein Papagei aus und die Tante wie ein – aber es war gewiss nicht recht, wenn sie die Gesichter der Verwandten mit Tieren verglich. Sie wollte es wieder vergessen und an etwas anderes denken. Wo wohl der Onkel den ganzen Tag gewesen war, sie hatte ihn erst gegen Abend nach Hause kommen hören.

Am andern Morgen war Frieda früher auf. Sie wollte sich ihr Kämmerchen, das öde und leer aussah, recht wohnlich einrichten, einige kleine Bilder aufhängen und womöglich Blumen ziehen, vielleicht ein rankendes Gewächs um den Vogelkäfig, der am Fenster seinen Platz gefunden hatte. Das Vögelchen, das sich schon ganz behaglich und zufrieden mit seiner Lage zu fühlen schien, sang ihr schon ein Morgenlied zum Dank für das reichliche Futter, das sie ihm gespendet hatte.

Als sie hinunterkam, war der Onkel schon wieder fort, sie musste wohl noch früher aufstehen, wenn sie ihn treffen wollte. Er kam aber schon um zehn Uhr zurück und sagte: „Nun ist es mit der Schule in Ordnung. Von morgen an besucht Frieda die höhere Töchterschule in der Lindenstraße. Kind, geh ein Weilchen hinaus, ich habe mit der Tante zu reden."

Es wurde Frieda schwer zu gehorchen, denn die Sache mit der Schule interessierte sie über alle Maßen. Herr Wilms fand es aber besser, seiner Frau allein anzuvertrauen, dass er es durchgesetzt habe, Frieda für den halben Preis unterzubringen. Schon gestern habe er gehandelt, aber man hielt ihn allgemein für einen reichen Mann, der bezahlen konnte. Als er nun aber die Armut der kleinen Waise geschildert, und wie sie selbst sie fast umsonst behalten müssten, habe man ein Einsehen gehabt, und so komme er billiger weg, als wenn er sie in der Bürgerschule untergebracht hätte.

Er musste sie wohl oder übel in einer höheren Lehranstalt unterbringen, da die Mutter ausdrücklich für die Erziehung ihrer Tochter eine Summe ausgesetzt hatte, die sie sich mühsam erspart hatte. Er hatte auf den Wunsch der Mutter das Geld als Vormund an sich genommen, verschwieg aber, dass er es bereits gegen hohe Zinsen ausgeliehen hatte.

„Diesen Nachmittag musst du aber mit Frieda gehen, um sie der Schulvorsteherin vorzustellen, auch muss sie sich prüfen lassen." So schloss er seine Rede, deren Inhalt nun der Kleinen berichtet wurde. Die war sehr froh, dass sie eine Schule besuchen durfte, kam sie doch da mit Kindern ihres Alters zusammen und fand vielleicht eine Freundin, die sie lieb haben konnte. Nach Liebe sehnte sich ihr Herz.

Frau Wilms musste, so unangenehm es ihr war, Frieda am Nachmittag zu Fräulein Holm, der Schulvorsteherin, begleiten; die Kleine war ganz fremd in der Stadt und würde sich nicht zurechtfinden.

Frieda war erstaunt über die Größe des Ortes. In Steinfeld, ihrer alten Heimat, war es von einem Tor zum andern nicht weit gewesen; hier gab es Straßen, die länger als die ganze Vaterstadt waren. Mit Staunen sah sie an den hohen mehrstöckigen Häusern hinauf, guckte mit Entzücken in die prächtigen Läden, freute sich über die knospenden Bäume in den Anlagen und fand den Weg zur Schule einzig schön.

„Kind, bleib nicht so oft stehen, wir haben nicht viel Zeit", mahnte Frau Wilms gelangweilt. Endlich, nach einem viertelstündigen Weg, waren sie beim Schulgebäude. Ein großer freier Platz umgab das Haus, an seiner Seite waren Turngeräte angebracht, sonst war der Platz mit Bäumen bepflanzt, die ihn im Sommer beschatteten. Fräulein Holm empfing Frau Wilms und das Kind freundlich, prüfte die Kleine und schien mit dem Ergebnis sehr zufrieden.

„Ich glaube, wir können es mit der dritten Klasse wagen; geht es nicht, muss Frieda in die vierte zurück, ich denke aber, mit ein wenig Anstrengung wird sie es schaffen!"

„O ja", sagte Frieda mit leuchtenden Augen.

„Es liegt uns sehr viel daran", sagte Frau Wilms, „dass Frieda baldmöglichst mit der Schule fertig wird, dann muss sie verdienen."

„Soll sie nicht später Examen machen? Ich meine, Ihr Herr Gemahl äußerte dergleichen."

„Gewiss, sie soll soviel wie möglich lernen, um dann um so mehr zu verdienen."

Immer sprach die Frau vom Verdienen. Als ob das die Hauptsache sei. Es gab doch auch edlere Beweggründe, Lehrerin zu werden, als nur den, Geld zu sammeln.

Als die beiden Fräulein Holm verlassen hatten, stand diese sinnend am Fenster. „Ein begabtes, anziehendes Kind. Ob es in den richtigen Händen sein wird? Der Mann gefiel mir gestern wenig, und seine Frau heute noch weniger. Doch ich kann mich ja täuschen."

Als sie zurückkamen, sah Frieda heute zum ersten Mal das Haus von außen. Es war eine niedliche kleine Villa in der Vorstadt, mitten in einem Garten gelegen. Vor dem Hause war ein wohlgepflegter Rasen mit Blumenbeeten, der hinter dem Hause liegende Teil schien Gemüsegarten zu sein.

„O, da gibt es schon Veilchen! Darf ich sie pflücken?", rief Frieda entzückt.

„Pflücke so viele du finden kannst. Jetzt sind sie noch selten und werden gut bezahlt. Aber sieh dich vor, dass du sie nicht mit kurzen Stielen pflückst, das lieben die Käufer nicht."

Frau Wilms ging ins Haus, während Frieda nach Veilchen suchte. Wie herrlich dufteten die kleinen Blumen, und welch eine Menge hatte der warme Sonnenschein schon zur Blüte gebracht. Da es so viele waren, ging sie schnell ins Haus, gab ihre Bücher ab und holte sich einen Korb, um die Blumen hineinzulegen. Als sie alles, was blühte, gepflückt hatte, bat sie die Tante um ein Gefäß, sie ins Wasser zu stellen. „Nein, ins Wasser kommen sie nicht. Ordne sie in der Küche, je zwanzig und zwanzig zusammen zu kleinen Sträußchen, binde sie mit diesem Garn, lege sie alle in eine große flache Schüssel und benetze sie mit Wasser. Frau Benak nimmt sie morgen mit auf den Markt und verkauft sie mir, das gibt ein schönes Geld!"

Immer wieder handelte es sich um Geld. Das schien hier die Hauptlosung zu sein.

„Darf ich dir denn nicht ein paar Sträußchen ins Zimmer stellen?", fragte Frieda.

„Nein!", war die kurze Antwort.

Frieda ging in die Küche und führte ihren Auftrag aus. Gerne hätte sie sich auch ein Sträußchen in die Kammer gestellt, aber nun wagte sie es natürlich nicht. Wenn die Tante keine wollte, konnte sie sie wohl auch entbehren.

Schulleben

Nun hatte das Schulleben begonnen. Damit erschloss sich für Frieda eine neue Welt. Freilich, die Schatten blieben nicht aus, aber die Kleine hatte ein sonniges Gemüt, das immer in allem Gutes sah und sich nicht leicht bedrücken ließ. Durch die gute Erziehung der Mutter war sie stets darauf hingewiesen worden, nie schlecht von den Menschen zu denken, sondern alles zum Besten zu kehren. So verlor manches, was im Hause vorging, für sie die Schärfe, manches verstand sie noch nicht, es ging spurlos an ihr vorüber.

Die Tage waren jetzt reichlich besetzt. Sie musste sehr zeitig aufstehen, da es vor der Schule mancherlei zu tun gab. Wenn sie sich angezogen hatte, musste das Kämmerchen in Ordnung gebracht werden, der Vogel musste sein Futter haben, nach dem Kaffee musste sie den Tisch abräumen, die Tassen spülen, dann überall den Staub wischen. Sie begann im Herrenzimmer, um fertig zu sein, wenn die Angestellten kamen. Der blonde, etwas verwachsene Herr schritt, wenn er ihr begegnete, ernst und feierlich mit steifem Gruß an ihr vorüber. Der schwarzgelockte sah heiter und wohlgemut drein. Begegnete er ihr auf dem Schulweg, zog er den Hut tief und grüßte mit einem Lächeln wie ein alter Bekannter.

In der Schule wurde sie als Fremde natürlich zuerst angestarrt und beobachtet, bis eine Mitschülerin sie anredete und endlose Fragen an sie richtete, auf deren Beantwortung alle andern mit Spannung lauschten. Woher sie sei? Ob sie noch Eltern habe? Bei wem sie hier wohne? Ob sie arm oder reich sei? Ob sie gerne lernen möge? Sie antwortete auf alles, bemerkte aber, dass sich, als sie auf die Frage „ob arm oder reich“, freimütig „arm“ antwortete, die Mehrheit zurückzog, als wollte sie sagen: „Dann haben wir das Interesse an dir verloren, dann können wir dich in unserem Kreis nicht gebrauchen.“

Wenn die Schule aus war, galt es schnell nach Hause zu eilen. Es war ihr aufgetragen worden, den Tisch zu decken und der Tante beim Anrichten in der Küche zu helfen. So lange es Veilchen gab, musste sie sie nach Tisch pflücken und, wie beim ersten Mal, zu Sträußchen zusammenbinden. Frau Benak holte sie am Nachmittag ab und brachte den andern Morgen schönes Geld dafür. Nachmittags musste sie mit der Tante nähen und in der Dämmerung stricken; sie merkte bald, dass auch mit den Handarbeiten Geld verdient wurde. Denn sie hatte ab und zu in den Wäscheläden Pakete abzuliefern und nahm Geld dafür in Empfang. Erst am Abend, wenn die Lampe brannte, durfte sie ihre Schularbeiten machen. Doch gab es keine zweite Lampe, wenn Besuch kam. Sie musste am Tisch sitzen bleiben, an dem lebhafte Unterhaltung geführt wurde; das war mitunter recht schwierig, zumal wenn es einen Aufsatz zu überlegen oder Gedichte auswendig zu lernen gab. Besser wurde alles, als es dem Sommer zuging und die liebe Sonne zu allem freundliches Licht spendete.

Der Vorgarten war hübsch, mannigfache Blumen blühten, je nach der Jahreszeit, aber Frieda merkte bald, dass auch sie mehr zum Nutzen als zur Freude da waren. Es blieb ihr Amt, sie zu pflücken und zu Sträußen zu ordnen, während es Frau Benaks Aufgabe war, dafür auf dem Markt die höchsten Preise zu erzielen. Einmal, als die Rosen blühten und Frieda sie pflückte, bat eine vorübergehende Mitschülerin um eine, die das Kind ihr unbedenklich gab. Aber Frau Wilms hatte am Fenster gestanden und diese Freigebigkeit bemerkt. Frieda zog sich einen Verweis zu, so dass sie Derartiges nicht wieder wagte.

In der Schule stand Frieda ziemlich allein. Die Mitschülerinnen betrachteten sie wie eine Fremde, die nicht in ihren Kreis gehörte, sie ließen sie links liegen. Doch erwarb sie sich bald durch Fleiß und gutes Betragen die Zufriedenheit und Liebe ihrer Lehrer. Es dauerte nicht lange, so war sie eine der Ersten in der Klasse.

Als sie eines Abends ihre Schularbeiten machte, klopfte es. Ein Mädchen aus ihrer Klasse kam zu ihr.

Es war eine, die sich bis jetzt immer etwas hochmütig gegen sie gezeigt hatte. Jetzt erschien sie mit einem freundlichen Gesicht und mit schönen Worten. Sie wusste nicht mehr die gegebene Disposition zu einem Aufsatz, war sich auch nicht klar, wie die Arbeit ausgeführt werden solle, und bat Frieda, ihr behilflich zu sein. Sie war allein zu Hause und fürchtete nun, es möchte ihrer Tante nicht recht sein, wenn ihre Klassenkameradin sich unten in ihrem Zimmer aufhielt. Deshalb nahm sie sie mit hinauf in ihr Schlafkämmerlein, das freilich nur ein schmales Tischchen aufzuweisen hatte; es genügte jedoch zum Schreiben. Bald hatte Herta, so hieß das junge Mädchen, was sie wünschte. Sie dankte sehr und sah sich in dem Kämmerlein um. Plötzlich rief sie: „Willst du mir den Kanarienvogel nicht verkaufen? Ich habe mir schon lange einen gewünscht."

Frieda verneinte dies entschieden.

„Aber er nützt dir ja gar nicht. Du bist meistens unten, wie du vorhin sagtest." – „Ich freue mich aber morgens und abends über ihn, oft gehe ich am Tage eine Weile hinauf und spiele mit ihm. Er kennt mich, und ich liebe ihn so sehr!"

„Bei mir würde er es aber viel besser haben. Ich habe ein feines Zimmer für mich allein, dort würde es ihm sicher besser gefallen." – „Das glaube ich nicht, er ist zu sehr an mich gewöhnt", entgegnete Frieda, und obgleich Herta alles aufbot, ihr den Vogel abspenstig zu machen, sie blieb fest.

Am andern Morgen bemerkte sie zu ihrem Schrecken, dass das Vogelfutter merklich abgenommen hatte. Sie bekam vom Onkel ein ganz kleines Taschengeld, für das sie Tinte, Federn und Papier kaufen sollte, davon hatte sie immer eine Kleinigkeit zum Futter aufgespart, jetzt war nur noch so viel im Beutelchen, dass es zu Federn langte, die sie notwendig brauchte. Unter keinen Umständen wollte sie ihren Vogel hungern lassen. Lieber nahm sie eine Rüge in der Schule hin wegen schlechter Schrift. Sie bekam ja am Ersten des Monats neues Geld. Dann wollte sie neue Federn kaufen und doppelte Mühe aufs Schreiben verwenden, um die Rüge wieder auszuwetzen. Es war ihr eine Befriedigung, als sie getadelt wurde, da sie sie um ihres Lieblings willen bekam. Es war, als ob er es wüsste, sein Gesang und sein Trillern klang doppelt lieblich in ihren Ohren.

Eines Tages gingen in der Zwischenpause die jungen Mädchen unter den Bäumen auf dem Schulhof, wo sie Schatten vor der heißen Augustsonne suchten. Da trat eine Kleine auf Frieda mit bedeutsamer Miene zu. Sie hatte sich immer freundlich zu ihr gestellt, zum vertraulichen Verkehr war es jedoch noch nicht gekommen. Jetzt schien es soweit. Sie fasste sie unter den Arm und sagte: „Du, ich will dir etwas ganz Schönes sagen. In einigen Tagen ist mein Geburtstag. Meine Eltern haben mir erlaubt, acht junge Mädchen einzuladen. Du sollst auch kommen, ich lade dich dazu zum Freitagnachmittag und -abend ein."

Frieda hatte eine Einladung hier noch nie bekommen, es war etwas so sehr Schönes; sie wusste es von früher. Plötzlich nahm das kleine Gesicht aber einen bedenklichen Ausdruck an: „Wenn ich nur darf", stotterte sie.

„Das darf man allemal", sagte Klärchen entschieden. „Oder hast du es nicht gut bei deinen Verwandten?"

Frieda schwieg. Nach einer Pause sagte sie: „Ich werde meine Tante fragen, ich werde dir morgen Antwort geben!"

* * *

Sie konnte sich schon denken, wie die Antwort ausfiel: „In Gesellschaften gehst du nicht, mein Kind. Noch dazu eine Waise! Das passt ja gar nicht. Du hast in der Schule Gesellschaft genug. Wenn du eine Einladung annimmst, will man auch eingeladen werden. Wie werde ich Gesellschaften geben! Das passt mir gar nicht. Nein, das passt mir gar nicht", bekräftigte sie noch einmal.

Frieda sagte am folgenden Tage ab, worauf Klärchen traurig äußerte: „Schade, ich wollte dich gern zu meiner Freundin haben, denn ich kann dich gut leiden, aber das geht nun nicht."

Mit diesen Worten fasste sie eine andere unter den Arm und sagte: „Aber du kommst doch?"

„Natürlich", war die Antwort. Dann flüsterten sie etwas miteinander und entfernten sich.

„Ich wollte dich zu meiner Freundin haben", diese Worte klangen in Friedas Herzen noch lange nach.

Wie gern hätte sie eine Freundin gehabt. Aber sie war ja eine Waise, vielleicht schickte sich das auch nicht für sie.

Als sie aber am Freitagnachmittag in ihrer Kammer am offenen Fenster stand, da musste sie weinen. Der Himmel war blau, die Sonne strahlend, wie schön musste es draußen im Walde sein, wo das Fest gefeiert werden sollte. Wie gern wäre sie dabei, zumal da sie vielleicht Klärchen zur Freundin bekommen hätte!

Während sie ihrem Kummer freien Lauf ließ, in der Meinung, niemand höre und sehe sie, hustete jemand vernehmlich. Sie zog das Taschentuch vom Gesicht und bemerkte, dass es vom Nachbarhause kam, von einem Fenster in der grauen Wand. Das Haus hatte sonst an der Seite keine Fenster, nur unter dem Dach im Giebel befand sich eins. Es war nur klein, hatte aber schneeweiße Vorhänge, und blühende Blumen standen auf dem Sims. Frieda hatte bisher nie darauf geachtet, da sie den Kopf in die Höhe recken musste, um es zu sehen. An diesem Fenster, das geöffnet war, stand eine alte Dame in schlichtem weißem Häubchen und winkte mit der Hand, was nichts anderes bedeuten konnte als: „Komm doch einmal herüber zu mir, ich meine es gut mit dir."

Es zog sie etwas ab von ihrem Kummer. Sie winkte unter Tränen wieder, worauf die Alte noch einmal winkte und dann das Fenster schloss. Ob die Tante diesen Besuch erlauben würde? Oder sollte sie es ohne Erlaubnis wagen? Nein, sie wollte offen und ehrlich zu Werke gehen. Schlug die Tante es ab, war es nicht so schwer wie das Verbot, zur Freundin zu gehen.

Frau Wilms schlug es nicht ab. Sie war sogar freundlicher als sonst, als sie sagte: „Du kannst gern ein halbes Stündchen fortgehen, komm aber nicht spät wieder, wir müssen dann im Garten gießen, es ist alles sehr trocken."

Nachdem sie die Haare gebürstet und das verweinte Gesicht gewaschen hatte, ging sie ins Nachbarhaus. Sie stieg die Treppe hinauf und klopfte. Ein Mädchen öffnete, „Wohnt hier eine alte Dame mit einem weißen Häubchen?"

„Eine Treppe höher." Mit diesen Worten schloss das Mädchen die Tür. Nachdem sie die zweite Treppe hinaufgegangen war, kam sie auf einen großen Boden, an dessen äußerstem Ende sich eine Tür befand, worauf ein Name stand. Sie klopfte leise. Da tat sich die Tür auf, vor ihr stand eine freundliche alte Dame, die ihr die Hand entgegenstreckte und sagte: „Da ist ja meine kleine Nachbarin, die immer ihr Vögelchen vor dem Fenster füttert, die ich schon lange kenne." Erstaunt sah Frieda zu ihr auf. „Ja, du kennst mich nicht, das glaube ich schon –"

„Ich habe nie bemerkt, dass oben im Giebel ein Fenster war –"

„Glaub's schon, hast nie in die Höhe zu mir hinaufgeschaut. Ich lebe hier ganz im Verborgenen. Aber wir Giebelbewohnerinnen müssen doch gute Nachbarschaft halten. Komm, Kleine, setze dich zu mir und erzähle mir ein wenig."

Die freundliche Art der alten Dame tat Frieda sehr wohl. Es war, als ob ein erquickender Sonnenstrahl ihr ins Herz schien. Es währte nicht lange, so plauderte sie von diesem und jenem, und eh' sie sich's versah, war die halbe Stunde um. Gewissenhaft stand sie auf und verabschiedete sich.

„Wirst du mich wieder einmal besuchen?"

„Gern", war die Antwort, „wenn ich Erlaubnis bekomme."

„Ich werde mich immer freuen, wenn du kommst, ich bin sehr einsam hier oben." –Der Sommer verging, die Tage nahmen ab, auch die Hitze ließ nach. Es kamen stürmische Winde und kühle Tage. Wie würde es nur mit dem Vogel, wenn der Winter kam? Daran hatte Frieda bis jetzt noch gar nicht gedacht. Wenn es kalt war und fror, konnte er ja unmöglich in der Dachkammer bleiben, vielleicht erlaubte die Tante, dass er im Wohnzimmer stehen durfte. Eines Tages wagte sie darum zu bitten. Es war im Oktober, sie fürchtete, ihr Liebling werde krank und vielleicht sterben. Die Tante machte ein unzufriedenes Gesicht, erlaubte es aber dessen ungeachtet unter der Bedingung, dass Frieda jedes Mal, wenn der Vogel zu viel sänge oder schmettere, ein Tuch über den Käfig hängen müsse.

Während andere Leute gern das Singen eines Kanarienvogels hörten und sich darüber freuten, gab das der Frau Wilms stets Veranlassung zur Unzufriedenheit und zum Schelten. Oft am Tage musste Frieda den Käfig zudecken, da verstummte das Tierchen und saß trübselig da, und seine Herrin trauerte mit ihm, hoffte aber auf den Frühling und Sommer, wenn das Vöglein wieder nach Herzenslust singen durfte.

Als Frieda eines Tages in der Stadt war, um für die Tante Besorgungen zu machen, klopfte es. Herta wünschte wieder einmal Hilfe bei ihrer Arbeit. Die Tante wies sie mit dem Bemerken ab, dass Frieda nicht daheim sei. „O", rief Herta, „da ist ja der kleine Vogel. Warum ist er zugedeckt?"

„Weil ich Kopfschmerzen von dem Gezwitscher bekomme. Ich wollte, wir wären den Vogel los. Er stört mich täglich."

„Ich hätte ihn gern. Ich habe Frieda schon im Sommer gebeten, ihn mir zu verkaufen, aber sie wollte nicht, obgleich ich ihr viel Geld dafür geboten habe."

„Du hast ihr Geld geboten, und sie hat es abgeschlagen? Das ist sehr töricht, zumal Frieda arm ist und für das Geld ein Kleidungsstück gut gebrauchen könnte."

Froh, dass die Tante nicht abgeneigt war, den Vogel los zu sein, rief sie: „Verkaufen Sie mir doch das Tier, ich zahle gern fünf Mark dafür."

„Fünf Mark ist der Vogel allein wert, da er ein Männchen ist und ein guter Sänger. Der Drahtkäfig ist sehr schön und auch seine fünf Mark wert. Unter zehn Mark lassen wir den Vogel nicht."

„Ich werde schnell nach Hause gehen und die Eltern fragen, ob sie mir fünf Mark dazu schenken wollen. Fünf Mark habe ich selber." Da Herta in der Nachbarschaft wohnte, war sie bald wieder da.

„Meine Eltern haben mir erlaubt, den Vogel zu kaufen. Soll ich warten, bis Frieda zurück ist?"

„Ich kann den Handel für sie abschließen, es ist am besten, der Vogel stört uns nicht mehr. Sie kann dich ja besuchen, wenn sie ihn sehen will."

Froh, keinen Widerstand zu finden, zahlte Herta das Geld, band das Tuch sorgfältig fest über den Käfig und verließ das Haus.

Als Frieda nach Hause kam und einen erschrockenen Blick auf den Platz warf, wo das Tierchen gestanden hatte, sagte Frau Wilms: „Ja, der Vogel ist fort. Herta Wilde war hier und hat ein schönes Geld dafür gegeben. Du kannst ihn so oft sehen, wie du willst, hat Herta gesagt, und ich bin den Quälgeist los."

„Aber Tante!", war alles, was Frieda herausbrachte. In ihrem Herzen stieg eine Bitterkeit auf, die sie bis dahin nicht gekannt hatte.

„Für das Geld soll eine warme Winterjacke gekauft werden", fuhr die Tante begütigend fort, „du kannst morgen mit mir in die Stadt gehen."

„Meine Winterjacke ist noch ganz gut, ich brauche keine neue." Frau Wilms merkte wohl, wie weh sie dem Kinde getan hatte, aber sie hatte nie gelernt, an andere zu denken, so hielt sie es für natürlich, dass ihr Wohlbefinden vorging.

Frieda hatte hart zu kämpfen, um ihren Unwillen zu überwinden. Was würde wohl ihre Mutter gesagt haben? Billigen konnte sie es nicht, dass die Tante ihr das Liebste genommen, was sie auf Erden hatte. Aber durfte sie murren? War nicht die Tante ihre Vorgesetzte, Stellvertreterin der Mutter? Hatte sie dieser nicht versprochen, alle Menschen lieb zu haben, und nun konnte sie nicht einmal Onkel und Tante von Herzen gut sein?

Als sie abends in ihr Schlafkämmerlein kam, musste sie bitterlich weinen, wenn sie an das verkaufte Vögelchen dachte, bat aber Gott, ihr zu helfen, dass sie mit der Tante nicht länger zürne. Als sie am andern Morgen den Spruch über ihrem Bett las: „Denen, die Gott lieben, müssen alle Dinge zum Besten dienen", tröstete sie sich mit dem Gedanken, dass das Vögelchen es nun doch vielleicht besser habe, und dass sie nun nicht mehr die Klagen der Tante über das Singen des Tierchens hören werde.

Zu der alten Dame im Nachbarhause zog sie es mächtig. Sie erinnerte in ihrem Wesen etwas an die eigene Mutter, sie ging so gern zu ihr. Aber leider kam sie nur selten dazu, die Zeit außer den Schulstunden war reichlich besetzt. Aber in diesen Tagen verlangte es sie nach einem Besuch bei der alten

Dame, und da sie ein halbes Stündchen Urlaub bekam, ging sie hinüber. Es war so traulich und heimatlich dort; Frau Drewes, so hieß ihre alte Freundin, hatte Interesse für sie und ihre Angelegenheiten. Als eine Frage nach dem Vogel kam, erzählte sie unter Tränen sein Schicksal. Die alte Dame fühlte viel Mitleid mit der Kleinen, von dem sie aber nichts merken ließ, sondern sie suchte sie zu trösten und zu erheitern.

Sie brachte bald die Rede auf Weihnachten, erzählte ihr, wie schön es hier in der großen Stadt sei, wie herrlich die Läden geschmückt würden, wie sie dann gehen und alles ansehen müsse. „Du darfst dir auch etwas wünschen“, sagte sie.

„Das werde ich wohl nicht können“, war die kleinlaute Antwort. „Meine Verwandten sind sehr arm.“

Frau Drewes machte ein erstauntes Gesicht und schüttelte den Kopf. Sie mochte es wohl besser wissen. „Wünsche dir immerhin etwas“, sagte sie, „sage mir einmal einen recht schönen Wunsch.“

Das junge Mädchen dachte eine Weile nach. Plötzlich sagte sie: „Ich wüsste schon etwas Schönes.“

„Nun, vertraue es mir an.“

„Ich – ich wünsche mir ein Licht.“

„Ein Licht!“, rief die Dame erstaunt. „Ein Licht wünschest du dir? Es gibt zu Weihnachten, will’s Gott, viele Lichter –“

„Ich wünsche mir aber ein langes, recht dickes Licht und – ein Kästchen mit Streichhölzern.“

Frau Drewes war betroffen über diesen Wunsch, als ihr aber die Kleine den Grund sagte, begriff sie ihn vollkommen. „Ich muss abends im Finstern zu Bett gehen, daran bin ich jetzt gewöhnt, obwohl ich gern noch ein Stück aus der Bibel lese, denn Hausandacht gibt es nicht bei uns. Werden aber die Tage kürzer, wie soll ich es morgens machen, wenn ich kein Licht habe? Ich muss mich ordentlich zur Schule ankleiden, muss die Schulbücher zurechtlegen, mein Zimmer in Ordnung bringen, ich kann das nicht ohne Beleuchtung. Bitten mag ich die Tante nicht darum, sie würde es mir gewiss abschlagen."

„Nun gut, ich will mir's merken", war die Antwort. Für sich dachte Frieda, dass sie das Licht wohl schon früher würde gebrauchen können, die dunklen November- und Dezembertage standen ihr unheimlich wie ein Gespenst vor Augen. Aber die Sorge sollte nicht lange währen.

Frau Wilms hatte ihr als neueste Pflicht das Heizen der Wohnstube und des Kontors übertragen. „Du musst ein klein wenig früher aufstehen, damit die Herren es warm finden, wenn sie in ihre Schreibstube kommen." Das sah Frieda ein. Frau Benak, die erst später erschien, setzte ihr den Tag vorher Kohlen und Holz zum Anzünden hin, und bald hatte die Kleine es kunstgerecht gelernt, das Feuer anzufachen. Jetzt, Ende Oktober und Anfang November, konnte sie früh noch gerade ohne Licht sehen.

Eines Morgens hatte sie im Kontor gerade geheizt und freute sich der hellen Flamme, die es ihr ermöglichte, noch einmal kauernd von dem Ofen ihr französisches Gedicht durchzulesen.

Da klingelte es leise an der Haustür, ein Klopfen am Kontor zu so früher Stunde ließ sie aufschrecken. Als sie furchtsam näher kam, trat der blonde, etwas verwachsene junge Mann mit ernstem, verlegenem Gesicht auf sie zu. „Fräulein", begann er, da unterbrach sie ihn:

„Ich heiße Frieda, bin erst zwölf Jahre alt, bitte, nennen Sie mich nicht Fräulein –"

„Nun also, Frieda, ich soll von meiner Tante grüßen und dies kleine Paket an Sie abgeben."

Erstaunt sah sie ihn an. „Von Ihrer Tante, ich kenne sie ja gar nicht."

„Frau Drewes im Nachbarhaus ist meine Tante."

Sie nahm das Paket und dankte, verwundert, was es sein könnte. Der junge Mann legte den Überzieher ab und ging an sein Schreibpult.

„Bleiben Sie schon hier, Herr Richter?", fragte sie. „Ich habe zur Morgenpost noch einiges zu erledigen, da benutzte ich die günstige Gelegenheit, Ihnen dies auszuhändigen. Sie sollen es allein öffnen, hat mir die Tante empfohlen."

Frieda dankte noch einmal und eilte nach oben, um das verheißungsvolle Paket zu öffnen. Was fand sie darin? Ein langes Kistchen mit vier dicken Lichtern, einen niedlichen Bronzeleuchter und ein Paket

Streichhölzer. Ein Zettel lag dabei mit den Worten: „Ein verfrühtes Weihnachtsgeschenk, nur oben zu gebrauchen."

Ein Strahl reinster Freude kam aus Friedas Augen. Nun war sie aus aller Not. Sie war so glücklich, dass sie eins der Lichter gleich auf den Leuchter setzte und probierte. Es erhellte das Kämmerchen großartig. Sie dünkte sich reich wie ein Krösus. Nun konnte sie ja auf Jahre hinaus immer und immer Beleuchtung haben. Sorgfältig löschte sie das Licht wieder und barg ihren Schatz im innersten Fach der Kommode. Dann sandte sie einen dankbaren Blick nach dem oberen Fenster der Nachbarin. Wie wollte sie ihr danken! Ihr Gesicht strahlte den ganzen Tag vor Freude über diesen Liebesbeweis, so dass die Tante sie oft verstohlen von der Seite ansah und dachte: So vergnügt hat sie seit dem Verlust des Vogels lange nicht ausgesehen.

Etwas Unvorhergesehenes

Frieda hatte immer gehofft, einmal von Herta Wilde aufgefordert zu werden, sie zu besuchen. Doch war es Verlegenheit oder ein bisschen böses Gewissen, sie hielt sich geflissentlich fern von ihr, es war Frieda nicht möglich, ihr nahe zu kommen.

So waren schon mehrere Wochen vergangen, da traf es sich doch einmal, dass sie sich in der Zwischenpause allein auf der Treppe begegneten.

„Was macht mein Vögelchen, Herta?"

„Der – ja der –", sie errötete sehr. Am liebsten hätte sie gesagt: „Es geht ihm gut", aber sie scheute doch die Lüge und stotterte: „Ja der – der Vogel lag vorige Woche tot in seinem Bauer. Das Mädchen, die dumme Stina, hatte vergessen, ihn zu füttern."

„Das Mädchen!", rief Frieda empört. „Das muss man doch selbst besorgen. Du hättest ihn mir lassen sollen!" Es schellte, die Mädchen stoben auseinander in die Klasse hinein. Frieda war eine der Ersten, Herta saß auf der letzten Bank. Beim Schulschluss eilte sie hinaus, sie mochte nicht noch einmal den klaren Augen der kleinen Waise begegnen. Frieda sagte hinfort nichts mehr über die Sache, ein Weh blieb aber im Herzen. Nur einmal, es war kurz vor Weihnachten, fragte die Tante, ob sie bei Herta gewesen sei. Sie antwortete still und traurig: „Der Vogel ist tot; sie haben ihn verhungern lassen."

Da schien Frau Wilms ein menschliches Rühren zu fühlen. Sie sagte: „Wir wollen heute Nachmittag einmal in die Stadt gehen, da sollst du dir die schönen Weihnachtsläden ansehen." Es war allerdings wundervoll, die hellerleuchteten Läden mit allen Herrlichkeiten zu schauen, sie konnte sich gar nicht satt sehen, so etwas Schönes hatten sie im Städtchen nicht gehabt. Aber den Vogel konnte es ihr nicht ersetzen.

Als sie zurückgingen, wollte Frau Wilms etwas in einer fern gelegenen Straße, die Frieda noch nicht kannte, besorgen. An ihrem Ende lag ein großes Haus. Frieda wunderte sich und glaubte, es sei eine Schule. Als sie näher kam, las sie beim Laternenschein das mit großen Buchstaben geschriebene Wort: „Waisenhaus". Sie fragte die Tante, was es bedeute. „Dort sind alle die Kinder untergebracht, die keine Eltern mehr haben."

„Warum bin ich denn bloß nicht dort hingekommen?"

„Wer Verwandte hat, kommt nicht ins Waisenhaus. Doch nun mache schnell, es ist schon spät, wir müssen eilen, nach Hause zu kommen."

Dies Waisenhaus hatte fortan großes Interesse für Frieda. Da es nicht allzu weit von ihrer Schule lag – das hatte sie schon ausgekundschaftet –, so machte sie oft den kleinen Umweg und blieb vor dem Hause stehen mit prüfendem Blick, der zu sagen schien: „Wie mag es da drinnen wohl zugehen? Ob die

Waisenkinder es wohl gut haben? Ob sie vergnügt miteinander sind?"

Dass das Letztere der Fall war, konnte sie bald wahrnehmen. Als Schnee auf dem großen Hof lag, der das Haus umgab, tollte eine fröhliche Schar da umher mit Schlittenfahren und Schneeballwerfen. Wie gern wäre wohl Frieda dabeigewesen. Da sie längere Zeit am Tor stand und zusah, wurden einige der Mädchen aufmerksam. Sie kamen näher und fragten, ob sie etwas wolle.

„Ich bin auch eine Waise", sagte sie.

„Dann kommst du wohl nächstens zu uns?"

„Nein, wer Verwandte hat, darf nicht hinein. Habt ihr es hier gut?"

„Ja, sehr gut", sagten sie aus vollster Überzeugung.

„Habt ihr eine warme Stube und Licht beim Zubettgehen und Aufstehen?"

„Natürlich, sonst könnten wir ja nicht sehen. Es ist alles hell und warm bei uns."

„Sind die großen Leute immer freundlich zu euch?"

„Wenn wir folgen, ja. Wenn wir nicht gehorchen, gibt's Schelte."

„Freut ihr euch auf Weihnachten?"

„Ja, sehr. Da gibt's brennende Christbäume und schöne Geschenke. Dann singen wir Weihnachtslieder, und der Herr Lehrer hält eine Ansprache."

„Wer ist das Mädchen?", fragte ein Herr, der wahrscheinlich die Aufsicht über die Schar hatte.

„Sie sagt, sie sei eine Waise."

„Wolltest du auch gerne zu uns kommen, liebe Kleine?", fragte der Herr freundlich.

„Ich möchte wohl, aber ich bin bei Verwandten."

„Nun, dann hast du's jedenfalls noch besser als bei uns, Kleine!" Er nickte ihr zu und winkte den Kindern, ihm ins Haus zu folgen.

Frieda ging nachdenklich weiter. Wer kann es ihr verargen, dass sie wünschte, sie möchte lieber keine Verwandten haben und hier unter der Schar der fröhlichen Waisenkinder leben.

Wenn sie nur ihre alte Freundin im Nachbargiebel wieder einmal sehen könnte! Einmal war sie dort gewesen, hatte aber die Türe verschlossen gefunden, nun wagte sie nicht, so bald wieder um Erlaubnis zu fragen. Es gab außer den Schulstunden so sehr viel zu tun. Die Tante hatte immer zu nähen und zu sticken für sie, und die Schulaufgaben waren auch nicht wenig. Einmal, gegen Abend, durfte sie wieder zu der alten Dame hinaufgehen.

* * *

„Es tut mir so Leid", sagte sie, „dass ich Weihnachten nicht daheim bin, meine Verwandten wollen mich gern haben, sonst müsstest du mich an einem Feiertage besuchen."

„Glauben Sie wohl, Frau Drewes, dass es bei uns ein Christbäumchen geben wird?"

„Ich weiß es wirklich nicht, mein Kind, ich hoffe es aber."

„Ich freue mich so sehr über die Lichter von Ihnen, Frau Drewes. Ich wüsste gar nicht, was ich ohne sie anfangen sollte."

* * *

„Und ich freue mich immer, wenn ich abends zu Bett gehe oder morgens aufstehe, wenn ich das Kämmerlein erleuchtet sehe. Da weiß ich, dass meine kleine Freundin alles, was sie tut, sehen kann."

„Wenn es nur nicht so kalt wäre da oben!", seufzte Frieda.

„Ich glaube, die Kälte hält nicht lange an. Denke nur immer an den schönen Frühling, der auf den Winter folgt, dann wird es besser."

„Die Waisenkinder haben schöne warme Stuben."

„Welche Waisenkinder?", fragte Frau Drewes.

Frieda erzählte von ihrer Entdeckung des Waisenhauses, und wie sie oft wünsche, dort sein zu dürfen. Frau Drewes schwieg, aber Tränen traten in ihre Augen. –Als Frieda gegangen war, klopfte wieder jemand, und der gleiche junge Mann, der Frieda damals das Paket gebracht hatte, betrat ihre Wohnung.

„Guten Abend, Rolf", sagte sie. „Es ist gut, dass du einmal kommst. Du bist lange nicht bei mir gewesen, ich bin oft recht einsam."

„Du weißt, ich kann schwer abkommen. Der Alte schuhriegelt uns von früh bis abends."

„Ich hatte Besuch von eurer Kleinen drüben."

„War sie wieder einmal da?" Ein Lächeln glitt über seine Züge. Plötzlich zog er die Stirne kraus und sagte in verändertem Tone:

„Es ist unverantwortlich, wie mit dem Mädchen verfahren wird. Die Leute haben keinen Begriff, wie man mit Kindern umgeht. Ich vielleicht auch nicht, aber das weiß ich, dass die arme Kleine anders gehalten werden müsste. Ich wundere mich nur, wie sie immer lieb und gut dabei bleibt."

„Das ist der Segen einer frommen Mutter. Sie hat mir erzählt, wie ihr Mütterchen sie zu allem Guten angehalten und wie sie ihr beim Sterben die Bibel als größten Schatz ans Herz gelegt hat. Die Mutter hat ihr gesagt, sie könnte aus der Bibel Rat für alles holen und Trost, wenn sie traurig sei. Gottes Wort gebe ihr auch Kraft, Schweres zu überwinden, sagte sie mir. Wenn sie oft nicht wüsste, was sie recht tun solle, da fragte sie ihre Bibel, wie die Mutter sie gelehrt."

Der junge Mann schüttelte den Kopf. „Das ist kaum zu glauben! Sollte Gottes Wort wirklich solche Kraft haben?"

„Wenn du es doch glauben könntest, Rolf, dass wirklich im Worte Gottes eine verborgene Kraft und ein großer Segen liegt. Wohl dem, der es in der Jugend lernt, wie dieses Kind."

Rolf sah ernst vor sich hin. „Ja, das Mädchen beschämt uns alle. Dabei ist sie schlicht und einfach in ihrem Wesen, gar nicht, als ob sie etwas Sonderliches täte."

„Es ist ein Segenskind", sagte die Tante.

Ihr Neffe sprang auf und ging in der Stube auf und ab. „Lange halte ich es nicht mehr aus bei diesen Leuten, die keine andere Sorge kennen, als Geld zusammenzuscharren. Gegen alle anderen Lebensverhältnisse sind sie blind, es ist, als sei eine dicke Mauer vor ihnen aufgerichtet, dass sie nicht sehen und hören. Sobald ich Gelegenheit habe, suche ich eine andere Stelle."

Frieda ahnte nicht, dass ihr Tun und Handeln von anderen beobachtet wurde, am allerwenigsten von den Herren in der Schreibstube.

Am Weihnachtsabend gab es keinen Baum. Frau Wilms war krank und hütete das Bett. Der Onkel war fortgegangen und kam, wie gewöhnlich, erst spät am Abend wieder. Am anderen Morgen rief die Tante Frieda an ihr Bett; sie schenkte ihr eine Schürze und einen Pfefferkuchen und erlaubte ihr auch, in die Kirche zu gehen.

Als Weihnachten vorüber war und auch der Januar sein Ende erreicht hatte, konnte Frieda schon wieder hinaussehen. Nun würde bald der Frühling kommen und mit ihm Wärme und Sonnenschein.

Zu Ostern bekam sie nicht nur gute Zeugnisse, sondern einen Preis für Fleiß und gutes Betragen.

Wie würde ihr Mütterchen sich gefreut haben; hier wurde es als etwas Selbstverständliches angesehen. –

Das erste Jahr seit der Mutter Tod war nun vorüber. Es war kein leichtes Jahr gewesen, doch war es unter viel Arbeit schnell vergangen. In ähnlicher Weise lief das zweite Jahr dahin und auch das dritte. Onkel und Tante blieben, wie sie gewesen waren, ohne Interesse für Frieda und ihre Angelegenheiten. Aber die Tante hatte sich mit der Zeit an sie und ihre Hilfe gewöhnt, dass, wenn sie ihr plötzlich genommen worden wäre, sie es schwer empfunden hätte. Der Onkel kümmerte sich überhaupt nicht viel um die Kleine.

Da trat im Herbst des vierten Jahres ein Ereignis ein, das Friedas Verweilen im Hause der Verwandten ein plötzliches Ende bereitete.

Es ließen sich eines Morgens, als Frieda beim Ankleiden war, schwere Männertritte auf dem Boden hören. Es klopfte an die Kammertüre. Als sie öffnete, stand der Onkel verstörten Antlitzes da und sagte, sie müsse schnell in die Apotheke laufen, die Tante sei in der Nacht plötzlich von einem Schlaganfall getroffen worden und werde wahrscheinlich sterben.

Als Frieda mit den Arzneimitteln aus der Apotheke kam und fragte, ob sie etwas helfen könne, sagte der Onkel nur, es wäre ihm lieber, wenn sie irgendwo zu Bekannten ginge, sie sei hier im Wege. Sie bat Frau Benak, sie ins Krankenzimmer zu lassen, sie möchte die Tante gern noch sehen. Doch diese sagte: „Ach, Kind, Frau Wilms kennt dich nicht mehr, sie liegt ohne Bewusstsein."

Schon am Abend trat der Tod ein. Es folgten traurige Tage für Frieda. Sie sagte sich immer wieder: „Was wird nun aus mir? Werde ich nun ins Waisenhaus kommen?"

Schon einen Tag nach der Beerdigung eröffnete ihr Herr Wilms, dass er sie nicht länger behalten könne. Sie sei alt genug, sich schon selber etwas zu verdienen; er wolle in der Zeitung nachsehen, ob dort eine passende Stelle zu finden sei. Er selbst werde fortan in einem Restaurant essen, Frau Benak werde ihm das Nötigste besorgen, im Übrigen wolle er allein für sich bleiben.

Frieda sah wohl ein, dass sie nicht länger bleiben konnte. Sie hatte sich auch schon bei Frau Drewes darüber geäußert, zu der sie in ihrer Not einige Male gelaufen war. Nun, da der Onkel bestimmt ausgesprochen hatte, dass er sie nicht behalten könne, ging sie wieder hinüber, um mit der mütterlichen Freundin zu bereden, was mit ihr werden sollte, sie könne doch noch keine Stelle annehmen, da sie erst Ostern eingesegnet werde.

Frau Drewes sagte ihr, dass sie in diesen Tagen viel an sie gedacht habe. Da sei ihr eine verwandte Familie eingefallen, allerdings weit von hier. Der Vetter oder vielmehr der Neffe sei Pfarrer auf dem Lande, sie wolle noch diesen Abend schreiben, ob sie Frieda in ihren Familienkreis aufnehmen wollten. Vielleicht könne sie da konfirmiert werden, und wenn sich alles so schicke, könne sie als Stütze des Hauses sich später dort nützlich machen.

Jetzt lag die Zukunft der jungen Waise wieder dunkel vor ihr. Sie wusste aber, Gott der Herr werde sie recht führen.

Die neue Heimat

Es war Ende November. In einem Abteil dritter Klasse erhob sich ein junges Mädchen von einem Sitz, als der Schaffner „Neuburg“ rief. Sie nahm Tasche, Mantel und Regenschirm zur Hand und stieg zögernd aus, als die Türe ihres Abteils geöffnet wurde. Mit etwas bänglichem Gefühl sah sie sich um. Es war ihr geschrieben worden, sie würde vom Neuburger Bahnhof abgeholt, nun schien niemand da zu sein. Die Welt war so weit und fremd, Frieda stand da, verlassen und einsam, wieder die arme Waise, die keine Eltern, keine Heimat hatte. Wie würde es ihr nun gehen?

Frau Drewes hatte günstige, wenn auch kurze Antwort erhalten, dass man bereit sei, das junge Mädchen aufzunehmen. Tag und Stunde der Abfahrt war genannt, der Herr werde selbst an diesem Tage in der Stadt sein und sie vom Bahnhof abholen. Nun war niemand da. Unschlüssig stand sie mit Tasche und Schirm, die Tränen wollten schon kommen, da trat ein alter Eisenbahnbeamter herzu und fragte freundlich, wen sie suche. „Den Herrn Pfarrer aus Buschrode?“

„Sein Wagen hält ja an der andern Seite, kommen Sie mit, liebes Kind.“ Er ging voran, sie folgte. Als sie die Halle durchschritten hatte und dem Ausgang zueilte, kam ein Herr auf sie zu und fragte: „Sind

Sie Frieda Senker, liebes Kind, unsere künftige Hausgenossin?" Sie nickte. Da ergriff er ihre Hand, drückte sie herzlich und sagte: „Willkommen, liebe Kleine. Es tut mir sehr Leid, dass ich einige Minuten zu spät kommen musste, die Konferenz war nicht früher aus, auch musste ich noch einen kurzen Besuch bei einer alten Tante machen. Sie haben gewiss schon gewartet?"

„Es macht nichts", sagte Frieda leise.

Er trug einem Dienstmann auf, Friedas Koffer zu besorgen; sie musste dann einen warmen Pelz anziehen; er selbst versorgte sich mit warmen Sachen, „denn", sagte er, „es ist heute kalt, auf dem offenen Wagen muss man sich vorsehen."

Frieda meinte, sie sei nicht verwöhnt. Da sah er sie freundlich an und sagte: „Das ist recht, das höre ich gern. Junge Leute müssen alles vertragen können, aber Vorsicht ist doch beim Reisen gut, und meine Frau hat es mir ans Herz gelegt, dafür zu sorgen, dass Sie warm sitzen. Na, ich denke, nun können wir losfahren. Vorwärts, Christian."

Christian zog an, die Pferde trabten munter davon, und bald rollten sie auf der Landstraße dahin. Der freundliche Empfang, der warme Pelz, das wohlwollende Gesicht des Pfarrers, alles war dazu angetan, der Waise das Herz warm zu machen. Sollte sie wirklich zu Leuten kommen, die es gut mit ihr meinten, die ein klein wenig Liebe für sie empfinden würden? Ihr klopfte das Herz, als sie der neuen

Heimat immer näher kamen. Es dunkelte bereits, einzelne Lichter tauchten hier und dort auf. Jetzt waren sie im Dorf, der Wagen rasselte über Steinpflaster und fuhr bald in den Pfarrhof ein. Die Haustür wurde stürmisch aufgerissen, ein Mädchenantlitz wurde sichtbar, neugierig lugten die freundlichen Augen nach der neben dem Vater sitzenden Gestalt.

„Bist du da, Väterchen?" Mit diesen Worten begrüßte sie den Vater, der schon abgestiegen war. Dann half sie Frieda aus ihrer Umhüllung und sagte freundlich: „Willkommen im Pfarrhaus zu Buschrode." Zaghaft betrat Frieda den Hausflur. Hier stand eine ältere Dame, die die arme Waise mütterlich an ihr Herz nahm mit den Worten: „Gott segne deinen Eingang in unser Haus." Welch ein Empfang war das! Ehrenpforten und Girlanden, große Reden und dergleichen hätten bei dem verwaisten Kinde nicht solchen Eindruck gemacht, als diese schlichten aus dem Herzen kommenden Worte der Pfarrfrau.

„Du bist nun unser Kind", fuhr sie fort, indem sie sie unter den Arm nahm und in das hell erleuchtete Wohnzimmer führte. Hier stand ein gedeckter Tisch, Martha, die Tochter, goss den Tee auf und holte noch Fehlendes herzu, dabei sah sie immer verstohlen nach ihrer Altersgenossin, mit der sie nun zusammen leben sollte. „Es war uns wie ein Wink von oben", begann der Pfarrer, als man sich zum Abendessen an den Tisch gesetzt hatte, „als dieser Brief von der Tante Drewes kam. Wir hatten uns schon immer für unsere Martha eine Genossin gewünscht, nun fand sie sich so ungesucht."

„Du gehörst ganz zur Familie, Frieda, wir nennen uns alle du", bemerkte die Pfarrfrau, indem sie dem jungen Mädchen eine sehr reichliche Portion vorlegte, was dieser ein erstauntes: „Ich danke, o so viel!", entlockte.

„Du siehst mir aus, als hättest du unterwegs Hunger gehabt", setzte sie hinzu. „Sieh nur, was für runde Backen Martha hat, die sollst du hier, will's Gott, auch bekommen."

„Das will ich meinen", fiel der Pfarrherr ein, und Frieda dachte, indem sie tapfer aß: „Sie gönnen es mir beide."

Der Pfarrer fragte noch nach dem Beruf des Onkels, sagte aber dann: „Nun iss noch ein wenig, wenn's schmeckt." Mit diesen Worten hielt er ihr die schön duftenden Bratkartoffeln so verführerisch unter die Nase, dass sie wirklich noch einmal nahm. Solch freundliches Zureden kannte sie ja gar nicht.

Nach dem Essen räumte Martha den Tisch ab, da kam Frieda gleich herzu, ihr zu helfen. „Heute darfst du noch nicht, du bist müde von der Reise", wehrte sie der Eifrigen, die trotzdem mit den Tellern in die Küche ging und dabei sagte: „Ich muss doch wissen, wohin alles gehört, damit ich nicht nötig habe, viel zu fragen."

„Frieda", rief Martha, als sie die Speisereste aufgehoben hatten, „wie freue ich mich, dass ich dich nun habe; ich muss dir einmal einen Kuss geben." Mit diesen Worten umarmte sie Frieda und herzte und küsste sie. „Ich habe dich schon sehr lieb", fügte sie hinzu.

„Ich dich auch", flüsterte Frieda leise, voll tiefer innerer Bewegung. Wie konnte sie nur das alles, was sie in den letzten Stunden hier erfahren hatte, bewältigen. Es war des Guten zuviel.

Der Pfarrer hatte sich unterdes zu seiner Frau aufs Sofa gesetzt. „Die Kleine sieht noch wie ein Kind aus; sie macht den Eindruck, als ob sie es nicht allzu gut gehabt hat."

„Das schrieb ja schon die Tante. Sie deutete an, dass das Kind bei Verwandten gewesen, die allgemein als geizig bekannt waren. Solche Leute haben gewöhnlich nicht viel für andere übrig. Frieda hat uns gegenüber noch etwas Befangenes, ich denke, das wird sich mit der Zeit legen."

„Wir wollen sie alle recht lieb haben", versetzte die Pfarrfrau.

„Die beiden haben schon Freundschaft geschlossen", rief der Pfarrer, als Martha und Frieda eng aneinander geschmiegt in die Tür traten.

Man unterhielt sich noch ein wenig im Wohnzimmer; der Pfarrer erzählte von der Stadt und packte Kleinigkeiten aus, die er für die Seinen mitgebracht hatte. Dann rief er Christian und das Hausmädchen, es wurden Gesangbücher verteilt, die Hausfrau setzte sich ans Klavier, um den Choral zu begleiten, während der Pastor mit voller Stimme anhob: „Lobe den Herren, den mächtigen König der Ehren." Alle andern fielen ein, auch Frieda sang tapfer mit, doch als sie an die Stelle kamen: „Lobe den Herrn, der deinen Stand sichtbar gesegnet, der aus dem Himmel mit Strömen der Liebe geregnet", versagte die Stimme, Tränen rannen über ihre Wangen, sie konnte nur innerlich Gott für den Weg, den er sie geführt hatte, danken. Der Pfarrer las einen Abschnitt aus der Bibel und erklärte ihn, dann betete er, schloss auch die neue Hausgenossin in seine Fürbitte, darauf wurde der letzte Vers des Liedes gesungen. Der Waise ging das Herz auf darüber, dass sie gemeinsam mit anderen Gottes Wort hatte betrachten dürfen, bisher hatte sie es nur verstohlen getan.

Nach der Andacht meinte die Hausfrau, es sei wohl Zeit, dass Frieda zur Ruhe komme. Martha solle sie nach oben führen, ihr den Koffer auspacken helfen und dann solle Frieda nach der langen Reise gut ausschlafen. Die jungen Mädchen sagten gute Nacht, dann gingen sie miteinander nach oben.

„Ein niedliches Mädchen, nur sehr dünn und blass. Mutter, die müssen wir ordentlich herausfuttern, du sollst einmal sehen, was dann aus ihr wird."

Frau Charlotte nickte ihrem Mann freundlich zu, weil er wusste, dass es so viel bedeutete wie: „Ich denke grade so wie du." Im Punkt des Wohltuns trafen ihre Ansichten immer ganz zusammen, sonst konnte Frau Charlotte mitunter ihr Köpfchen für sich haben.

Die beiden Mädchen waren oben angelangt. Frieda dachte lebhaft an den ersten Abend bei Onkel und Tante, wo sie mit den Händen vorwärts tastend sich ihr Kämmerchen suchen musste. Heute trug Martha eine hübsche kleine Lampe, ihr Eigentum, und leuchtete voran. Als sie in ihrem Zimmer waren, die Lampe auf dem Tisch stand und alles hell beleuchtete, rief Frieda erstaunt aus: „Welch ein hübsches Zimmer. Ist das wirklich ganz zu deinem Gebrauch?"

„Jetzt auch zu dem deinen. Wir wollen hier wie Schwestern leben und uns wie Schwestern lieb haben. Nebenan", sie öffnete eine Tür, „ist unser kleines Schlafzimmer, es ist so hübsch, wenn Freundinnen zusammen schlafen, oder wärst du lieber für dich geblieben?"

„Nein, so ist es viel schöner. Es ist überhaupt alles zu gut für mich, ich bin das gar nicht gewohnt!"

Plötzlich kam es mit Gewalt über sie. Alles, was drinnen im Herzen verborgen geschlummert hatte, die große Sehnsucht nach Liebe, sie war heute erfüllt. Es überwältigte sie so, dass sie sich nur durch Tränen Luft machen konnte. Sie weinte und schluchzte, dass es Martha ganz bange wurde.

Sie umarmte sie und bat, ihr zu sagen, was ihr fehle. Frieda schüttelte nur den Kopf, weinte immer weiter.

„Frieda, ist dir etwas nicht recht, sage es mir, ich will ja alles tun. Fehlt dir etwas?“

„Nichts, nichts“, schluchzte sie. „Ich bin nur so glücklich, so dankbar, dass ich hier bleiben darf. Ich weine – ja nur – wegen der vielen Liebe.“

Nun war es heraus. Wenn auch Martha, die im Sonnenschein der Liebe groß geworden war, nicht begreifen konnte, wie man um Liebe, die man empfing, weinen könne, so war sie doch jetzt beruhigt, dass nichts gefehlt hatte. Sie küsste die neu erworbene Freundin und versprach ihr noch viel mehr Liebe, dies sei ja erst ein geringer Anfang. Aber weinen dürfe sie nicht mehr, das sei so traurig, sie möchte gern ein heiteres Gesicht bei der Freundin sehen.

Allmählich beruhigte sich das junge Mädchen, und als Martha vorschlug, den Koffer auszupacken, war Frieda gleich bereit. Sie trocknete ihre Tränen, und bald waren sie mit dem Inhalt des Koffers voll beschäftigt. Martha schien etwas enttäuscht über das, was sie an Kleidungsstücken und Wäsche auspackte, aber eine Menge Bücher gab es. Die gaben Veranlassung, vom Unterricht zu sprechen. Martha war bisher allein vom Vater unterrichtet worden, während Frieda das vorausgehabt hatte, mit vielen anderen Mädchen in einer großen städtischen Schule den Unterricht genossen zu haben.

„Hast du denn keine Freundin gefunden unter allen Mitschülerinnen?“, fragte Martha verwundert.

„Ich hätte es wohl, es waren einige sehr nette Mädchen darunter, aber meine Verwandten liebten es nicht, wenn ich Besuch bekam, und erlaubten es mir nicht, Einladungen anzunehmen."

Martha schwieg. Sie hätte ausrufen mögen: „Wie hässlich!", aber die Eltern hatten ihr schon immer untersagt, solche Äußerungen über ihre Mitmenschen zu machen. Sie konnte aber doch am andern Morgen nicht unterlassen, der Mutter einige Bemerkungen über Friedas unzureichende Garderobe zu machen.

„Mutter, sie ist wirklich recht dürftig ausgestattet, da musst du Rat schaffen. Zu Weihnachten muss sie ein hübsches fertiges Kleid haben, das sie an den Feiertagen tragen kann. Ich mag nicht, wenn sie weniger gut angezogen ist als ich."

Die Mutter lächelte über den Eifer ihres Kindes. Sie hatte schon selbst den Abend vorher bemerkt, dass Frieda recht herausgewachsen aussah, auch war die Machart des Kleides wunderlich, keine geübte Schneiderin konnte es angefertigt haben.

„Wie wär's, mein Kind", sagte Frau Charlotte, „wenn du ihr von deiner Fülle abgäbest. Du wirst von allen Tanten und von deinen Eltern so reich bedacht, dass du fast Überfluss an guten Kleidern hast."

„Ja, liebste Mutter, ich gebe ihr von meinem Reichtum ab", strahlte Martha und klatschte vor Freude in die Hände. Sie lief eilfertig hinaus, um ihre Schätze zu holen.

Unterdes war Frieda von der andern Seite ins Zimmer getreten und freundlich von der Mutter begrüßt worden. Sie musste jetzt erst ordentlich frühstücken. „Heute ist noch keine bestimmte Stunde für dich, mein Kind. Wir frühstücken sonst gemeinsam um sieben Uhr“, sagte die Pfarrerin.

Mit großen Augen sah Frieda auf Martha, als sie mit einem Stoß Kleider auf dem Arm erschien.

Mit einem Seufzer legte sie sie hin. „Es brauchte ja nicht gleich zu sein“, lachte die Mutter.

„Sieh, Frieda“, fuhr sie fort, „Martha hat einen solchen Überfluss an Kleidern, dass sie gern mit dir teilen möchte. Es ist nur die Frage, ob dir die Sachen passen werden, sie ist länger und stärker als du.“

„Sie muss sich in die Sachen hineinessen“, scherzte der Pfarrer, der eben in die Stube getreten war und das Letzte gehört hatte. Frieda lächelte und meinte, das würde wohl nicht so schnell gehen.

Als der Hausvater das Zimmer wieder verlassen hatte, wurde Anprobe gehalten. Ein sehr hübsches graues Kostüm bedurfte einiger Änderungen, die von der geschickten Dorfschneiderin ausgeführt werden sollten. Frieda fand es zu fein für sich, aber niemand war froher als Martha, dass sie ihrer Freundin das erste Geschenk machen konnte.

„Wer hat denn deine Kleider gearbeitet, als du bei der Tante warst?“, fragte die Pfarrerin.

„Eine Frau Benak. Sie verstand etwas vom Schneidern, hatte es aber nicht richtig gelernt. Sie machte lieber Hausarbeit und tat es nur der Tante zu Gefallen, weil die andern Schneiderinnen so teuer waren."

Jetzt konnte Frau Pfarrer begreifen, warum das Kind so wunderlich in seinem Reisekleid aussah, warum es so schlecht passte.

Im Laufe des Tages musste Frieda viel kennen lernen. Die unermüdliche Martha zeigte ihr das ganze große Pfarrhaus, den Garten, die daran anstoßende Wiese, die Ställe und den Hof. „Morgen gehen wir ins Dorf, dann lernst du unsere Leute kennen. Ich habe ihnen schon erzählt, dass du kommst, sie sind neugierig, dich zu sehen."

Wie ganz anders war das Leben hier als bei den Verwandten. Eine neue Welt ging ihr auf. Ob das Denken füreinander, das Arbeiten miteinander, dieser gegenseitige Gedankenaustausch wohl immer so bleiben würden? Dann war die Welt doch gar so schön!

Weihnachten in Buschrode

„Deine Papiere sind nun da, mein Kind“, sagte der Pfarrer eines Tages zu Frieda, „ich habe schon einige Male an Herrn Wilms deshalb schreiben müssen. Ich sehe daraus, dass du keine Kleinstädterin bist, wie ich erst glaubte, sondern dass du in L. geboren bist. Dein Vater ist Chef eines großen Handlungshauses gewesen.“

„Ja, er war Teilhaber mit einem andern Herrn, wie Mutter mir erzählte. Ich weiß nichts davon, denn ich zählte drei Jahre, als mein Vater starb, davon habe ich eine dunkle Erinnerung. Wir sind dann sehr bald nach Steinfeld gezogen.“

„Deine liebe Mutter hat dann nur ein geringes Einkommen gehabt?“

„Ja, Mutter musste noch für Geld arbeiten. Sie weinte oft im Stillen, wenn sie sich unbeobachtet glaubte. Ich merkte es aber immer und fragte, was ihr fehle. Dann sagte sie, sie könne es mir jetzt noch nicht sagen, später wolle sie mit mir darüber sprechen. Ich glaube aber, der Teilhaber meines Vaters hat es nicht gut mit ihm gemeint.“

„Wie hieß der Teilhaber deines Vaters?“

„Den Namen hat die Mutter nie genannt.“

„So, so“, sagte der Pfarrer nachdenklich. „Dein Onkel Wilms hat mir außer den Papieren noch eine kleine Summe Geldes geschickt, es sei aus dem

Nachlass der Mutter, das Übrige sei für deine Erziehung gebraucht. Da es nur wenig ist, werde ich es für dich auf die Sparkasse tun, zunächst sorgen wir für dich."

„Es ist sehr freundlich von dir und der Tante."

„Wir haben dich gern hier. Du weißt, dass du hier mit unserer Tochter zusammen konfirmiert werden sollst. Die Stunden haben schon ihren Anfang genommen, aber ich denke, du holst es nach. Im Übrigen nimmst du bis Ostern an dem Unterricht teil, den ich Martha gebe." Frieda war für dieses Anerbieten sehr dankbar. Welch ein schönes Vierteljahr stand ihr bevor! Sie hatte oft mit Bangen an ihre Konfirmation gedacht, ihre Verwandten standen mit keinem Geistlichen der Stadt in Beziehung, das Leben in ihrem Hause war nicht angetan, sie in dieser Zeit zu fördern.

Sehr beglückt verließ sie das Studierzimmer. Martha kam ihr entgegen.

„Hat Vater dir gesagt, dass wir die Konfirmandenstunden zusammen haben sollen? Ist es nicht wunderschön?"

„So schön, wie ich es mir früher selbst gar nicht hätte ausdenken können."

Die beiden Mädchen, erfüllt von dem Gedanken, die Zeit auszunutzen, waren den Tag über ernst gestimmt. Martha teilte der Freundin mit, was sie bereits beim Vater gehabt. Frieda wurde es nicht schwer, Sprüche, Gesänge und Bibelabschnitte nachzulernen, da ihr vieles schon von der Schule her bekannt war.

So verging die Zeit vor Weihnachten, das schöne Fest rückte immer näher. Es wurden große Vorbereitungen getroffen, so dass Frieda erstaunt fragte: „Ihr erwartet wohl viel Besuch?"

„Eine Menge Tanten kommen, sie stellen sich gewöhnlich zum Fest ein. Und dann gibt's noch eine Überraschung, das sage ich aber nicht eher, bis sie da ist. Es ist etwas sehr Schönes, auf das ich mich sehr freue. Es bleibt aber noch Geheimnis."

Geheimnis war auch, was Martha für die Freundin arbeitete. Frieda hätte so gern ihren Wohltätern etwas geschenkt. Aber sie hatte kein Taschengeld, hatte auch keine Gelegenheit, etwas zu kaufen.

Da bot die Mutter den jungen Mädchen eines Tages an, mit ihr in die Stadt zu fahren, wo sie verschiedene Einkäufe zu machen hatte.

„Da wird auch unsere Pflegetochter einkaufen wollen", rief der Pastor und gab ihr drei Mark, was ihm ein frohes „Danke" einbrachte. „Das müssen wir wohl alle Monate so machen", meinte er. „Junge Mädchen müssen beizeiten lernen, mit Geld umzugehen, wenn sie einmal gute Hausfrauen werden wollen."

Die Fahrt mit der Mutter war sehr vergnüglich. Die Läden in Neuburg waren bei weitem nicht so schön wie in der großen Stadt, doch hätte Frieda um keinen Preis mit ihrer jetzigen Lage tauschen mögen. Wie ergötzlich war das Geheimtun voreinander in den Läden, wie freundlich waren die Verkäufer und Verkäuferinnen, die alle die Frau Pfarrer von Buschrode kannten und ihr bereitwilligst die Pakete in den Gasthof schickten, wo Christian ausgespannt hatte. Sie freuten sich ja, dass die Frau Pfarrer nicht zum Einkaufen in die Hauptstadt fuhr, sondern dass sie ihre Läden berücksichtigte.

An was hatte die gute Tante nicht alles zu denken, sogar Spielsachen wurden eingekauft. Gewiss hatte sie auch entfernt wohnende Verwandte zu beschenken, dachte Frieda.

Am nächsten Tage mussten die jungen Mädchen tüchtig mit Hand anlegen. Da galt es die Gastzimmer in Ordnung zu bringen, ein besonders großes geräumiges Zimmer gab es im Pfarrhaus, auf das viel Sorgfalt verwendet wurde. Drei große Betten standen bereits drin, es wurden noch einige kleinere hineingestellt, Waschtische hergerichtet, so dass Frieda ganz verwundert fragte: „Wer kommt denn hier herein, es sieht ja wie eine große Familienstube aus?“

„Warte es ab“, war Marthas Antwort. Dabei lachte sie schelmisch und fügte hinzu:

„Das ist eben das Weihnachtsgeheimnis, übermorgen Abend wird alles aufgeklärt sein.“ Am folgenden Tage wurden verschiedene Tanten abgeholt. Eine Großtante, hoch in den siebziger Jahren, war noch so frisch und rüstig, dass sie alle andern beschämte. Sie war sehr altmodisch gekleidet und trug große weiße Hauben mit buntem Band verziert. Ihre Lieblingsfarbe war gelb. Wie in ihrer Kleidung, so war sie auch in ihrem Wesen nach der alten Mode, tadelte gern die heutige Jugend und ermahnte sie zur Ehrerbietung gegen die Alten. Sie war nie ohne Strickstrumpf zu sehen, den sie fleißig handhabte, um für die vielen Füße verschiedener Großneffen und Nichten zu sorgen.

Außer ihr waren zwei Tanten angekommen, nicht so alt wie Großtante Kathinka, aber älter als Frau Charlotte, weshalb sie sich berufen glaubten, der jüngeren Schwester oft gute Ratschläge zu erteilen.

„Charlotte, ich würde es so machen, Charlotte, ich würde es so gemacht haben“, – oder: „Mein Rat ist so, wenn du ihn annehmen möchtest.“

Sie waren aber alle sehr munter und vergnügt, einmal deshalb, dass sie aller Sorgen ledig sich hier nach Herzenslust erholen konnten, und dann, weil die Weihnachtsfreude winkte und sie alle in Gemeinschaft mit den Verwandten ein fröhliches Fest zu feiern gedachten.

Frieda, das sonst so stille Kind, wurde durch den Verkehr mit fröhlichen Menschen belebt und angeregt. Ihre Wangen rundeten sich von Tag zu Tag, ihr Gang wurde leichter und elastischer, der Körper verlor immer mehr das Eckige und Steife. Die guten Pfarrersleute sahen es und freuten sich darüber.

Die Gäste waren in den verschiedenen oberen Zimmern untergebracht, nun fehlte noch die Einquartierung für die große Stube. Der Pfarrer war am Morgen früh ausgefahren, Christian hatte die geschlossene Kutsche nehmen müssen. Erst am Abend verkündete das Rollen des Wagens die Ankunft. Martha sah Frieda bedeutungsvoll an. „Jetzt kommen sie“, sagte sie nur, zog Frieda mit sich an die Haustür und rief nach Marie, dem Hausmädchen.

Der Pfarrer öffnete schon selbst den Wagen und reichte einer Dame die Hand, die in tiefer Trauer war. Dann purzelte ein Kind nach dem andern heraus, kleine Burschen und Mädchen. Sie trippelten unbefangen ins Haus, einige riefen: „Sind wir nun da?“ Andere fragten: „Ist dies Tante Charlotte?“

„Wo sind Martha und Frieda, von denen der Onkel unterwegs erzählt hat.“– „Hier, hier“, rief Martha, die der schwarzen Dame ein kleines Bündel abgenommen hatte, das sie vorsichtig ins Haus trug.

Die schwarze Dame, eine Frau Zeller, bat Martha, die Kleine gleich in das Bettchen zu legen, da sie eben eingeschlafen sei und hoffentlich weiterschlafen werde. Martha gab Frieda einen Wink mitzukommen. Die fragte verwundert: „Wer ist das? Wollen sie alle Weihnachten hier feiern?“ – „Ich werde dir alles erklären, wenn wir die Kleine erst sicher untergebracht haben. Sieh, Mutter und ich hatten einen hübschen Einfall. Uns fehlte für die Kleine ein Lager. Da haben wir aus der großen weitbauchigen Kommode ein Schubfach herausgenommen und es mit weichen Betten versehen. Sieh nur, wie herrlich das Kindchen hineinpasst; es schläft ruhig weiter, nun wollen wir es zudecken, ist es nicht reizend, ein so kleines lebendiges Kind zu pflegen?“

Frieda bestätigte es beglückt; so etwas hatte sie noch nie erlebt. Beide knieten am Lager des schlafenden Kindes, bewunderten seine goldblonden Härchen, das feine Gesicht und die kleinen zierlichen Hände, sprachen aber ganz leise, um es nicht aufzuwecken.

Da wurde die Tür behutsam geöffnet, die junge Frau trat herein: „Ich muss doch sehen, wo Sie mit meinem kleinen Liebling geblieben sind.“

Sie sprach einige freundliche Worte mit den Mädchen und bat sie dann, sich ihrer Kinder unten annehmen zu wollen; sie seien noch etwas fremd, und junge Mädchen verständen es am besten, mit Kindern umzugehen. Sie wolle unterdes das Nötigste auspacken. „Erst musst du mir schnell sagen, was das alles bedeutet“, bat Frieda die Freundin, als sie das Zimmer verlassen hatten.

„Nun also: Frau Zeller hat vor etwa einem Vierteljahr ihren Mann plötzlich nach kurzer schwerer Krankheit verloren. Vater ist zum Vormund der Kinder bestellt und hat Frau Zeller nun mit allen Kindern eingeladen, Weihnachten bei uns zu feiern. Er sagt: Wir haben das große Haus und die gute Pfarre, so wollen wir gern andere, die es nicht so gut haben, einladen. Es macht den Eltern Freude, Gutes zu tun.“

„Das habe ich gemerkt. Euer Haus ist mir schon zur Heimat geworden, doch horch, Martha, unten weinen die Kinder."

Sie sprangen schnell die Treppe hinunter und eilten in das Vorzimmer, wo Tante Agnes und Tante Emilie um die Kinder bemüht waren. Zwei kleine Knaben von drei und fünf Jahren weinten laut und riefen nach der Mutter, während die kleinen Mädchen sittsam am Tisch saßen und Bilder ansahen, die ihnen die Tanten gegeben hatten.

„Du bist ein ganz unartiger Junge", sagte Tante Emilie zu dem Jüngsten.

„Ich werde mit der Rute kommen", drohte Tante Agnes. Da hob das Gebrüll erst recht an.

Anders, als Martha ins Zimmer trat. „Kommt einmal mit", rief sie, fasste den einen an die Hand, Frieda den andern. „Wir wollen euch einmal unsern großen Kater zeigen, er soll eben sein Abendbrot bekommen."

Die Tränen versiegten sofort. „Wo ist der Kater?" Neugierig gingen sie mit in die Küche. Da erhob sich in der Ecke ein schwarz und weiß geflecktes Tier, kam mit krummem Buckel und wedelndem Schwanz auf Martha zu, die Milch in die Schale goss und von den Kleinen Brot hineinbrocken ließ. Ei, das war ein Spaß, lauter Jubel erscholl aus der Küche, so dass Tante Agnes, die mit der Rute gedroht hatte, verdutzt ausrief: „Was hat nur die Martha angefangen, das muss eine Tausendkünstlerin sein."

Als die Kinder wieder hereinkamen, waren sie voll Frohsinn und Heiterkeit, sie konnten gar nicht genug erzählen von dem Kater und seinen Streichen.

Im Esszimmer fand sich zum Abendbrot eine ansehnliche Gesellschaft zusammen. Frieda staunte über die großen Schüsseln, über die Menge der Butterbrote und dachte im Stillen, was wohl Onkel und Tante Wilms gesagt haben würden, wenn an einem Tage solche Massen vertilgt worden wären.

Nach Tisch machten Frieda und Martha sich mit den niedlichen kleinen Mädchen zu schaffen, während die Mutter die beiden Buben zu Bett brachte. Die älteren Frauen saßen bei ihren Handarbeiten, die zum Teil noch zum Heiligen Abend fertig werden sollten.

Annchen und Mariechen waren schon verständige kleine Mädchen, die es der Mutter in jeder Weise leicht zu machen suchten. Das Kleine konnten sie allein besorgen, es war am folgenden Tage aber schon ein Wettkampf zwischen ihnen und den jungen Mädchen, wer das Kindchen warten sollte.

Aber Frau Charlotte rief Frieda und Martha bald ab, es gab in der Küche zu tun, auch am Nachmittag brauchte sie ihre Hilfe, da das Mädchen anderweitig beschäftigt war.

Am Heiligen Abend war alles fertig. Tannenduft erfüllte die Luft, die Kinder, voll fröhlicher Ahnung, liefen hin und her oder guckten durchs Schlüsselloch, ob sie etwas erspähen könnten.

„Ich hab ihn gesehen, hab ihn gesehen", rief Annchen voll Entzücken und tanzte auf einem Bein durchs Zimmer.

„Was hast du gesehen?", fragte Frieda lächelnd, die eben aus dem Saal kam, wo sie mit der Tante Äpfel und Nüsse abgezählt hatte.

„Den Christbaum!", frohlockte das Kind, das hinter der Tür gestanden hatte und bei ihrem Öffnen den grünen Baum entdeckt hatte.

„Selige, fröhliche Kinderzeit", dachte Frieda. Sie hatte in den letzten Jahren von solchen Freuden nichts gespürt. Heute Abend wollte sie es fröhlich und dankbar wie ein Kind genießen.

Am Nachmittag durften Martha und Frieda in das strohbedeckte Häuschen gehen, wo die Kinder des Tagelöhners, der ständig auf dem Pfarrgehöft arbeitete, schon im Sonntagsstaat auf die Einladung warteten. Sie wussten, es kam jedes Jahr am Nachmittag der Bescheid, sie sollten alle kommen.

Annchen und Mariechen durften mitgehen. Schneeflocken fielen leise zur Erde und im Dorfkirchlein läuteten die Glocken das Fest ein. Es war so feierlich und schön. Es stimmte die Mädchen andächtig, während die Kleinen sich mit Wonne die Schneeflocken um den Kopf wirbeln ließen. „Nun, Mutter Blanksch, sind die Kinder fertig?", rief Martha freundlich.

„Freilich, natürlich, sie sind schon seit einer Stunde in ihren Sonntagskleidern." Sie öffnete die Tür, da standen ihrer sechs von der ältesten Zwölfjährigen bis zum kleinen zweijährigen Karl.

„Wie wird's nun aber mit Karlchen, in dem Schneewetter kann er nicht gehen?", sagte Martha besorgt.

„Den trag ich hinüber, Fräulein. Mit muss er, sonsten heult er." Nun setzte sich der Zug in Bewegung, die Frau mit Karlchen auf dem Arm voran, die Kinder in der Mitte, die jungen Mädchen hinterher. An der Haustür wurde der Kleine abgesetzt, und nun ging's hinein in die verheißungsvolle Stube.

Freundlich empfing Frau Charlotte die Kinder. „Habt ihr denn auch ein Weihnachtslied gelernt?"

Da stellte sich die Zwölfjährige in Positur und begann: „Vom Himmel hoch, da komm ich her." Sie schnurrte es her, bis Frau Charlotte rief: „Weiter." Da begann die Zweite aufzusagen, dann der Dritte, bis das Lied zu Ende war. Die Kleinen hatten ein kurzes Verschen gelernt, alles tadellos, so dass Frau Pfarrer sagte: „Das habt ihr brav gemacht, dafür kommt nun auch der Heilige Christ!"

Die Kinder hatten schon lange nach dem großen Esstisch geblinzelt, wo für sie die verschiedensten Gaben lagen. Da gab es warme Jacken und Tücher, Röckchen und Schürzen, auch Spielsachen für die Kleinen, außerdem einen ganzen Korb voll Äpfel, Nüsse und Pfefferkuchen. Unter vielem Knicksen und Danken zogen sie beglückt von dannen.

Als es zu dunkeln begann, sammelte sich die ganze Hausgenossenschaft im vorderen Zimmer. Der Hausherr, der fast den ganzen Tag unsichtbar gewesen war, kam erst jetzt aus der Studierstube, um mit seiner Gattin zusammen den Baum anzuzünden und die letzte Hand an die Bescherung zu legen, die Frau Charlotte mit ihren Schwestern schon vorbereitet hatte. Nun wurde laut geschellt. Mit dem Lied: „O du fröhliche, o du selige, gnadenbringende Weihnachtszeit", zog die ganze Schar, die alte Tante Kathinka voran, Martha mit dem kleinen Kind hinterher, durch die weit geöffneten Flügeltüren in den Saal. Der hohe Christbaum, der in seiner Ecke stand und fast bis an die Decke reichte, war mit vielen Wachskerzen geschmückt, auf der langen weiß gedeckten Tafel standen noch etliche kleine Bäumchen. Als das Lied verstummt war, mussten Annchen und Mariechen die Weihnachtsgeschichte aufsagen, und nachdem der Hausherr eine kleine Ansprache an seine Hausgenossen gehalten, worin er alle auf die große Liebe des himmlischen Vaters gegen uns hingewiesen hatte, fuhr er fort: „Und weil Gott uns also geliebt hat, dass er uns seinen eingeborenen Sohn geschenkt hat, darum sollen wir ihn wieder lieben und uns untereinander lieb haben. Diese unsere Liebe wollen wir uns nun beweisen, darum suchen wir einander Freude zu machen, nicht nur durch Geschenke, wie wir sie hier sehen, sondern durch Sanftmut, Freundlichkeit und Lindigkeit gegeneinander.

Der Geist der Liebe und des Friedens regiere in unserm Hause und mache uns alle gesinnt, wie unser Heiland auch war, dann werden wir Weihnachten in echt christlichem Sinne feiern."

Nach dieser Ansprache ging der Pfarrer auf Großtante Kathinka zu und führte sie an ihren Platz. Frau Charlotte aber nahm Frau Zeller, die leise weinend dastand, und zeigte ihr, was man ihr und ihren Kinderchen beschert hatte. Die Tanten suchten sich selber ihre Plätze, und Martha ging mit Frieda dahin, wo sie zwei Plätze entdeckte, die die gleichen Herrlichkeiten aufwiesen. Schwarze Kleider zur Einsegnung, neue Gesangbücher und viele andere Dinge, die Mädchenherzen erfreuen.

Jubel und Frohlocken erfüllte die Räume. Das Kleine krähte laut und zappelte mit Händen und Füßen dem Licht entgegen, die Jungen jauchzten vor Vergnügen über einen Pferdestall, den sie bekommen hatten, die kleinen Mädchen waren schon mit An- und Ausziehen der Puppen beschäftigt. Christian sah schmunzelnd auf seine neue Kutscherweste, während Marie der Hausfrau für die schönen neuen Gewänder dankte.

Martha und Frieda standen nebeneinander und ließen den feinen schwarzen Stoff ihrer Kleider durch die Finger gleiten, nahmen die schönen Gesangbücher in die Hand und freuten sich über die andern nützlichen Gaben. Hatte Frieda je denken können, dass sie einen Weihnachtsabend erleben würde wie diesen! Es kam ihr alles wie ein schöner Traum vor, und doch war es greifbare Wirklichkeit. Sie konnte weiter nichts sagen als: „Martha!“

Dann aber eilte sie zu Marthas Eltern und dankte ihnen herzlich, ebenso allen Tanten, die sie mit Kleinigkeiten bedacht hatten. Und nun ging es zu den Kindern. Die Mutter war mit dem Kleinsten nach oben gegangen, ihr war die Stille Bedürfnis, und doch freute sie sich, dass ihren Kindern von der Liebe anderer Menschen Weihnachten bereitet war. Die jungen Mädchen wurden selbst zu Kindern, während sie sich die schönen Bücher und Spielsachen zeigen ließen. Die Älteren saßen in einer Ecke des Saales und unterhielten sich. Frau Charlotte saß am Klavier und spielte Weihnachtsmelodien, während der Pfarrer sich still in sein Studierzimmer zurückgezogen hatte.

Die schönen Gottesdienste im Dorfkirchlein, das trauliche Beisammensein zu Hause, das gemeinsame Singen der alten lieben Weihnachtslieder, das fröhliche Spielen am Abend mit der Jugend, das alles machte auf Frieda einen unvergesslichen Eindruck. Das Pfarrhaus in Buschrode stand ihr fortan da als ein Haus, wo selbstlose Liebe im Geiste unseres Heilandes waltete.

Die Schlittenfahrt nach Eichberg

Über der ganzen Weihnachtszeit lag es wie ein goldiger Schimmer, das Licht, das von der Krippe zu Bethlehem ausstrahlte, leuchtete in alle Herzen hinein und machte sie so froh. Die Tanten, die gern Kritik übten, vergaßen das Tadeln, Großtante Kathinka schien mit den jungen Mädchen Freundschaft geschlossen zu haben; sie hatte gemerkt, dass sie gern strickten, das trug ihnen Lob ein von der alten Tante, die sonst nur sparsam damit umging.

Am liebsten aber vergnügten sich die Kinder draußen mit Schlittenfahren oder machten mit Hilfe der jungen Mädchen einen Schneemann, was großen Spaß machte. Einmal musste Christian sogar den großen Schlitten anspannen, um Martha und Frieda mit den Kindern auf ein benachbartes Gut zu fahren. Die Herrschaften, die selbst Kinder und auch Ferienbesuch hatten, hatten sie eingeladen. Das war ein Vergnügen!

Großtante Kathinka ermahnte das junge Volk, sich ja gut zu betragen. Tante Emilie riet Fritzchen, nicht zu schreien, sonst würde man ihn in den Schnee setzen, während Tante Agnes meinte, der Kleinste müsste zu Hause bleiben, er sei noch nicht salonfähig. Aber Frau Charlotte bestimmte, sie sollten alle fahren.

Nun waren sie alle tüchtig eingepackt,- und als

Otto rief: „Meine Hand guckt noch heraus“, wurde ihm geraten, sie unter die Decke zu stecken, und dann ging's los! Frieda erinnerte sich nicht, je eine Schlittenfahrt gemacht zu haben. Es war ein klarer schöner Wintertag, wie ein Pfeil glitt der Schlitten über die glatte Schneefläche dahin, die bereiften Bäume am Wege glitzerten und funkelten in der Sonne, es war, als habe die Natur sich festlich geschmückt. Die jungen Mädchen konnten sich an der herrlichen Winterlandschaft, die sich ihren Augen darbot, nicht satt sehen, und wünschten, es möchte noch lange so fortgehen. Aber schon tauchte von ferne das Herrenhaus von Eichberg auf, nicht lange dauerte es, und sie fuhren in den Gutshof ein. Die Haustüren öffneten sich, eine ganze Schar von Kindern wurde sichtbar, mit lautem Willkommenruf wurden die Gäste empfangen.

Während die Jugend sich hier herrlich vergnügte, saßen die älteren Herrschaften gemütlich im Buschroder Pfarrhaus beisammen. Großtante nahm den Ehrenplatz auf dem Sofa ein, Frau Charlotte saß ihr zur Rechten, zur Linken hatte Tante Agnes, als die ältere von den beiden Schwestern, Platz genommen, während Frau Zeller mit ihrer Jüngsten im Lehnstuhl saß. Sie sah leidend aus, es war eine große Erholung für sie, dass sie einige Wochen von aller Arbeit, die sie fast allein zu bewältigen hatte, hier ausruhen durfte. Tante Emilie, die draußen etwas zu besorgen gehabt, kam jetzt auch herein. „Nun sind wir Alten wohl alle beisammen“, rief sie, „nur der Schwager fehlt, er studiert wohl schon wieder?“

„Nein, er will auch ein wenig faulenzen“, sagte eine Stimme, und der Hausherr erschien, eine lange Pfeife in der Hand. „Wenn es die Damen gestatten“, er zeigte auf seine Begleiterin, die er nie gern ganz ausgehen ließ. „Gewiss, gern. Rauchen ist gemütlich“, hieß es, und er setzte sich in den andern Lehnstuhl, Frau Zeller gegenüber.

„Die Kleine bekomme ich nun, Frau Zeller“, bat Tante Emilie. „Gott sei Dank, dass die Mädel einmal fort sind, die machen sie mir immer streitig.“

„Ja, alle wollen sie hier haben“, meinte Frau Zeller, „zu Hause muss sie viel liegen.“

„Nun sage erst einmal, Schwager“, begann Tante Agnes, die Frage lag ihr schon lange auf dem Herzen, „wie kommt ihr zu dem netten Mädchen, der Frieda.“

„Gerade so, wie sie zu allen andern Menschen kommen, die wir hier schon getroffen haben. Du weißt doch, dass dies eine Herberge für alle ist“, sagte Emilie.

Agnes beachtete die Schwester nicht und sagte noch einmal: „Wie seid ihr zu diesem reizenden jungen Mädchen gekommen?“

Der Schwager schmunzelte und sagte: „Sie ist im Herbst mit einer Sternschnuppe vom Himmel gefallen.“

„Schwager, sei gut, erzähle uns doch alles. Man

muss doch auch wissen, mit wem man es zu tun hat."

„Ich glaubte, Charlotte hätte das schon gründlich besorgt, sie pflegte ja –"

„Die steckte vor Weihnachten bis über die Ohren in häuslichen Sorgen, und an den Festtagen gab's auch keine Gelegenheit, man will doch gerne wissen –"

„Frieda Senker ist aus L. gebürtig, hat aber mit ihrer Mutter, einer Witwe, in Steinfeld, einem kleinen Städtchen, ziemlich entfernt von hier, bis zum elften Jahr gewohnt, dann ist ihre Mutter gestorben. Ein entfernter Verwandter, so hatte die Mutter bestimmt, hat sie zu sich geholt, wo sie gelebt hat, bis die Tante starb."

„Ob sie es dort gut gehabt hat?"

„Die Mutter muss es gedacht haben, sonst hätte sie den Herrn Wilms nicht zum Vormund ernannt. Frieda spricht nicht darüber."

„Wie ist sie nun aber von da zu euch gekommen?"

„Durch eine Verwandte, die mit der Kleinen bekannt geworden."

„Es ist die alte Frau Drewes, eine Tante meines Mannes", fügte Frau Pfarrer erläuternd hinzu.

„Die alte Dame haben wir nie hier gesehen –"

„Sie war schon einmal hier, reist aber schon lange nicht mehr so weit. Kurz und gut, sie schrieb uns, dass das arme Waislein kein Unterkommen habe –"

„Nun, da kann ich mir alles andere denken", rief

Agnes. „Wie könntet ihr jemals einem Menschen die Aufnahme in eurem Hause verweigern?"

Die Großtante, die bis jetzt geschwiegen hatte, sagte nun: „Ich finde es für Martha sehr gut, dass sie eine Pflegeschwester bekommen hat, mit der sie alles teilen muss –"

„Und gerne teilt", fügte Frau Charlotte hinzu.

„Was wird nun aber, wenn Frieda konfirmiert ist? Wollt ihr sie immer bei euch behalten?", äußerte die Großtante, die an dem Gespräch Interesse zu nehmen schien.

„Das ist eine Frage, die mich auch schon beschäftigt hat", antwortete der Hausherr. „Wir würden das liebe Mädchen gern als Kind behalten, aber es ist vielleicht ratsamer, sie einen Beruf lernen zu lassen, damit sie auf eigenen Füßen stehen kann. Die Verhältnisse ändern sich im Leben; ich kann nicht wissen, wann Gott der Herr mich abruft, kann auch nicht wissen, ob meine Vermögensverhältnisse dieselben bleiben; es ist alles auf dieser Welt dem Wechsel unterworfen."

„Ich würde unbedingt dazu raten, dass Frieda nach irgendeiner Seite hin ausgebildet wird."

„Wenn sie einen Beruf ergreifen soll", sagte die Pfarrerin, „so wird sie nach meiner Meinung am meisten dazu neigen, Lehrerin zu werden."

„Sie ist sehr begabt", fügte der Hausherr hinzu. „Ich habe in den Konfirmandenstunden meine Freude an ihr. In Gottes Wort ist sie zu Hause, dass sie manchen erwachsenen Christen beschämen könnte. Der Segen einer frommen Mutter, die sie sehr sorgfältig erzogen hat, geht mit ihr."

„Es ist ein anziehendes junges Mädchen", nahm Emilie die Unterhaltung wieder auf, nachdem eine Pause eingetreten war. „Sie hat auch, soviel ich beobachtet habe, Charakter, weiß, was sie will, hält sich selbst in Zucht und kann sich beherrschen, was unserem Töchterchen abgeht."

„Da hast du Recht, unsere Martha hat etwas Weiches, Hingehendes, oft etwas Schwankendes. Sie ist im Sonnenschein der Liebe groß geworden, Vater und Mutter haben stets für sie gedacht, gesorgt, gehandelt, mir ist oft bange, wie es ihr gehen wird, wenn *wir* einmal nicht mehr da sind."

„Nun, ihr seid noch jung, wer wird da schon sorgen wollen", rief Agnes. „Eure Tochter wird es voraussichtlich einmal sehr gut haben, entweder sie verheiratet sich –"

„Nun halt ein, Agnes, so weit sind wir noch lange nicht. Liebe Frau Zeller, Sie schweigen ganz, unsere Unterhaltung hat für Sie kein Interesse", wandte sich der Hausherr an die junge Witwe.

„Gerade mehr, als Sie denken. Ich habe die Unterhaltung mit Spannung verfolgt. Aber sie hat mich traurig gemacht. Ich zog eben Vergleiche zwischen Friedas Mutter und mir und sehe, wie weit überlegen sie mir in der Erziehung gewesen ist. Welch eine schwere Verantwortung hat eine Mutter, besonders eine Witwe, die ihrer Lebensstütze beraubt ist. Werde ich meine Kinder stets zum Guten beeinflussen können, da ich selbst so schwach bin? Gerade in der jetzigen Zeit, wo der Unglaube so groß ist, wo Lehrer und Mitschüler oft nichts mehr von Gott wissen mögen."

„Es ist eine höhere Macht da, die uns Kraft gibt, unsere Pflichten nach Gottes Wort zu vollbringen. Beten Sie für Ihre Kinder und mit ihnen und vertrauen Sie auf die Hilfe dessen, der gesagt hat: ‚Ich will dich nicht verlassen noch versäumen.' Sie werden Wunder sehen, liebe Frau Zeller", sagte der Pfarrer ernst.

„Das will ich", sagte die Witwe. „Hat Gott mir doch in Ihnen schon eine Hilfe gesandt, die mir viel wert ist.

Bin ich im Zweifel und weiß oft nicht das Rechte zu treffen, so darf ich mich an Sie wenden?"

„Zu jeder Zeit. Wünschen Sie mich persönlich zu sprechen, so komme ich gern einmal zu Ihnen; in den Ferien finden Sie hier stets Aufnahme."

„Das versteht sich", fügte die Hausfrau hinzu. „Sie werden sehen, wie hübsch es hier im Sommer ist, da wird es den Kindern bestimmt noch besser gefallen."

„Wohl kaum. Sie sind jetzt schon durch den Aufenthalt hier so froh, es ist kaum noch eine Steigerung möglich."

Jetzt wurde die Kleine auf Emiliens Schoß unruhig. „Sie wird müde sein“, sagte die Mutter, „es wird Zeit für sie schlafen zu gehen.“ Sie nahm das Kind und ging mit ihm nach oben. Ricke rief die Frau Pfarrer in die Küche, der Hausherr verschwand. Tante Emilie ging ihrer Schwester eilfertig nach, um ihre Hilfe anzubieten, so blieben Großtante und Tante Agnes in ruhiger Unterhaltung allein zurück und rühmten das Pfarrhaus, das als leuchtendes Beispiel in der Gemeinde dastand.

„Wo bleiben aber die Kinder?“, sagte Frau Charlotte, als man sich anschickte, das Abendbrot zu essen. „Um 7 Uhr sollten sie spätestens hier sein, nun ist es gleich acht!“

„Ich habe mich auch schon gesorgt, habe schon einige Male am Tor ausgeschaut. Christian pflegt doch sonst pünktlich zu sein, hoffentlich ist nichts passiert“, äußerte der Pfarrer. Die Unruhe teilte sich den Tanten mit, man wusste bei Tische allerlei von Unfällen im Schnee zu erzählen, so dass Frau Charlotte und Frau Zeller immer ängstlicher wurden. Sie beschlossen, dem Schlitten entgegenzugehen. Dem widersprach der Herr des Hauses. „Wenn sie nicht bald kommen, gehe ich selber, es hat gegen Abend wieder geschneit, für Frauen ist so ein Abendspaziergang nichts.“ Als er sich etwas später aufmachte, kam er kaum bis ans Tor, als sich das bekannte Klingeln hören ließ und mit dem Ruf: „Sie kommen“ eilte alles an die offene Haustür.

„Es war wirklich etwas passiert. Christian hat unterwegs umgeworfen", sagte der Pfarrer. „Wir wollen Gott danken, dass alles so abgegangen ist."

„Wir haben Unglück gehabt", schrien die Kinder, Fritzchen weinte und klagte über Kälte, aber sie standen ja schließlich alle gerade auf den Füßen, zitterten und klapperten aber vor Kälte und schrien alle durcheinander, jeder erzählte den Unfall auf seine Art, aber alle waren darin einig: „Wenn Tante Frieda nicht wieder nach Eichberg zurückgegangen wäre und Hilfe geholt hätte, dann wäre der Schlitten nicht aus dem Graben gekommen!"

Zu ausführlichen Berichten wurde der Gesellschaft keine Zeit gelassen. Sie mussten ihre nassen Kleider ausziehen, und die Tanten waren behilflich, dass es so schnell wie möglich geschah. Fritzchen kam nicht wieder zum Vorschein. Er klagte fortwährend: „Sie haben mir zu viel zu essen gegeben"; bald zeigte sich, dass er Recht hatte. Unter jämmerlichem Weinen übergab er sich, wurde dann ins warme Bettchen gelegt und schlief bald ein. Otto prahlte, er ginge noch lange nicht ins Bett. Auf einmal gestand auch er kleinlaut, er habe auch zu viel gegessen; und dann machte er es genau so wie sein kleiner Bruder. Tante Agnes seufzte immer: „Ich habe es gleich gesagt, kleine Jungen dürfen noch keine Einladungen annehmen, das haben wir nun davon."

Annchen und Mariechen hatten sich brav gehalten, sie durften wieder unten erscheinen, nachdem sie sich umgekleidet hatten. Sie schilderten nun das

Unglück ausführlich. Es war ziemlich dunkel gewesen und hatte geschneit, so dass Christian, obwohl Laternen am Schlitten brannten, den Weg verfehlte, dem Graben zu nahe kam und die Pferde nicht mehr zurückhalten konnte. Der Schlitten kippte, alles purzelte in den Schnee.

„Ja, Tante Martha und die Jungen weinten, aber Tante Frieda zog uns alle nacheinander aus dem Schnee, sie sagte, sie friere gar nicht, sie sei an Kälte gewöhnt, dann sagte sie, sie wolle, während Christian bei den Pferden bleiben müsse, schnell nach Eichberg zurückgehen und Hilfe holen."

„Da hat sie wirklich Geistesgegenwart bewiesen", rief Tante Agnes.

„Du wirst hier bewundert", sagte Tante Emilie zu der eben eintretenden Frieda. „Du hast in der Dunkelheit den Weg im Schnee zurück gemacht und Hilfe geholt." Frieda errötete. „Es war gar nicht so dunkel und zum Glück nicht weit von Eichberg. Herr Dorn rief zwei Knechte und war so freundlich, selbst mitzukommen. So wurden die Pferde wieder aufgerichtet und der Schlitten aus dem Graben geholt."

„Wo bleibt denn aber Martha?"

„Sie hat sich so aufgeregt, dass ihr der Kopf schmerzt, auch tun ihr von dem Fall alle Glieder weh. Tante Charlotte bringt sie zu Bett."

„Nun, und dir fehlt nichts, kleine Frieda?", sagte Großtante Kathinka lächelnd. „Bist du nicht auch gefallen? Und der Schnee, die Nässe, haben sie dir nichts getan?"

„Ein wenig fühle ich's auch in den Gliedern, aber ich habe mich umgezogen, morgen wird wohl alles wieder gut sein."

„Das ist recht!", meinte die Großtante, „so hab ich's gern. Das jüngere Geschlecht kann sonst nichts mehr vertragen, da waren wir Alten anders."

„Martha ist einmal zarter", entschuldigte Tante die Nichte. „Sie sieht allerdings kräftiger aus als Frieda, ist es in Wirklichkeit aber nicht."

Jetzt trat auch der Pfarrer mit den Worten ein: „Nun haben wir die Pferde endlich zur Ruhe. Wir haben sie mit wollenen Decken abgerieben und extra gutes Futter gegeben. Aber der Braune lahmt, er wird einige Zeit geschont werden müssen. Christian ist sehr unglücklich, dass ihm so etwas hat zustoßen können, er meint, er wollte lieber die Wunde am Fuß haben, als dass sein Pferd leiden müsse, er hat seine Tiere sehr lieb. Aber wir wollen Gott danken, dass er Menschen und Tiere behütet hat."

Am andern Tage war alles wieder frisch. Es wurde noch viel über das Abenteuer gesprochen, dem verletzten Braunen wurden Besuche abgestattet, Christian kratzte sich hinter den Ohren und sagte jedes Mal: „Dass mir das passieren musste, mir is so was noch nich passiert, ich bin immer so ein ordentlicher Kutscher gewesen, ja das bin ich."

Martha aber umarmte Frieda und meinte: „Wenn

wir dich nicht gehabt hätten, lägen wir gewiss noch im Graben."

Von Eichberg kam der junge Dorn herübergeritten und erkundigte sich, wie der Unfall den jungen Mädchen und Kindern bekommen sei. Er konnte mit guter Botschaft zurückreiten.

Der Besuch in Neuburg

Nun war es im Pfarrhaus zu Buschrode still geworden. Großtante Kathinka hatte wieder ihr Heim in Neuburg bezogen, während die Tanten mit Frau Zeller und den Kindern nach der Hauptstadt zurückgekehrt waren. Frieda lernte jetzt erst richtig das Leben der Pfarrersleute mit ihrer Gemeinde kennen. Es waren gesegnete Stunden, wenn der Pfarrer einmal in der Woche Bibelstunde hielt. Da war das Haus für jedes Gemeindeglied geöffnet, wer kam, war willkommen. Die Stunden erfreuten sich einer regen Beteiligung. Mancher Bauer, der am Tag schwer gearbeitet hatte, stellte sich am Abend ein, um sich über Gottes Wort hier belehren zu lassen. Es gab kluge Leute darunter, die auf die Fragen des Pfarrers Antworten gaben, die von Nachdenken und Verständnis zeugten; sie stellten auch selbst Fragen, die den Beweis lieferten, dass die Leute in Gottes Wort zu Hause waren, und dass es bei ihnen nicht nur Verstandes-, sondern Herzenssache war. Auch die Frauen kamen gern, wenn sie ihre Tagesarbeit beendet hatten, der große Konfirmandensaal war oft gedrängt voll. Natürlich nahmen die Knaben und Mädchen, die Ostern eingesegnet wurden, immer an diesen Bibelstunden teil. Martha und Friedas Mitkonfirmandinnen versammelten sich öfters am Sonntagnachmittag im Pfarrhaus. Sie brachten ihre Handarbeiten mit, es wurde etwas Gutes gelesen, auch gesungen, was den Mädchen außerordentlich gefiel. Martha hatte eine sehr hübsche Stimme und war musikalisch, auch die Eltern liebten Musik und Gesang. Nachdem man Friedas Stimme geprüft hatte, erklärte der Pfarrer, er werde sich seines Pflegetöchterchens annehmen und nachzuholen suchen, was in dieser Beziehung an ihr versäumt worden. Der Hausherr fand wirklich noch Zeit, Frieda in der Musik zu fördern. Da sie sich als talentvolle Schülerin erwies, so machte es ihm selbst die größte Freude. Dass Friedas Dankgefühl gegen ihre Wohltäter täglich wuchs, lässt sich denken. Frau Charlotte veranlasste die jungen Mädchen zu Krankenbesuchen im Dorf; bald gab es einer Alten etwas vorzulesen oder ihr eine Erquickung zu bringen, bald mussten sie ein krankes Kind hüten, wenn die Mutter notwendige Arbeiten zu erledigen hatte. Alle gemeinsame Arbeit machte den Mädchen Freude, ihre Herzen wuchsen immer mehr zusammen, und gerade dadurch, dass sie verschiedene Charakteranlagen hatten, ergänzten sie sich so ausgezeichnet.

„Wir wollen uns immer lieb behalten, auch wenn wir später einmal getrennt werden müssten", sagte Martha, denn Frieda hatte erklärt, sie wolle nicht immer ihren Wohltätern zur Last fallen, sondern später auf eigenen Füßen stehen. Und wenn der Pfarrer sie auf dem Seminar ausbilden ließe, so würde sie ihre Schulden in einzelnen Raten abtragen, wozu die Pflegeeltern gelächelt und bemerkt hatten, sie solle nur vorderhand ganz ihr Kind bleiben.

Eines Morgens kam Frau Charlotte schon früh aus dem Dorf und rief den jungen Mädchen zu: „Denkt nur, die Frau Weber ist verunglückt und hat sich arg die Hand verstaucht, sie kann ihre Wirtschaft nicht versorgen, da müssen wir aushelfen. Geht miteinander und seht, was ihr helfen könnt, zu Mittag schicke ich einen großen Topf mit Suppe für die Familie."

Gesagt, getan. Die Mädchen machten sich gleich auf den Weg. Am Ende des Dorfes lag ein kleines ärmliches Haus, dort wohnte die Familie. Schon von weitem tönte ihnen lautes Kindergeschrei entgegen. „Dort mag es gut aussehen", meinte Martha. „Eine ganze Herde Kinder gibt es bei Webers, und wenn die Frau nichts machen kann –"

Beim Öffnen der Tür zeigte sich ein malerisches Bild. Frau Weber war eben dabei, einen kleinen Jungen zu züchtigen, der ihr immer wieder entschlüpfte, da sie nur eine Hand zur Verfügung hatte, die mit der Rute bewaffnet war. Jetzt hatte sie ihn in der Ecke, es regnete Hiebe, auf die ein fürchterliches Geheul erfolgte. Ein ganz kleines Kind saß auf der Erde und sog behaglich an einem nassen Schwamm, der den andern Kindern zum Waschen gedient haben mochte. Zwei Buben sprangen in ungemachten Betten umher, sie hatten den Augenblick benutzt, wo die Mutter mit der Züchtigung des Kleinen beschäftigt war. Ein kleines Mädchen mühte sich mit Kartoffelschälen ab, der Junge, der glücklich wieder der mütterlichen Zucht entronnen war, rannte in seinem Lauf gegen den Kartoffeltopf, die Kartoffeln purzelten heraus, und das Wasser ergoss sich über den nicht gerade sauberen Fußboden. Die erschrockenen Mädchen standen in der offenen Tür.

„Ach, du meine Güte, die Fräuleins!", rief die Frau. „Na, Sie kommen gerade recht, ach, du liebe Zeit, wie das hier aussieht! Ich bin doch sonst eine ordentliche Frau, aber was kann der Mensch, wenn er nur eine Hand hat. Emma, schnell, lies bitte die Kartoffeln auf. Wollt ihr wohl, ihr Rangen!" Sie holte wieder mit der Hand aus und hieb um sich, denn die Jungen hatten schon begonnen, sich mit den Kartoffeln zu bombardieren. Das Kleine hatte eine an den Kopf bekommen und fing ein lautes Zetergeschrei an.

Doch Martha hatte sich schon gebückt und es aufgenommen. Schnell steckte sie der Kleinen ein Biskuit ins Mäulchen, das sofort dem Geschrei ein Ende machte. Als die Gesellschaft merkte, dass die Kleine mit dem Mündchen wackelte, hörte das Toben auf. Neugierig kamen sie näher und sahen gespannt auf ein Körbchen, das Frieda am Arm trug.

„Verdient habt ihr nichts, denn ihr seid sehr ungezogen gewesen. Aber wenn ihr nun den ganzen Tag artig und manierlich sein wollt, sollt ihr etwas bekommen." Sie teilte von ihren Schätzen aus, und es trat für ein Weilchen Ruhe ein.

„Es geht heute alles verkehrt", sagte die Frau. „Dass ich fallen musste, ist ein großes Pech."

„Konnte denn der Mann nicht ein wenig helfen, eh' er auf die Arbeit ging?", fragte Martha.

„Der hat nichts angerührt. Wenn nicht die Frau Pfarrer gekommen wäre – ich schickte schnell die Emma –, und wenn sie mich nicht so schön verbunden hätte, dann wüsste ich nicht, was geworden wäre."

Während sich Martha nun mit der Frau unterhielt, hatte Frieda sich still daran gemacht, die Betten in Ordnung zu bringen. Dann ließ sie sich von der kleinen Emma Kamm und Bürste bringen und glättete ihr Haar. „Sehen Sie, Frau Weber, Frieda hilft schon tüchtig mit, nehmen Sie mir die Kleine ab, ich gebe sie Ihnen auf den Schoß, mit dem linken Arm können Sie sie gut halten, dann bringen wir beide die Stube in Ordnung. Die Jungen können ein wenig hinausgehen, es ist mildes Wetter."

„Aber auch glatt, Fräuleinchen, ich lasse heute keinen von die Kinder 'naus."

„Sie müssen vorsichtig sein, dann fallen sie nicht."

Ohne weiteren Einspruch zu erheben, ließ die Frau es geschehen, dass die jungen Mädchen den Buben die wollenen Mützen über die Ohren zogen und sie hinausjagten. Nun hatten sie freien Spielraum. Emma hatte die Kartoffeln aufgelesen, sie gewaschen und mit Hilfe Friedas aufs Feuer gesetzt, damit der Vater, wenn er komme, sein Mittagessen bereit fände. Zur rechten Zeit stellte sich Ricke mit einem großen Topf Erbsensuppe mit Speck ein. Die Kartoffeln wurden hineingeschüttet, so hatte die Familie ein gutes Mittagessen.

Martha und Frieda verließen das Häuschen nicht eher, bis Vater Weber kam. Er war sichtlich erfreut, alles in Ordnung zu finden und versprach, seiner Frau beizustehen, so gut es ginge.

Die jungen Mädchen aber führten ihre Liebesarbeit in dem Häuschen solange durch, bis die Hand der Frau Weber wieder arbeitsfähig war. Am Nachmittag wurden die jüngeren Kinder oft ins Pfarrhaus geholt, um der Frau Ruhe zu verschaffen.

Sehr gerne machten die jungen Mädchen einen Ausflug in die nahe Stadt, es gab immer einige nötige Besorgungen und gleichzeitig wurde der Großtante ein Besuch abgestattet. Sie hatte am Marktplatz, in einem Eckhaus, eine gemütliche kleine Wohnung, die ganz wie Tante Kathinka selbst das Gepräge alter Zeit trug. Da gab es hochbeinige gepolsterte Möbel mit geschnitzten Lehnen, antike Schränke mit Messingbeschlägen, eine alte Stehuhr, die mit volltönendem Klang die Stunden angab, und wenn sie selbst mit ihrer altmodischen Haube und der Hornbrille eifrig strickend in dem hochlehnigen Stuhl saß, so war das Bild aus alter Zeit fertig. Sie war, wenn sie auch oft die Jugend schulmeisterte, herzensgut, freute sich über jeden Besuch und machte es ihren Gästen heimisch und traulich. Wenn es daher hieß: „Morgen fährt Christian nach Neuburg, wollt ihr Mädchen mit“, blieb keine zurück.

An einem milden Märztag, der schon Frühlingsahnen brachte, sollte wieder einmal eine Fahrt nach Neuburg unternommen werden. Da erkrankte Martha leicht, so dass von ihrer Beteiligung abgesehen werden musste. Weil aber manches Nötige besorgt werden sollte, so bot sich Frieda an, allein zu gehen. Frau Charlotte war's zufrieden, wusste sie doch, dass die Einkäufe von der Pflegetochter gut ausgeführt wurden.

Frieda freute sich zudem auf den Besuch bei der Großtante. Sie saß gern bei ihr und ließ sich aus dem Schatz ihrer Erfahrungen mitteilen oder aus ihrem Leben erzählen.

Es war eine genussreiche Fahrt nach dem langen kalten Winter im Frühlingssonnenschein. Der Schnee war von den Feldern verschwunden, grüne Saaten wurden hier und dort sichtbar, die Bäume streckten und dehnten ihre Zweige der Sonne entgegen, und die Lerchen erhoben sich jubelnd in die Luft. Es war Frieda weh und froh ums Herz. Weh, wenn sie an ihr Mütterlein dachte, die einst in dieser Jahreszeit auf ihrem letzten Lager gelegen war, zum Heimgang bereit; froh, dass sie wieder eine Heimat gefunden hatte, wie sie sich's nicht lieblicher hätte träumen können. Unter diesen und ähnlichen Gedanken verging die Zeit schnell, da tauchte schon der Kirchturm von Neuburg auf, und bald rasselte der Wagen ins Städtchen. Vor Tante Kathinkas Wohnung auf dem Markt wurde gehalten, Frieda ließ sich von Christian den Korb geben, den die sorgsame Hausfrau für die Tante gepackt hatte. Er enthielt allerlei Erzeugnisse des Gartens, vor allem Gemüse, das die Tante hoch schätzte. Nachdem das junge Mädchen mit dem Kutscher verabredet hatte, wann er sie am Abend abholen sollte, fuhr er weiter, um auszuspannen und seine zahlreichen Besorgungen auszuführen.

Frieda wollte sich eben mit dem Korb ins Haus begeben, da kam ihr schon das Mädchen der Tante mit den Worten entgegen:

„Die Frau Tante hörte schon den Wagen kommen, sie kennt genau das Traben der Buschroder Pferde, sie wird sich aber freuen –“

Ja, die alte Großtante freute sich sehr über den Besuch, stand schon in der offenen Tür und streckte Frieda beide Hände entgegen.

„Wo bleibt denn aber Martha? Tante Charlotte schrieb, dass ihr beide heute meine Gäste sein würdet.“ Frieda berichtete, dass Martha stark erkältet sei und im Bett bleiben müsse.

„Erkältungen gab's in meiner Jugend nicht“, konnte Tante Kathinka nicht unterlassen zu sagen. „Wir waren doch abgehärteter als ihr.“ Dem widersprach Frieda.

„O Tante, du hättest uns nur sehen sollen, wie wir uns in der langen Winterzeit im Schnee getummelt haben, mit welcher Wonne wir auf dem großen Teich Schlittschuh liefen."

„Schlittschuhlaufen der Mädchen war zu meiner Zeit nicht Mode. Das wurde den Knaben überlassen."

„Aber es ist etwas so sehr Schönes und dabei sehr gesund, Tante."

„Ich bin eine alte Frau und verstehe die Jetztzeit nicht. Aber nun geh, Kind, und mache deine Einkäufe, dann sollst du ein gutes Mittagessen bei mir haben." Und es war vorzüglich. Darin war aber die Tante auch altmodisch, dass sie den Gästen vorlegte, und zwar so reichlich, dass es oft des Guten zu viel wurde. Die jungen Mädchen, die gewöhnlich guten Appetit mitbrachten, ließen es sich wohl sein bei der Fülle; so schmeckte es denn auch Frieda nach den Besorgungen in der Stadt.

Nach Tisch musste die alte Dame ein Stündchen Ruhe haben. „Benutze doch lieber das schöne Wetter zu einem Spaziergang", riet die Tante. „Die Umgebung der Stadt ist reizend, besonders nach der andern Seite hin, die du noch nicht kennst. Der See mit dem Buchenwäldchen an seinem Ufer gibt ein malerisches Bild. Du gehst aber wohl nicht gern allein?"

„Es wäre ja hübscher mit Martha zusammen, seit ich Martha habe, trenne ich mich ungern von ihr.

Halte du nur ein Mittagsschläfchen in deinem Lehnstuhl, in einer Stunde bin ich wieder hier." Sie wanderte munter durch die kleine Stadt, die in vielem dem Ort ähnelte, in dem sie mit ihrer Mutter gelebt hatte. Kinder spielten auch hier auf der Gasse, Frauen standen plaudernd zusammen oder sie schritten eilfertig aus, um dies oder jenes zu besorgen. Still und fremd ging Frieda ihres Weges. Manchmal schauten ihr einige nach und machten Bemerkungen, wie: „Die kennen wir ja gar nicht", oder, „das muss eine Fremde sein, die muss mit dem Pfarrchristian aus Buschrode gekommen sein, mir scheint's, ich sah sie auf dem Pfarrwagen sitzen." – „Ja", meinte eine andere, „dort sollen sie eine Fremde angenommen haben."

Frieda kümmerte sich nicht darum und war froh, als sie das Städtchen hinter sich hatte. Hier war es still und menschenleer. Ein freundliches Bild tat sich vor ihr auf. In der Ferne glänzte durch die noch kahlen Bäume eines Buchenwäldchens ein See, sie glaubte ihn auf der Landstraße, die durch das Wäldchen führte, in einer Viertelstunde erreichen zu können. Es musste hier im Sommer schön sein, wenn die Bäume belaubt waren und zu ihren Füßen liebliche Waldblumen blühten. Sie freute sich schon, bei dem nächsten Besuch in Neuburg mit Martha gemeinsam hierher zu wandern. Jetzt hatte sie den Wald erreicht und wandte sich seitwärts von der Landstraße ab, um zum See zu kommen, dort musste die Aussicht herrlich sein. Dann aber wollte sie gleich umkehren, um das Kaffeestündchen bei der Tante nicht zu versäumen, die das Zu-spät-Kommen durchaus nicht liebte.

Doch das Vordringen bis zum Seeufer wurde durch hohes Gestrüpp gehemmt, das ihr, je näher sie kam, den freien Ausblick verwehrte. Aber dort war eine Lücke, nur einen Blick wollte sie auf den hübschen See tun und dann zurückgehen. Halt, rührte sich nicht etwas hinter dem Strauchwerk?

Neugierig, was es sein könnte, schlüpfte sie schnell durch die freie Stelle, blieb aber wie gelähmt stehen, denn ein Anblick bot sich ihr, der sie starr vor Schreck machte. Ein bleicher Mann lag dort, mit blutüberströmtem Angesicht, gegen den Baum gelehnt, er war augenscheinlich tot. Ein anderer lief hin und her, als suche er etwas. Da wurde er Friedas ansichtig. Er lief auf sie zu mit den Worten: „Ein Tuch, Kind! Um Gottes willen, ein leinenes Tuch!" Mechanisch zog sie ihr Taschentuch, es sehen und es ihr aus der Hand reißen war eins. Doch noch einmal kehrte er um, fasste ihre Hand mit festem Druck und sagte: „Kind, kannst du schweigen?" Sie nickte stumm. „Schweige über das, was du hier gesehen hast, versprich es!" Er sah sie mit großen dunklen angsterfüllten Augen an, und sie stammelte: „Ich verspreche es." Dann lief er, was er laufen konnte, mit dem Tuch zum See hinunter, indem er noch einmal laut rief: „Halte dein Versprechen!"

Frieda, die zuerst wie gelähmt dagestanden, stürzte jetzt davon und rannte, so schnell sie ihre Füße zu tragen vermochten, bis sie wieder auf die Landstraße kam. Dort sah sie einen Wagen kommen, er fuhr schnell an ihr vorüber. Es war ein geschlossener Wagen, der Kutscher hieb auf die Pferde, als habe er große Eile. Sie wusste nicht, saß jemand darin oder nicht, es war ihr in diesem Augenblick alles gleich, nur fort! nur fort! Immer wieder tönten die Worte an ihr Ohr: „Halte dein Versprechen." Nur wieder unter Menschen, zur Tante hin, das war ihr einziger Gedanke.

„Nun, Kleine, ist es denn gar so eilig, sachte, sachte!", rief eine Frauenstimme kurz vor der Stadt. Jetzt kam sie zur Besinnung; sie mäßigte ihre Schritte, und als die Frau ein Stück weitergegangen war, blieb sie stehen und legte die Hand auf ihr laut klopfendes Herz. Sie wollte sich den Schweiß von der Stirn wischen, doch erschrocken fuhr sie mit der Hand aus der leeren Tasche. Sie schauderte, zu welchem Zweck war das Tuch gebraucht! Es wirbelte ihr im Kopf, sie vermochte keinen klaren Gedanken zu fassen. Doch Tante Kathinka wartete, sie musste weiter und zwang sich zur Ruhe. Sie konnte Selbstbeherrschung üben, wie wohl selten ein Mädchen ihres Alters. Wenn die Großtante hätte ahnen können, was sie da am See erlebt hatte, wie viel lieber hätte sie ihr wohl ein Buch gegeben und sie in ihrer Nähe behalten.

Ruhigen Schrittes ging sie durch die Stadt. Die Großtante stand wieder an der offenen Tür. „Ganz pünktlich“, sagte sie freundlich. „Aber Kind, wie siehst du aus! So erhitzt, als wärst du in glühender Sommerhitze gewandert. So peinlich ist die Großtante nicht, wenn jemand sich um ein Viertelstündchen verspätet. Es war wohl weiter, als ich dachte. Es ist doch ein schöner Blick auf den See, mit dem Schlösschen am jenseitigen Ufer.“

Frieda nickte stumm. Aber plötzlich brach sie in ein bitterliches Weinen aus, griff wieder mechanisch in die Tasche und fand kein Tuch. Besorgt fragte die Tante, ob ihr jemand etwas zu Leide getan habe, und als Frieda den Kopf schüttelte, sagte sie vor sich hin: „Es war zu viel für das gute Kind. Erst am Morgen die frühe Ausfahrt, dann die vielen Besorgungen. Sie hätte sich ausruhen müssen nach Tisch. Wir waren allerdings früher anders, konnten mehr vertragen.“

Frieda hätte dem sicher widersprochen – jetzt aber war sie froh, dass die Großtante ihre Erregung auf Ermüdung zurückführte, und verhielt sich schweigsam. Sie beruhigte sich allmählich, trocknete ihre Tränen und bat die Tante zu verzeihen, dass sie ihr unnötige Aufregung gemacht habe. Sie trank dann mit der Tante Kaffee, war aber einsilbig und still, antwortete nicht so eingehend wie sonst auf Fragen, die die Tante stellte, so dass diese sie oft kopfschüttelnd von der Seite ansah und dachte, es müsse ihr irgend etwas Unangenehmes unterwegs zugestoßen sein, was sie nicht gern sagte. Sie machte sich Vorwürfe, dass sie das junge Mädchen hatte allein gehen lassen. Es war gut, dass Christian auf dem Rückweg viel von seinen Erlebnissen in der Stadt zu erzählen wusste. Frieda musste wohl oder übel zuhören. Sie wurde dadurch von ihren Gedanken abgelenkt und die Heimfahrt ging schnell vonstatten.

„Gustav“, sagte abends Frau Charlotte zu ihrem Mann, „kam Frieda dir nicht verändert vor? Wenn sie früher aus der Stadt kam, wusste sie fröhlich und heiter von allem Erlebten zu erzählen, heute war sie still und gedrückt, ja es schien fast, als habe sie geweint.“

„Mir ist es auch aufgefallen“, meinte der Pfarrer nachdenklich. „Sie ist selbstlos und denkt immer nur an andere, sie ist traurig gewesen, dass Martha das Vergnügen nicht mitgenießen konnte. Es ist auch möglich, dass sie unterwegs allein war, dass ihre Gedanken zu dem fernen Grab der Mutter gewandert sind. Sie wird morgen schon wieder anders sein.“

Martha schlief fest, als Frieda nach oben kam. Das war ihr gerade recht. Sie holte ihre Bibel und las den Abschnitt des Tages: „Du bist mein Fels und meine Burg, um deines Namens willen wollest du mich leiten und führen.“

Das Wort stärkte sie, gab ihr Vertrauen und Mut, es wurde stille in ihrem Herzen, wenn auch die Gedanken noch nicht gleich zur Ruhe kommen wollten. Wenn sie nur Klarheit hätte über das, was sie gesehen! War es ein Unglück oder lag eine böse Tat zugrunde? Sie befürchtete Letzteres, warum hätte sonst der Herr mit den dunklen Augen ihr so energisch Schweigen geboten. Der Herr in dem feinen hellen Anzug machte einen durchaus vornehmen Eindruck, ihr stand die ganze Persönlichkeit so deutlich vor Augen, dass sie sie unter Hunderten herausfinden würde; nie würde sie diese Augen vergessen, die so angstvoll auf sie gerichtet waren. War es recht, dass sie voreilig das Versprechen gab zu schweigen? Wäre es nicht eine große Erleichterung für sie gewesen, wenn sie es den Ihrigen hätte mitteilen dürfen? Nun durfte sie es nicht, sie hatte versprochen nichts von dem, was sie gesehen hatte, zu verraten. Ihre Mutter hatte es ihr zu oft eingeprägt, dass ein gegebenes Versprechen nie gebrochen werden dürfe. Alle Lehren der Mutter aber waren ihr fest ins Herz gepflanzt, ihr Nichtbefolgen würde ihr als großes Unrecht erschienen sein. War hier wirklich ein Verbrechen geschehen, so würde es jedenfalls an den Tag kommen.

Von dem Toten oder Verwundeten hatte sie nur einen flüchtigen Eindruck. Aber es war ihr, als ob sie den Daliegenden schon früher gesehen und gekannt hätte. Aber wo? Sie konnte es nicht mehr durchdenken, der Kopf schmerzte, sie war angegriffen und müde. Wunderbarerweise schlief sie fest und ruhig, das Ereignis des Tages beunruhigte sie nicht.

Das Ereignis am See

Der Wagen, der Frieda begegnet war, fuhr auf der Straße, bis er den Landweg erreicht hatte, der sich längs des Sees hinzog. Da gebot eine Stimme aus dem Wagen heraus: „Halt!" Der Kutscher hielt, ein junger Herr sprang eilfertig heraus, dem man Angst und Unruhe anmerkte, als er sagte: „Halten Sie hier, bis ich wiederkomme."

Schnell eilte er zu der Unglücksstelle, wo der andere den Verwundeten eben notdürftig verbunden hatte. Er wurde von den beiden sorgfältig aufgehoben und, ohne miteinander zu reden, trugen sie ihn zum Wagen. Mit Hilfe des Kutschers, dem sie sagten, dass ein Unglück passiert sei, brachten sie ihn in die Kutsche und legten ihn vorsichtig auf den Vordersitz. Der eben Angekommene hatte schon den Kutscher gefragt, ob es in der Nähe ein Krankenhaus oder einen Arzt gäbe, dann redete er noch eine Weile mit ihm, und nachdem er ihm ein Goldstück gegeben hatte, stieg er ein, und der Kutscher fuhr vorsichtig den Weg am See entlang auf das Schlösschen zu, das so malerisch an seinem entgegengesetzten Ende lag.

„Gott sei Dank, dass er lebt!", flüsterte der Herr, der mit dem Kutscher verhandelt hatte, dem Dunkelhaarigen zu, als sie nebeneinander auf dem Rücksitz des Wagens Platz genommen hatten.

„Es scheint wenigstens noch Leben in ihm zu sein, er ist aber schon wieder bewusstlos. Das war aber auch ein tolles Stück von Ihnen, Herr Saltino. Ich habe ein gut Teil Angst ausgestanden, während Sie fort waren. Doch sagen Sie erst, wohin fahren wir? Doch nicht in dies kleine Nest, wo es sicher keinen gescheiten Arzt und kein Krankenhaus gibt."

„Nein, Herr Gruber. Das Schlösschen, das wir oft bewundern konnten, ist ein Sanatorium. Es sollen einige sehr geschickte Ärzte dort sein, vielleicht gelingt es, den Bewusstlosen zu retten. Ich bin ja todunglücklich, dass meine Heftigkeit wieder einmal mit mir durchgegangen ist. Hätte Rolf mich nicht so gereizt!"

„Wie kam eigentlich das Ganze? Ich war so erschrocken, so verwirrt, dass mir der Hergang nicht mehr klar ist."

„Sie wissen, Herr Gruber", flüsterte Saltino – da die Unterhaltung natürlich leise geführt wurde –, „dass wir in den letzten Tagen politische Auseinandersetzungen hatten, dass er heute einen Mann, den ich hochschätze, verdächtigte und sich zu Ausdrücken hinreißen ließ, die mich zornig machten. Ich schnitzte an dem Stock –"

„Mit einem handfesten Messer, und da warfen Sie, Mensch, ihm Ihr Messer mit der scharfen Klinge ins Gesicht."

„Halt, so war es nicht. Ich wurde so wütend, dass ich den Stock aus der Hand warf. Und da flog mir

– glauben Sie mir, ich lüge nicht, das Messer aus der Hand, ohne dass ich es wollte. Gott weiß es, ich habe es nicht gewollt, Herr Gruber.“

„Die Heftigkeit hat schon oft Schlimmes angerichtet“, sagte Gruber traurig. „Wenn der Wurf aus der Hand ist, sagt man, gehört er dem Teufel. Der Arme da tut mir wirklich furchtbar Leid, Sie aber fast noch mehr.“ Der mit „Saltino“ Angeredete bedeckte sein Gesicht mit beiden Händen und seufzte schwer. Endlich, nach einer Pause, kamen die Worte aus seinem Munde: „Mein Gott, was wird denn nur!“

Der andere merkte, wie traurig und zerschlagen er war, und erfuhr nun erst, dass Saltino den Wurf nicht beabsichtigt hatte; so sagte er: „Wir wollen froh sein, dass wir die Aussicht haben, den Armen bald in die Hände von Ärzten geben zu können. Das ist noch ein Glück bei allem Unglück. Denken Sie nur, wenn wir noch stundenlang hätten fahren müssen. Auch war es für mich gut, dass ich Wasser in der Nähe hatte. Ich konnte mit meinem Taschentuch die Wunde kühlen, das reichte aber nicht, und als ich mich hilflos umsah, kam ein Mädchen und lugte durch das Gestrüpp. Halb besinnungslos habe ich ihr das Tuch entrissen, das sie aus der Tasche zog, um es als Verband auf die Wunde zu legen. Mein seidenes Halstuch habe ich darüber gebunden.“ – „Das Mädchen war gewiss aus dem nahen Städtchen. Sie wird natürlich die ganze Stadt in Alarm bringen und rufen, dass ein Mord geschehen sei!", klagte Herr Saltino.

„Das wird sie nicht."

„Mädchen und schweigen!", stöhnte der andere.

„Die Mädchen sind auch verschieden. Sie schien übrigens noch ein halbes Kind zu sein. Wie sie aussieht, kann ich nicht sagen. Ich war froh, ein reines, leinenes Tuch zu haben, und sie war froh, entfliehen zu können, so schnell ihre Füße sie zu tragen vermochten. Aber sehen Sie, die Wunde blutet noch immer."

Saltino zog sein Tuch und hielt es dem Verwundeten, der immer noch kein Lebenszeichen von sich gab, an die Stirn. Als sie vor dem Sanatorium hielten und die Wärter den Verwundeten heraushoben, war es, als ob er ein schwaches Stöhnen hören ließ.

Obwohl Herrn Gruber dringende Geschäfte fortriefen, wollte er seinen Gefährten nicht im Stich lassen. So begleitete er mit ihm den Kranken, um das Urteil der Ärzte zu hören. Der Verwundete war aus seiner tiefen Ohnmacht erwacht, gab aber kein anderes Lebenszeichen als ein leises Stöhnen von sich. Die Ärzte veranlassten die Herren, den Raum zu verlassen und im Empfangszimmer das Ergebnis ihrer Untersuchung zu erwarten. Es währte lange, bis einer der Assistenzärzte erschien. Er teilte ihnen mit, dass die Wunde an der Stirn nicht lebensgefährlich sei, wenn auch das Messer tief eingedrungen und der Blutverlust groß sei. „Wäre es ein wenig tiefer gegangen, dann wäre es sicher um das Leben des jungen Mannes geschehen." Saltino zuckte schmerzlich zusammen.

„Das Schlimme ist", fuhr der Arzt fort, „dass das linke Auge verletzt ist. Ich fürchte", er zuckte mit den Achseln, „dass es verloren ist. Doch hier ist kein Krankenhaus, sondern ein Sanatorium für Nervenkranke. Wir wollen jedoch den jungen Mann behalten, bis er transportfähig ist. Dann muss er in die Augenklinik einer größeren Stadt. Das Auge wird wohl heraus müssen. Es ist traurig für den jungen Mann, der überdies ein körperliches Gebrechen hat, er ist ja verwachsen."

„Kann ich mit dem Oberarzt sprechen?", fragte Saltino in gedrückter Stimmung. Nach einiger Zeit kam Saltino traurig zurück.

„Sehen darf ich Richter erst in einigen Tagen. Der Oberarzt war sehr freundlich. Ich hoffe, dass Richter, wenn er zum Bewusstsein kommt, mir verzeihen wird. Es tut mir ja so furchtbar Leid."

„Suchen Sie Ihre Heftigkeit zu bezwingen, Sie sehen, wie traurig die Folgen sind. Ich muss leider jetzt fort. Helfen kann ich weiter nichts, der Kranke ist in den besten Händen."

„Ich begleite Sie noch ein Stück. Wollen Sie von Neuburg aus weiterreisen, sonst ist die Station Wiesental ebenso nah."

„Ich muss nach Wiesental, da mein Koffer einmal da ist."

Saltino war unterwegs in gedrückter schweigsamer Stimmung. Der andere suchte ihn zu beruhigen. Plötzlich schien ihm etwas einzufallen. „Dass Sie alle Unkosten tragen müssen, wissen Sie?"

„Das weiß ich. Gern will ich alles begleichen, wenn nur das Leben meines Freundes gerettet wird."

„Ich bin gerade gut versehen und kann Ihnen Geld vorschießen", sagte Gruber gutmütig. Er zog seine Börse mit den Worten: „Nehmen Sie, das soll mein Anteil sein, Sie werden außerdem genug zu opfern haben."

Saltino dankte mit warmen Worten, nicht nur für diese Hilfe, sondern für alles, was Gruber in den letzten Stunden für ihn getan hatte. Nachdem dieser gebeten hatte, ihn von Zeit zu Zeit zu unterrichten, verabschiedete Gruber sich. Saltino kehrte um und ging in das Sanatorium zurück, während Gruber sich in Wiesental eine Fahrkarte löste nach der Handelsstadt L.

Er war eine ganze Strecke allein im Abteil und konnte seinen Gedanken nachgehen. Innerhalb weniger Stunden war alles so ganz verändert. Als junger strebsamer Kaufmann hatte er eine Geschäftsreise gemacht, die ihn in die Nähe eines Landgutes führte, das einem früheren Schulfreund gehörte, mit dem er in freundschaftlicher Beziehung geblieben war. Er beschloss, ihn aufzusuchen und zwei Tage in seinem Hause zu bleiben. Dort traf er einen Herrn Saltino und einen Herrn Richter, zwei Freunde des

Landmannes. Beide waren ihm unbekannt. Die Herren verlebten angenehme Tage miteinander, gingen auf die Jagd und trieben allerlei Sport. Alle drei mussten an demselben Tage abreisen. Der Gutsbesitzer war verhindert, sie zu begleiten; er wollte sie zur Bahn fahren lassen, sie zogen das Wandern vor. Der Weg, oder vielmehr das Verweilen am See, war für sie zu einem tragischen Verhängnis geworden, besonders für Saltino und Richter, aber Gruber war, ohne es zu wollen, in Mitleidenschaft gezogen.

Gruber wäre gern noch einen Tag länger bei seinem Freunde geblieben, es wurde ihm aber ein Eilbrief von einem alten Onkel nachgesandt, der auf dem Krankenbett lag und ihn bitten ließ, so bald als möglich nach L. zu kommen. Dieser wollte mit ihm einige wichtige Angelegenheiten besprechen. Es eilte um so mehr, da man geschrieben hatte, die Krankheit habe eine bedenkliche Wendung genommen, so dass er fürchten musste, zu spät zu kommen.

Gruber musste die Nacht durchfahren, erst am nächsten Morgen kam er an. Er ging sofort in das Haus seines Onkels. Es war ein großes vornehmes Gebäude im Mittelpunkt der Stadt. Als er an der Haustür klingelte, wurde sofort von einem alten Diener geöffnet. „Der Herr Gruber, unser Herr hat schon von Tag zu Tag gewartet und ist sehr unruhig. Wir meinten schon, Sie hätten den Brief gar nicht bekommen."

Gruber erklärte die Verzögerung damit, dass er verreist gewesen, und bat, ihm ein Zimmer anzuweisen, wo er sich waschen könne.

„Es ist schon seit einigen Tagen bereit, Herr Gruber!“ Er führte ihn eine breite mit Teppichen belegte Treppe in ein elegantes Gastzimmer hinauf, das wohldurchwärmt einen behaglichen Eindruck machte. Der Diener berichtete, der alte Herr habe eine schlimme Nacht gehabt, schlafe augenblicklich ein wenig, vor Mittag würde Herr Gruber ihn kaum sprechen können.

Gruber war's zufrieden. Er war selbst von der Nachtfahrt und von allem Erlebten so angegriffen, dass er Ruhe brauchte. Nachdem er sich erfrischt, warf er sich auf einen Liegestuhl und fiel bald in einen festen Schlaf. Durch lautes Klopfen wurde er geweckt. Er fuhr auf und musste sich besinnen, wo er war. Der alte Diener öffnete die Tür und meldete, dass ihn der Onkel zu sprechen wünsche.

Gruber folgte dem Alten in ein halbdunkles großes Gemach. In der Mitte der Stube, zwischen zwei hohen Fenstern, die mit schweren Portieren verhangen waren, stand ein Bett, in dem, durch Kissen gestützt, ein kranker Mann vornüber gebeugt saß. Als Gruber vor seinem Bett stand, blickte er auf.

„Hattest du mich auch vergessen? Du hast mich lange warten lassen.“ Der junge Mann erklärte die Verzögerung und versicherte, dass es ihm herzlich Leid tue, den Onkel so krank zu sehen.

„Ich bin schwer krank. Meine Tage sind gezählt. Du weißt, dass ich dich nach dem plötzlichen Tod meines Sohnes zum Erben eingesetzt habe. Du sollst das große Geschäft, das nur einmal einen Krach durchgemacht hat, sich aber dann um so mächtiger wieder emporhob, fortan verwalten!"

„Ich weiß es, Onkel, du hast schon im vorigen Jahr mit mir über alles gesprochen. Ich konnte leider meine Geschäftsverbindungen nicht so schnell abbrechen, um, wie du wünschtest, bei dir einzutreten, um mich hier einzuleben. Nun habe ich alles so weit geordnet, es hat sich jemand gefunden, der mein junges Geschäft unter günstigen Bedingungen übernimmt, ich kann jetzt jederzeit zu dir kommen, wenn du willst."

Der Alte schien sichtlich erfreut und beruhigt über diese Zusage. „Ich hoffe aber", fuhr der Jüngere fort, „dass du dich wieder erholst. Du bist noch nicht so alt, dass man nicht hoffen könnte –"

„Die Jahre machen es weniger. Ich habe in den letzten Zeiten zu viel Trübes in der Familie durchmachen müssen. Meine Frau ist gestorben und mein hoffnungsvoller Sohn verunglückt –"

„Ich weiß, ich weiß, lieber Onkel. Rege dich nicht auf, das Sprechen wird dir schwer."

„Du hast Recht, ich kann nicht mehr." Er sank erschöpft in die Kissen zurück.

Gruber bemerkte, dass eine große Veränderung mit dem Onkel vorgegangen war. Was war aus dem stattlichen, kräftigen Mann geworden, der ihm noch im vorigen Jahr so rüstig erschienen?

„Es ist besser, ich lasse dich jetzt allein, Onkel. Du bedarfst vollständiger Ruhe, dich hat schon die kurze Unterhaltung elend gemacht –"

Das Gesicht des Kranken nahm einen ängstlichen unruhigen Ausdruck an. Er bemühte sich wieder aufzurichten, allein es gelang ihm nicht. „Ich muss dich noch allein – sprechen – wegen einer – besonderen Angelegenheit –"

„Aber jetzt nicht", wehrte der Neffe entschieden ab. „Ich komme heute Nachmittag oder gegen Abend wieder, wie es dir passt. August kann mich jederzeit rufen, dann kannst du weiter mit mir reden."

„Ich muss – dir etwas – Wichtiges anvertrauen, es ist doch niemand weiter im Zimmer?" Er sah sich misstrauisch um.

Der Neffe versicherte, dass niemand da sei, und überredete endlich den Kranken, zu ruhen. Es kam ein Erstickungsanfall, so dass sich ein Weiterreden von selbst verbot. Nachdem der Anfall vorüber, war der Kranke in Schweiß gebadet und so schlaff, dass er mit geschlossenen Augen dalag. Gruber überließ ihn der Aufsicht des Dieners und ging leise hinaus.

Schon am Nachmittag ließ ihn der Onkel wieder rufen. Er saß, wie am Morgen, von Kissen unterstützt aufrecht und begann gleich: „Was ich jetzt mit dir rede, bleibt unter vier Augen, versprich es mir."

Er sah sich wieder angstvoll um. „Es ist niemand hier, Onkel. Ich verspreche dir, ich werde, was du mir zu sagen hast, als dein Geheimnis wahren."

„Ich bin nicht der redliche Mann, für den du mich hältst. Aber das Sterben wird schwer, wenn man jemand betrogen hat." Der Neffe zuckte zusammen. So etwas hatte er nicht erwartet.

„Es ist lange her, da hatte ich einen Teilhaber. Er hatte ein großes Kapital im Geschäft, starb aber jung und hinterließ eine Witwe. Es war gerade eine Zeit der Ebbe im Geschäft. Wir hatten ein großes Unternehmen gewagt, es schien zu scheitern. Da habe ich der Witwe gesagt – ihr Kapital – sei verloren!"

„Und es war nicht verloren?"

„Ja – nein – es schien so – nein, es war nicht verloren. Sie ist viel deswegen gelaufen – ich habe ihr eine Abfindungssumme gegeben, aber nicht so viel, dass sie anständig leben konnte. Ich habe keine Gewissensbisse gefühlt. Erst jetzt kommt die Reue."

Er sank wieder zurück. Aber jetzt konnte Gruber ihn nicht verlassen. Er musste den Namen der betrogenen Frau erfahren.

„Wie heißt diese Frau?" Er neigte sein Ohr zu dem Munde des erschöpften Kranken und vernahm deutlich die Worte: „Sie heißt: Frau Luise Senker."

„Hat sie Kinder?"

„Nur ein kleines Töchterchen."

„Wo wohnt sie?" Er konnte keine Antwort darauf erhalten, weil ein starker Anfall es unmöglich machte.

Erst am andern Tage konnte er noch einmal kurz erfahren, dass die Frau fortgezogen sei, niemand wisse wohin. Der Neffe musste versprechen, nach ihr zu forschen, womöglich in der Stille, und ihr das Geld, um das sie betrogen worden, auszuzahlen.

Gruber war ein ehrlicher aufrichtiger Charakter. Er gelobte sich, alles daranzusetzen, die Frau ausfindig zu machen.

Noch in derselben Nacht starb der Onkel.

Die Lebenswege sind oft so verschlungen. Wenig ahnte der Neffe, dass das Mädchen, das er kaum beachtet hatte, die Tochter der Frau Luise Senker war!

Die Pension

Es war mitten im Sommer. Ein heißer schwüler Tag mit drückender Gewitterluft. In den Anlagen, die sich mitten durch die Metropole zogen, sah man zwei junge Mädchen miteinander gehen. Die eine trug eine Büchermappe, die andere hatte Noten im Arm. Große Hüte beschatteten die Gesichter. Jetzt setzten sie sich auf eine Bank im Schatten einer großen Linde. Sie nahmen die Hüte ab, und die eine sagte zur andern, indem sie sich mit dem Taschentuch Kühlung zufächelte: „Hier ist es schön, hier wollen wir bleiben, bis die Turmuhr dreiviertel schlägt, dann kommen wir immer noch zu rechter Zeit."

Die jungen Mädchen waren fast gleich gekleidet, sahen sich aber nicht ähnlich, obwohl beide Blondköpfe waren. Die eine hatte ein rundes Gesicht, frische Farben und braune Augen, die Farbe des Haares war aschblond, während die andere ein ovales Gesicht, feine Züge und tiefblaue Augen hatte. Ihr Haar glänzte golden, wenn ein Sonnenstrahl darauf fiel; beide hatten schlichte Scheitel, das Haar war in reichen Flechten hinten aufgesteckt.

„Martha", sagte diese, „wollen wir hier noch einmal die Briefe aus Buschrode lesen, ich habe sie erst flüchtig durchflogen, weil ich noch französische Literatur zu lernen hatte."

„Und ich musste noch üben und konnte sie auch nicht so gründlich lesen wie sonst. Frieda, lies du sie vor, dann haben wir beide etwas davon."

„Wie freue ich mich auf die Ferien", sagte Martha, nachdem die Briefe gelesen waren. „Buschrode bleibt doch das Schönste, so schön es auch hier ist."

„Ja, Buschrode ist auch meine Heimat geworden, ich habe dort Eltern und eine Schwester gefunden", antwortete Frieda.

„Buschrode ist für mich, seit du da bist, noch vollkommener geworden. Ich habe mir immer eine Schwester gewünscht. Dieser Wunsch ist mir aufs herzlichste erfüllt, schöner als ich es je geahnt."

Frieda drückte ihr die Hand und sah sie mit einem Blick an, aus dem die reinste Liebe strahlte. Dann sah sie auf die Uhr und sagte: „Es muss geschlagen haben, wir haben es überhört."

Sie sprangen eilig auf und gingen noch eine Weile miteinander. Dann trennten sie sich. „Martha", rief Frieda der Pflegeschwester zu, „hier treffen wir uns wieder." –

Frieda machte das Erlebnis beim Spaziergang in Neuburg die ersten Tage noch viel zu schaffen; doch sie hatte jung gelernt, über das, was sie innerlich erlebte und empfand, zu schweigen, da sie wenig Teilnahme bei ihren Verwandten gefunden hatte. So war die natürliche Folge, dass sie über ihre eigenen Gefühle und Erlebnisse verschlossen blieb. Dabei hatte sie aber ein Herz voll Liebe und Dankbarkeit gegen ihre Wohltäter und nahm an ihren Freuden und Leiden innigen Anteil. Martha, das an Liebe gewöhnte Kind, nahm es als selbstverständlich hin, dass Frieda ihre Interessen zu den eigenen machte. Frieda hätte, wenn es gefordert worden wäre, Selbstverleugnung im höchsten Grade geübt.

In der ersten Zeit beschäftigte sie das Erlebte noch oft. Sie passte auf, ob in der Zeitung wohl von einem Unglück oder gar einem Mord berichtet wurde. Kein Mensch erzählte von dieser Begebenheit in der Nähe von Neuburg. Auch im Städtchen selbst, wohin sie öfter kam, hörte man nichts, sonst hätte die Großtante davon gewusst, deren Mädchen ihr alle kleinen Vorkommnisse von dort getreulich berichtete. So war alles ganz verborgen geblieben. Frieda wusste nur von diesen beiden, dem Verwundeten und dem andern, ahnte nicht, dass ein Dritter, der in dem Wagen an ihr vorüberfuhr, mitbeteiligt war, als sie in schnellem Lauf dem Städtchen zueilte. Eins beunruhigte sie nur, sie meinte in dem Verwundeten einen Bekannten gesehen zu haben. War es nicht Herr Richter, der Neffe der Frau Drewes? Sie konnte sich in der Eile getäuscht haben, aber immer wieder kam ihr der Gedanke. Sie schrieb mitunter an die alte Dame, die Urheberin ihrer jetzt so glücklichen Verhältnisse. Die schrieb ihr wieder, wenn auch selten, hatte aber bis jetzt nichts erwähnt.

Kurz, alle diese Gedanken bewegten sie sehr, sie

drängte sie oft mit Gewalt zurück, da sie in der ernsten Konfirmationszeit, die immer näherrückte, sich nicht durch äußere Dinge zerstreuen lassen wollte. Die Stunden bei ihrem Pflegevater förderten sie seelisch und geistig. Er legte den beiden den Weg zum Himmel so klar vor Augen, wie sie durch Christus erlöst und durch die Taufe sein Eigentum geworden, nun Gottes Kinder bleiben und in der Heiligung wandeln müssten. Und weiter, wie sie durch tägliche Betrachtung des göttlichen Wortes klar den Willen Gottes zu erkennen vermöchten und durch tägliches Gebet sich die Kraft, den schmalen Weg zu wandeln, erbitten könnten, so dass die beiden Mädchen willig waren, mit Leib und Seele dem Herrn anzugehören, und am Konfirmationstage ein freudiges „Ja" vor Gottes Altar aussprachen.

Nun sollte es in die Welt hinausgehen. Frieda sollte in der Hauptstadt, wo es ein gutes Lehrerinnenseminar gab, ausgebildet werden. Den Pfarrersleuten war eine Familie bekannt, die Pensionärinnen aufnahm. Dieser Familie, die als christlich und gediegen galt, sollte Frieda anvertraut werden.

Martha war über die Trennung sehr unglücklich. Da eröffneten ihr eines Tages die Eltern, dass sie beschlossen hätten, sie auch auf ein Jahr in die Stadt zu geben, damit sie in Musik und Gesang ausgebildet werde, außerdem sollte sie an Stunden in Sprachen teilnehmen. Martha jubelte laut, als ihr dies verkündet wurde. Nun konnte sie mit ihrer Frieda weiter zusammen leben und brauchte sich vorderhand noch nicht von ihr zu trennen.

Frieda hatte sich bald in die neuen Verhältnisse eingelebt, nicht so Martha, die nie von zu Hause fort gewesen war und deshalb anfangs sehr an Heimweh litt, obwohl die Familie Meiler alles tat, den jungen Mädchen das Leben in ihrem Hause angenehm zu machen. Meilers hatten die Pension nicht nur, um zu verdienen, sondern weil sie geselliges Leben liebten und gern Jugend um sich hatten. Die Frau, in ihrer mütterlichen sanften Art, eignete sich besonders, erzieherischen Einfluss auf die Jugend auszuüben, auch konnte sie ihnen in praktischer Hinsicht viel sein, weshalb auch einige Mädchen nur zum Wirtschaftslernen dort waren. Kinder hatten sie keine. Außer Martha und Frieda waren noch vier junge Mädchen verschiedenen Alters im Hause.

Wie verabredet, trafen die jungen Mädchen sich nach etwa zwei Stunden wieder an der Ecke, an der sie sich getrennt hatten. „Jetzt aber schnell nach Hause, Martha. Es hat schon stark gedonnert, das Gewitter wird gleich losbrechen. Schirme haben wir nicht."

Sie beschleunigten ihre Schritte, doch waren sie noch ziemlich weit von ihrer Pension entfernt, als schon einzelne schwere Regentropfen fielen, und ein Blitzstrahl hernieder fuhr. „Wir kehren bei Frau Zeller ein, Frieda. Sie wohnt in dieser Straße, nur einige Häuser weiter." Gesagt, getan. Hier fanden sie wie immer freundliche Aufnahme. Annchen und Mariechen, die beide kamen, um die Vorsaaltür zu öffnen, jubelten laut, als die Buschroder Mädchen vor ihnen standen. Waren sie doch schon mit ihnen recht bekannt geworden, weil sie auch die Osterferien im Buschroder Pfarrhaus verlebt hatten und die goldene Aussicht hatten, auch im Sommer wieder dort zu sein.

Frau Zeller kam ihnen, das Kleinste an der Hand, entgegen. Stürmische Begrüßung der jungen Mädchen mit der Kleinen. Jede wollte sie der andern wegnehmen, weshalb das Kind in klägliches Weinen ausbrach. Sie ließen es der Mutter und begrüßten Karl und Fritzchen, die gerade dabei waren, ihre Milch zu trinken, und sich wenig durch den Besuch stören ließen.

Frau Zeller musste etwas Angenehmes erlebt haben; sie sah nicht so vergrämt wie sonst aus, im Gegenteil, sie machte den Eindruck, als sei eine große Sorge von ihrem Herzen genommen. Sie begann gleich: „Fräulein Martha, ich habe eben einen Brief von Ihrem Herrn Vater erhalten, der mich sehr glücklich macht. Mein Bruder steht vor dem Examen und soll einige Monate im Buschroder Pfarrhaus Aufnahme finden, um dort in Ruhe seine schriftlichen Arbeiten zu machen und sich auf das mündliche Examen vorzubereiten.“

„Ich wusste gar nicht, dass Sie noch einen Bruder haben, Frau Zeller. Studiert er Theologie?“

„Ja, er ist Theologe. Es liegt mir so sehr daran, dass er in dieser Zeit mit einem gläubigen Menschen verkehrt. Nun wird er Ende der Woche nach Buschrode übersiedeln. Wie dankbar bin ich Ihren Eltern! Sie sind so vielen zum Segen."

„Das sind sie", stimmte Frieda aus Herzensgrund bei. Das Gewitter wurde ernst. Ein Blitzstrahl folgte dem andern und mächtige Donnerschläge ängstigten die Kinder.

„Kommt, Kinder", sagte Frau Zeller, „wir wollen ein Lied singen. Ich bin es vom Elternhause her gewohnt, eine Gewitterandacht zu halten", fügte sie, zu den Mädchen sich wendend, hinzu, trat an das Klavier, die Kinder und jungen Mädchen scharten sich um sie, als sie anstimmte: „Allein Gott in der Höh sei Ehr". Es war ein liebliches Bild: die Kinder mit gefalteten Händen, die Mädchen andächtig den Choral bis zu Ende singend. Man vergaß unter den Klängen der Musik alle Angst und Unruhe, und als das Lied vorüber war, hatte das Gewitter seine Arbeit getan, es rollte nun von ferne, auch der Regen hatte etwas nachgelassen. Frau Zeller versorgte die jungen Mädchen mit Schirmen, sie zogen, umringt von der ganzen Familie, ab, um schleunigst nach Hause zu kommen. Frau Meiler empfing sie besorgt. „Kinder, ich habe mich um euch gesorgt. Eben ist Rose mit Schirmen und Regenmänteln ins Seminar gegangen, von da zu Marthas Gesanglehrern."

„Wir sind bei Zellers gewesen, Frau Meiler, und

haben dort Unterschlupf gesucht, da wir mit unsern leichten Blusen dem Gewitter nicht Trotz bieten konnten. Entschuldigen Sie unser spätes Kommen“, bat Frieda.

„Immer hübsch vorsorglich, ihr jungen Mädchen. Konntet euch denken, dass es ein Gewitter geben würde. Doch nun geht, seht, ob die andern euch etwas übrig gelassen haben.“

Sie begaben sich in das große Esszimmer, wo eben drei junge Mädchen damit beschäftigt waren, die Tassen wegzuräumen. „Beinahe hätte es nichts mehr gegeben, doch wir wollen gnädig sein“, sagte eine ganz Brünette, die Lina genannt wurde. Sie war die Tochter eines vielbeschäftigten Arztes einer kleinen Stadt, nicht allzu weit von der Hauptstadt, und war hier, um den Haushalt zu lernen, hatte aber wenig Talent und wenig Lust zu praktischen Sachen. Sie saß lieber und las oder trällerte ein Liedchen, war immer heiter und guter Dinge, besonders wenn's nicht viel zu tun gab. Ein verwöhntes Kind von Haus aus, das viel Sport getrieben hatte, weshalb es die Eltern für angemessen hielten, sie in Pension zu geben, damit dort erreicht würde, was die Mutter mit ihrer schwachen Liebe nicht erreichen konnte.

Eine andere, Karla, die auch Wirtschaft lernen sollte, war dagegen fleißig, umsichtig und praktisch, nur sehr langsam und peinlich in allem, was sie tat und unternahm, konnte selten zur rechten Zeit fertig werden und ließ oft auf sich warten. Diese beiden ungleichen Naturen bewohnten ein gemeinsames Zimmer, weil Frau Meiler hoffte, die eine könnte von der andern lernen. Es gab jedoch manche Unzuträglichkeiten. Karla hatte eben das Zimmer verlassen, als sie nach einigen Minuten wiederkam und rief: „Lina, wo ist mein Fingerhut, den du gehabt hast?"

„Ach ja, das hab ich ganz vergessen. Ich konnte meinen nicht finden und nahm ihn. Er liegt unter meinem Bett, ist mir vorhin weggerollt. Ich wurde gerufen und konnte ihn nicht mehr suchen."

„Großartig!", rief Karla mit einem Ton und Ausdruck, der eine ganze Strafpredigt enthielt. Sie warf die Tür hinter sich zu, dass es knallte, während Lina leise vor sich hinträllerte.

Martha und Frieda, die behaglich ihr Vesperbrot verzehrten, mussten wider Willen lachen. Da erhob sich ein kleines schmächtiges Mädchen, das am Fenster saß und der die andern den Namen „Vernunftskasten" beigelegt hatten, weil sie so weise und klug reden konnte, und sagte: „Das ist nichts zum Lachen. Ich weiß nicht, was aus dir werden soll, Lina, wenn du so bleibst. Du wirfst nicht nur deine Sachen weg, nein, nichts ist dir heilig, du nimmst, was du gerade bekommen kannst, gleich wem's gehört."

„Großmutter, bist du nun fertig?", fragte Lina, und der Schalk sah ihr aus den Augen. Klotilde, so hieß das Mädchen, hatte nur ein verächtliches Achselzucken auf diese Frage.

Als Martha und Frieda oben in ihrem Stübchen waren – sie wohnten auf Wunsch der Eltern zusammen –, äußerte Frieda: „Wie gut, dass wir nicht mit Lina zusammen wohnen, sie würde alle unsere Sachen durcheinanderbringen."

„Aber sie ist lustig", entgegnete Martha, „sie kann die ganze Gesellschaft aufmuntern."

„Da hast du Recht. Aber für Frau Meiler wird es schwer sein, ihr alle Untugenden abzugewöhnen." Nach einer Pause fuhr sie fort: „Wie gut von deinen Eltern, Martha, dass sie Frau Zellers Bruder bei sich aufnehmen wollen." – „Es hat für die Eltern, jetzt, da sie allein sind, auch viel Angenehmes, noch einen Hausgenossen um sich zu haben. Ich freue mich für sie, Vater mag gern mit jungen Leuten verkehren. Doch ich muss jetzt meine Gesangsübungen machen."

„Und ich muss an meinen Aufsatz gehen. Es ist ein schweres Thema, auch keine leichte Disposition. Ist Veronika schon da?"

„Ich hörte ihre Tür gehen, ich glaube wohl."

Veronika, die sechste Pensionärin, hatte ein Zimmer für sich. Sie war auch Seminaristin, aber schon in einer höheren Klasse als Frieda und wollte schon nächste Ostern ihr Examen machen. Sie hatte etwas Zurückhaltendes in ihrem Wesen, aber Frieda fühlte sich unter allen Pensionärinnen, Martha ausgenommen, zu ihr am meisten hingezogen.

Frieda setzte sich an ihre Arbeit. Martha ging nach

unten; bald hörte man einzelne Töne aus dem Musikzimmer heraufdringen. Sonst herrschte Ruhe im Pensionat, jede war mit ihrer Arbeit beschäftigt.

Meilers bewohnten ein eigenes Haus in der Vorstadt. Es lag in einem Garten und hatte nach vorn eine freie Aussicht, während hinten der Blick durch schattige Bäume und durch eine hinter dem Garten sich versteckende Häuserreihe beschränkt war. Frieda hatte die Fenster ihres Zimmers, das nach vorne lag, weit geöffnet; die Luft war nach dem Gewitter balsamisch und rein, es arbeitete sich noch einmal so gut wie bei der drückenden Hitze der vorigen Tage. Sie ging mit großem Eifer an ihre Aufgaben, sie wollte im Seminar viel lernen, um eine tüchtige Lehrerin zu werden. Sehr gute Vorkenntnisse waren vorhanden, wie die Lehrer nach der Aufnahmeprüfung erklärten. Das Leben mit den andern Seminaristinnen machte ihr Freude. Es herrschte nicht jener Kastengeist, dem sie in der Töchterschule begegnet war, der sie unter den Mitschülerinnen allein dastehen ließ. Hier strebten sie alle einem Ziel zu, man war zuvorkommend und freundlich zueinander, besuchte sich gegenseitig, verabredete gemeinsame Spaziergänge, um sich über diese oder jene Frage auszusprechen, oder auch einmal alles Lernen beiseite zu schieben, um fröhlich und harmlos zu plaudern und sich ungetrübt der Natur hinzugeben. Dann und wann erlaubten Meilers den jungen Mädchen, Freundinnen einzuladen. Die Geburtstage wurden in der Regel gefeiert, im Winter durch musikalische Abende, im Sommer durch Ausflüge oder hübsche Spiele im Garten, der einen großen Rasenplatz und auch einen Platz zum Tennisspielen hatte. Es herrschte ein zwangloser fröhlicher Ton im Hause. Entstand einmal Uneinigkeit unter den Mädchen, was bei den verschieden angelegten Naturen unausbleiblich war, so wurde die Harmonie bald hergestellt, wenn Herr und Frau Meiler unter ihnen waren. Sie hatten beide in ihrem Wesen und Auftreten etwas Achtunggebietendes, jede fügte sich ohne Widerrede ihren Anordnungen.

Nach einer Stunde etwa legte Frieda die Feder befriedigt aus der Hand. Man konnte an ihrem Gesicht erkennen, dass ihr die Arbeit gelungen war. Es galt nur noch, sie sauber abzuschreiben. Da kam Martha und rief sie ins Besuchszimmer. „Tante Agnes und Emilie sind da, wir sollen sie Sonntag besuchen."

Die Tanten hatten Sehnsucht nach den beiden Mädchen und luden sie ein, Sonntag nach der Kirche Mittag bei ihnen zu essen, nachmittags sollte ein Ausflug gemacht werden.

„Ihr Glücklichen", seufzte Lina, als die Tanten beim Weggehen im Hausflur noch davon sprachen. Da ihnen das frische junge Mädchen gefiel, riefen sie: „Sie dürfen auch mitkommen, Kleine, wenn Frau Meiler es erlaubt."

Als sich alle am Abend im Esszimmer versammelt

hatten, hieß es: „Wo sind denn bloß Veronika und Lina?“

„Da wird wohl wieder etwas nicht in Ordnung sein“, sagte Herr Meiler. „Wir wollen uns setzen.“

Endlich erschienen sie. Veronika, ein schlankes, zartes Mädchen, sah verstört aus, Lina schielte verlegen nach Herrn Meilers Gesicht, der verdrießlich sagte: „Ich muss um etwas mehr Pünktlichkeit bitten.“ Veronika wurde glühend rot, sagte aber nichts.

Lina dagegen sagte Herrn Meiler: „Ich war schuld, verzeihen Sie, Herr Meiler. Ich habe mir Veronikas Handschuhe geborgt, weil ich die meinen nicht finden konnte.“

„Unerhört“, flüsterte Karla.

„Und nun?“, fragte Frau Meiler.

„Nun sind sie verschwunden“, ergänzte Veronika ärgerlich. „Ich bin gewohnt, mir meine Schulsachen, den Hut und die Handschuhe zum andern Morgen bereit zu legen.“

„Ach, bis morgen finden wir sie auch noch“, sagte Lina sorglos, „ich finde alles wieder.“

„Du musst wenigstens die Leute fragen und nicht ungefragt nehmen, was dir nicht gehört“, erlaubte sich Klotilde zu sagen.

„Wenn ich doch noch einmal im Leben so vernünftig werden könnte wie du“, seufzte Lina.

„Na, na“, kam es von Herrn Meilers Lippen, begleitet von einem Schnalzen der Zunge, das alle nur zu gut kannten; es hieß unverkennbar: „Ich bitte nun bei Tisch von der Geschichte zu schweigen." Die jungen Mädchen kicherten leise. Linas verblüfftes Gesicht war urkomisch anzusehen.

Nach Tisch sagte Herr Meiler einige leise Worte zu seiner Frau. Sie ging darauf mit Lina in ihr kleines Privatzimmer, wo alle Angelegenheiten erledigt wurden.

Die Übrigen verfügten sich ins Wohnzimmer, weil es im Garten zu nass war. Herr Meiler las vor oder lenkte das Gespräch auf Politik und Kirche, besprach mit den jungen Mädchen die jüngsten Begebenheiten und beleuchtete alles von seinem christlichen Standpunkt aus, so dass die Stunden nach dem Abendbrot von den Pensionärinnen sehr geschätzt waren. Bald gesellte sich Frau Meiler dazu. Ihr Mann sah sie fragend an. „Lina muss suchen, bis sie die Handschuhe hat", sagte sie, worauf der Mann lächelnd erwiderte: „Ich glaube, sie tut es ebenso gern, als dass sie hier mit der Handarbeit sitzt. An dem Mädel ist Hopfen und Malz verloren."

Ein lautes Jubelgeschrei ließ sich draußen vernehmen. Lina stürzte ins Zimmer. „Ich hab sie, ich hab sie." Triumphierend hielt sie ein paar angeschwärzte, zerknitterte Dinger in die Höhe.

Entrüstet rief Veronika: „Das sind nicht meine Trikothandschuhe, sie waren weiß und sauber gewaschen."

„Sie sind in der Küche, ich weiß nicht wie, unter die Kohlen geraten, ich werde sie dir waschen."

Veronika erklärte, das wolle sie lieber selber besorgen, sie bitte aber Lina, von jetzt ab ihr Zimmer nicht ohne ihre Erlaubnis zu betreten.

„Lina weiß, dass sie von jetzt an eine Zeitlang die Zimmer ihrer Mitpensionäre zu meiden hat, auch dass sie allein schlafen wird. Karla soll nicht mehr durch ihre Unordnung belästigt werden." Frau Meiler sagte das ernst und ruhig, während man Lina draußen an der Wasserleitung hantieren hörte.

„Sie wäscht schon", schmunzelte Herr Meiler, der sich des Lachens nicht erwehren konnte, worauf denn alle, die schon damit gekämpft hatten, ernsthaft zu bleiben, in ein schallendes Gelächter ausbrachen.

Frau Meiler aber beschloss, an die Mutter zu schreiben, sie möchte ihre Tochter, die nichts wie Unheil anrichte, so bald wie möglich nach Hause holen. Es mache nichts Eindruck auf sie, sie füge sich schwer in die Hausordnung, sie habe als Pensionsmutter das Gefühl, dass der Aufenthalt in ihrer Pension für Lina keinen Nutzen habe. –Da erschien die Mutter, eine lebendige, liebenswürdige Dame, selbst, sagte, ihre Lina habe sich schon überraschend verändert, seit sie in Pension Meiler sei, man solle nicht verzweifeln, es würde gewiss alles noch gut. Frau Meiler ließ sich erweichen, beschloss aber, die Zügel noch straffer zu ziehen.

Veronika

„Karla, deine Pedanterie musst du ablegen, das ertrage, wer kann“, seufzte Klotilde.

Sie bewohnten jetzt ein Zimmer zusammen und waren diesen Nachmittag beide zu einer Geburtstagsfeier bei einer bekannten Familie eingeladen. Schon zum dritten Male hatte Karla ihr Haar aufgelöst und es immer wieder von neuem geflochten und aufgesteckt; alle Ermahnungen Klotildens, sich zu beeilen, fruchteten nichts. „Es sitzt nicht, wie es sitzen muss, gehe du allein, wenn du nicht warten kannst.“

Da guckte Martha zur Tür herein. „Noch nicht fertig?“, fragte sie. „Es hat schon drei geschlagen.“

„Karla sollte nicht so peinlich sein, sie sitzt schon fast eine Stunde an ihrem Haar und wird nicht fertig, es ist ermüdend anzusehen“, seufzte Klotilde.

„Komm, ich will dir helfen“, rief Martha freundlich. „Wenn du das wolltest; der Scheitel will nicht gerade werden!“

„Gern!“ Und die hilfsbereite Martha, die sehr geschickt war, hatte Karla in kurzer Zeit so hübsch gerichtet, dass sie ganz begeistert ausrief: „Ihr Buschroder Mädchen könnt auch alles. Frieda ist stets gefällig und zur Hilfe bereit und du nicht minder. Ihr seid die Besten in unserer Pension.“ Martha wies das Lob von sich und meinte, die Beste sei doch

Veronika. „Veronika ist nur so zurückhaltend und hält sich gewöhnlich abgesondert von uns."

„Das kommt, weil sie allein wohnt, auch weil sie wegen ihres baldigen Examens so eifrig studiert."

„All euer Studieren, Singen und Klavierspielen nützt euch nichts, ihr vergesst doch alles wieder", sagte Klotilde weise. Sie ärgerte sich, dass sie nicht für die Beste in der Pension angesehen wurde, was sie bis jetzt immer geglaubt hatte.

Frau Meiler, die bald merkte, dass das Verhältnis zwischen Klotilde und Karla eher schlechter als besser geworden war, erzählte ihrem Manne eines Abends, dass sie mit Friedas und Marthas Einverständnis eine andere Einrichtung getroffen habe. „Die Mädchen sollen fortan alle miteinander das Schlafzimmer teilen. Die Buschroder üben entschieden einen guten Einfluss auf die andern aus, sie sollen mir helfen, weil sie wohlerzogene, gut gesinnte Mädchen sind."

„Dann prophezeie ich in nächster Zeit Revolution, wenn nicht Krieg! So verschiedene Elemente zusammen."

„Es kommt auf einen Versuch an. Jetzt sind dauernd Häkeleien und Eifersüchteleien; eine findet dies Zimmer hübscher, die andere jenes, diese beiden passen nicht zusammen, die dritte mag nicht allein schlafen."

„Du willst doch nicht Lina, diesen Unband, wieder mit den andern zusammenbringen?"

„Sie hat sich in letzter Zeit mehr zusammengenommen; ich sehe nur Vorteile für sie, wenn sie mit den Buschrodern mehr zusammenlebt, das kann aber nur sein, wenn sie nicht nur unten bei uns miteinander verkehren, da geben sie sich nicht ganz, wie sie sind."

„Lina doch gewiss. Sie gibt sich offen mit allen ihren Untugenden vor jedermanns Augen."

„Ich denke auch, Frieda und Martha werden sie mehr zur Ordnung anhalten."

„Versuche es, mein Kind. Ich fürchte, es wird dir nicht gelingen."

Es erhob sich ein großer Sturm. Einige erklärten sich dafür, einige dagegen. Frieda und Martha hatten, als Frau Meiler ihnen davon gesagt, innerlich einen kleinen Kampf zu bestehen. Sie mussten manches aufgeben, doch hatten sie sich willig gefügt. Klotilde und Karla waren außer sich, dass Lina wieder in ihre Mitte sollte, in diesem Punkt waren sie einig. Die Glücklichste war jedenfalls Lina, der das Alleinsein gar nicht behagte und die sich von ganzem Herzen nach Geselligkeit sehnte.

„Kinder, ihr sollt sehen, ich werde die Tugendhafteste von euch allen sein. Ich rühre nichts von euren Sachen an und werde nach Kräften auf Ordnung halten. ‚Lerne Ordnung, übe sie; Ordnung spart dir Zeit und Müh', Ordnung ist das schönste Ding, Lina, acht es nicht gering", sang sie und ging davon.

Veronika als ältere Seminaristin blieb natürlich für

sich. Als Neunzehnjährige hatte sie das Vorrecht, allein zu schlafen.

Frau Meiler hatte richtig geurteilt.

Die Mädchen erzogen sich untereinander. Versah Lina etwas, so waren aller Augen auf sie gerichtet; sie wurde von der Gesamtheit getadelt und gescholten, so dass sie wirklich anfing, sorgsamer zu werden; Karla musste sich wegen ihrer Pedanterie oft auslachen lassen, ebenso Klotilde wegen ihrer weisen Bemerkungen. Bei Martha und Frieda gab es auch etwas zu rügen. Gewiss hatten sie auch kleine Angewohnheiten, die die andern sehr schnell entdeckten und in harmloser Weise ans Licht zogen. Wollte jemand empfindlich sein, wurde er ausgelacht, und schließlich löste sich alles in Heiterkeit auf.

Die Folge war, dass Frieda, die bis dahin gewöhnlich ein ernstes Wesen gezeigt, still und verschlossen gewesen war, unter der Schar auflebte und mehr aus sich herausging. Sie wurde lebhafter, munterer, sah auch frischer aus, die eckigen Formen rundeten sich. Sie war seit ihrer Konfirmation sehr gewachsen, so dass jemand, der sie damals gesehen hatte, sie jetzt kaum würde wieder erkannt haben.

Unter den Mädchen war sie fröhlich und guter Dinge. Doch kamen auch Stunden, wo sie voller Ernst oft am Fenster stand. Das Obermaß an Liebe, das ihr von den Pflegeeltern dargebracht wurde, besonders die geldlichen Opfer drückten sie. Wenn

Zahlungen an die Pension geleistet wurden, wenn sie das Schulgeld erhielt oder um kostspielige Bücher bitten musste, alles das belastete sie sehr. Sie hatte viel Stolz, wäre am liebsten niemand zur Last gefallen und musste nun sehen, welche Mittel zu ihrer Ausbildung erforderlich waren. Es dauerte mindestens noch zwei Jahre, bis sie zum Examen zugelassen wurde, dann erst konnte sie daran denken, den Pflegeeltern allmählich alles abzutragen, was sie in ihrer Güte an ihr getan hatten. Sie ahnte nicht, wie glücklich die waren, dass ihr eigenes Kind in ihr eine Freundin gefunden hatte. Martha war kein fester Charakter und ließ sich leicht beeinflussen. Die Eltern hatten sehr bald erkannt, dass Friedas Einfluss auf Martha günstig war. Dies schätzten sie mehr als das, was sie für die Pflegetochter opferten.

Eben dachte Frieda an die Buschroder Pfarrersleute, auch an die alte Dame im fernen F. dort oben im Giebel des Nachbarhauses, der sie im Grunde alles, was sie jetzt war und hatte, verdankte, da wurde die Tür zu ihrem Zimmer heftig aufgerissen. Lina kam herein, diesmal nicht singend und lachend, sondern recht betrübt.

„Nun, Lina, was hat's gegeben?“, fragte Frieda.

„Etwas ganz Schlimmes. Ich habe Marthas Uhr zerbrochen!“

„Wie kommst du denn dazu? Du sollst doch nicht Sachen anrühren, die dir nicht gehören!“

Sie beichtete, dass Martha sich umgezogen habe,

ehe sie zur Klavierstunde gegangen sei, und die Uhr abgelegt habe. Sie müsse sie in der Eile vergessen haben. Es sei eine besonders hübsche Uhr, sie habe sie genauer ansehen wollen, da sei sie ihr aus der Hand gefallen, das Glas sei zerbrochen, die Uhr stehe. Sie fürchtete sich vor Marthas Zorn, besonders aber vor Frau Meiler, die ihr gesagt hatte, sobald sie den Mitpensionärinnen Sachen beschädige, müsse sie wieder allein schlafen. Das sei zu schrecklich und Frieda möge ihr doch raten, was zu tun sei.

„Ich kann dir nichts weiter sagen, als dass du dein Unrecht bekennst. Einen anderen Rat weiß ich nicht."

„Könntest du mir nicht helfen, ohne dass Frau Meiler etwas erfährt."

Frieda schwieg eine Weile. „Da kommt Martha", sagte sie. „Wo ist die Uhr?"

Lina hatte sie in der geschlossenen Hand und zeigte sie. Man hörte Martha eilig in das allgemeine Schlafzimmer gehen. Gleich darauf erschien sie mit verstörter Miene im Studierzimmer. Atemlos erzählte sie, ohne auf Linas Anwesenheit zu achten, dass sie ihre Uhr aus Versehen habe liegen lassen, nun sei sie gestohlen.

„Gestohlen ist sie nicht", sagte Frieda ruhig. „Lina hat Unglück gehabt." –Lina stand da mit einem kläglichen Gesicht, in der Hand die Uhr. „Ob ich mir das nicht hätte denken können!" Und nun ergoss sich über die Schuldige ein Strom von Zornesworten, die man bei der freundlichen Martha gar nicht erwartet hätte.

„Ich will sie gleich zum Uhrmacher bringen und alles bezahlen –"

„Damit ist mir nicht gedient, ich brauche die Uhr."

„Ich wüsste einen Ausweg", mischte sich nun Frieda hinein. „Ich gebe dir meine Uhr, Martha, bis deine fertig ist, und dann sprechen wir nicht weiter darüber." Lina warf ihr einen dankbaren Blick zu, während Martha verlegen sagte: „Dann hast du ja keine!"

„Ich behelfe mich einige Tage so", meinte Frieda freundlich, „und Lina ist von nun an bestimmt vorsichtiger, nicht wahr, Lina?" Statt aller Antwort umarmte sie Frieda leidenschaftlich. Dann bat sie um ein Kästchen, die Uhr hineinzulegen, und stürzte hinaus.

„Sie wird sie wohl auf der Treppe noch einmal hinwerfen", grollte Martha. Lina klopfte bei Frau Meiler an, bat um Urlaub zu einer Besorgung und beichtete ihr, was sie eigentlich nicht wollte, freimütig die ganze Geschichte.

Frau Meiler sagte nicht viel. Wo sie offenes Bekenntnis fand, konnte sie nicht streng sein. Wahrheit ging ihr über alles. Hier, wo alles hätte verschwiegen bleiben können, freute sie sich über Linas Wahrheitsliebe. Das war das Beste an dem Mädchen. Sie hoffte, dass diese kleine Szene, wie so manche andere, die sie in der Stille beobachtet hatte, Lina nach und nach zu einem ordentlichen, bedachtsamen Mädchen machen würde.

Als die jungen Mädchen am Abend ins Schlafzimmer kamen, waren die Decken von allen Betten genommen und mit einer Ordnung zusammengelegt, als ob Karla es getan hätte. An Linas strahlendem Gesicht erkannten sie die Täterin.

„Sie wird noch", sagte Karla und ging an ihren Waschtisch. „Lina hat sich mit Ruhm bedeckt", fügte sie hinzu.

„Es wird nicht lange dauern, so wird es wieder eine große Geschichte geben", fügte Klotilde weise hinzu.

Dass diese große Geschichte diesen Nachmittag schon passiert war, verschwiegen die Buschroder, was den beiden einen dankbaren Blick von Lina eintrug.

Allmählich lebte man sich untereinander ein, und der Geist des Hauses gewann die Oberhand, unmerklich, aber still wurden die Mädchen beeinflusst, auch Klotilde und Karla, die am wenigsten Liebenswürdigen, konnten sich diesem Einfluss auf die Dauer nicht entziehen.

Veronika hielt sich von den Übrigen sehr zurück. Frieda war die einzige, mit der sie gern einmal zusammen war, aber in letzter Zeit schien sie auch diese zu meiden. Eines Tages ging sie in ihrem Zimmer auf und ab, aus Lessings „Nathan der Weise" lernend, da klopfte es. „Darf ich eintreten? Aber ich störe", sagte Frieda, „ich komme ein andermal."

„Du willst also dann gleich eine Stelle annehmen?“

„Ich muss. Es sind Verhältnisse eingetreten, die mich zwingen.“ Frieda hätte sich mit diesem, was Veronika ihr anvertraut, begnügt. Aber Veronika hatte sich vorgenommen, jetzt alles zu sagen. Sie kämpfte noch ein wenig mit sich, plötzlich ergriff sie Friedas Hand und sagte:

„Frieda, ich bin verlobt!“

Da konnte Frieda doch einen Ausruf des Staunens nicht unterdrücken. „Und dann willst du Examen machen, willst eine Stelle annehmen?“

„Mein Verlobter ist ein prächtiger Mensch, in meinen Augen der Beste. Aber wir haben alle unsere Fehler und Schwachheiten. Er neigt zur Heftigkeit und lässt sich da zu Handlungen hinreißen, die ihm nachher bitter leid sind. Nur so viel will ich dir sagen, Frieda, dass er sich durch seine Heftigkeit etwas hat zuschulden kommen lassen, wodurch er in große Geldnöte gekommen ist. Ich will ihn unterstützen und tue das mit Freuden. Mehr kann und darf ich dir nicht sagen, mein Saltino würde es mir nie verzeihen. Aber sein Bild will ich dir nächstens einmal zeigen. Ich weiß, du kannst schweigen, sonst hätte ich es dir nicht anvertraut.“

„Ich werde nichts verraten“, sagte Frieda ruhig. Veronika ahnte nicht, wie es in dem Kopf ihrer jungen Freundin von allerlei unruhigen Gedanken wirbelte. Sie hätte jetzt gehen müssen, aber sie zögerte noch, als möchte sie noch etwas sagen.

„Nun, Kleine, hast du auch noch etwas auf dem Herzen, was du mir anvertrauen möchtest?"

„Du sagtest erst, Klotilde und Karla wären dir unausstehlich. Möchtest du sie nicht ein wenig näher kennen lernen? Sieh, wir leben doch einmal hier zusammen, sollen uns lieb haben –"

„Kleine Törin, man kann nicht alle Menschen lieben."

„Wir sollen es aber, Gottes Wort gebietet es uns."

„Man kann sich nicht immer nach Gottes Wort richten." Frieda sah sie traurig an. „Meine selige Mutter hat mir geraten, es zur Richtschnur meines Glaubens und Lebens zu machen. Ich habe immer seine Kraft erfahren, wenn mir etwas schwer wurde."

Veronika sah nachdenklich aus. „So sprechen Meilers auch. Von dem Geist dieses Hauses fühle ich mich angezogen, das muss ich der Wahrheit gemäß gestehen. Ich war früher in einer anderen Pension, da gab's diese Ansichten nicht. Auch zu Hause nicht."

„Wie schade!", sagte Frieda. „Dann bin ich sehr bevorzugt, weil ich eine fromme Mutter gehabt habe, die früh meine Hände falten und mich beten lehrte. Wie dankbar muss ich sein!"

„Du goldenes Herz, von dir kann man lernen."

„Freut euch des Lebens, weil noch das Lämpchen glüht, pflücket die Rose, eh' sie verblüht", trällerte eine Stimme auf dem Korridor.

„Wie mich dies ewige Singen stört, wie oft ist es ihr schon verboten“, rief Veronika.

„Wir wollen versuchen, es ihr abzugewöhnen. Sonst ist es ja hübsch, dass Lina immer fröhlich ist –“

„Meine Herrschaften, das Abendbrot ist angerichtet.“ Lina steckte vergnügt den Kopf zur Tür herein. „Heute noch gar keine Dummheiten gemacht, ist das nicht bewunderungswürdig? Was für eine vollkommene Tochter wird meine Mutter finden, wenn sie kommt. Gar nicht wieder zu erkennen!“

Beide Mädchen erhoben wie auf Verabredung drohend den Finger. „Nur nicht zu früh gejubelt“, rief Veronika. Beide folgten lachend dem Ruf zum Abendessen.

Frieda lag noch lange wach. Sollte der Verlobte von Veronika wohl im Zusammenhang stehen mit ihrem Erlebnis? Dann würde sie ihn kennen, diesen Herrn mit den großen dunklen Augen, der so angstvoll nach ihrem Tuch griff, um es dem Sterbenden, wie sie glaubte, aufzulegen. Ob er wirklich gestorben war? Dann stände es ja schlimm um den andern, der ihn tödlich verletzt haben musste. So gingen die Gedanken hin und her.

Doch schon am folgenden Tag folgte die Aufklärung. Veronika winkte ihr hereinzukommen und zeigte ihr, wie sie versprochen, das Bild ihres Verlobten. „Gott sei Dank“, dachte Frieda, „er ist es nicht.“ Es war ein ganz anderes Gesicht als das, was ihr vorschwebte, auch erwähnte Veronika beiläufig, dass ihr Verlobter blond sei und graublaue Augen habe.

Die Ferien

Wieder daheim! Welch ein Jubel für Eltern und Töchter, als der Wagen hielt und sie sich gegenseitig wiederhatten.

Das Seminar hatte seine Ferien von Mitte Juli bis Ende August, Martha hatte sich von ihren Privatstunden zu derselben Zeit frei gemacht, weil die jungen Mädchen ihre Ferien zusammen genießen wollten.

Frieda hatte sich mit besonderem Interesse auf Buschrode gefreut. Sie kannte es nur im Spätherbst und Winter und war überrascht, nun alles in Blüte zu finden, wie die Bäume mit dichtem Laub herrliche Früchte trugen, die in der Sommerhitze allmählich der Reife entgegengingen; der schön angelegte Blumengarten mit feinen Rasenplätzen und Zierpflanzen, dahinter der Gemüsegarten, der für die Küche allerlei Schönes und Nutzbares lieferte. Freiheit, Ausruhen vom Studieren, frische Landluft, dazu die Liebe der Eltern und Verwandten, die sich zur Sommerzeit zahlreich eingefunden hatten, eine schöne Zeit lag vor ihnen, sie wollten sie nach Kräften ausnutzen!

Aus dem Garten ertönten fröhliche Kinderstimmen. Annchen und Mariechen haschten sich mit ihren Brüdern, während Frau Zeller mit einem jungen Mann im Laubengang auf und ab ging. Großtante Kathinka strickte in der Jasminlaube, während Tante Agnes sie eifrig von ihrem Leben in der Großstadt unterhielt. Tante Emilie, die sich gern nützlich machte, pflückte Bohnen, die Eltern aber saßen mit den eben angekommenen Töchtern auf der Veranda, die mit dem Garten durch eine Treppe verbunden war.

„Unsere beiden Mädchen sind mächtig gewachsen, sehen gesund und frisch aus, das Studium hat ihnen bis jetzt nichts geschadet, Mutter", sagte der Pfarrer und strich Martha liebevoll über die Wangen. „Habt keine Not gelitten."

„Keineswegs. Unsere Pensionsmutter meint es gut, aber zu Hause ist's doch am besten." Mit diesen Worten umarmte Martha den Vater, während Frau Charlotte Frieda an sich zog. Als sich Eltern und Töchter allein gesprochen hatten, ging es in den Garten. Da wurden zunächst die Verwandten begrüßt, dann kamen die Kinder und umringten die Mädchen. Sie waren schon acht Tage früher mit der Mutter eingetroffen. Später musste Frieda den Garten bewundern; sie interessierte sich ja für jede Kleinigkeit, die Martha ihr zeigte.

„Nun musst du mein Gärtchen sehen, das ich als Kind selbst bearbeitet und gepflegt habe." Sie zog sie in den unteren Teil des Gartens. „Hier sieh, am Gartenzaun, da war mein Reich. Nun setzen wir uns in die Holunderlaube, dort habe ich als Kind immer mit meinen Puppen gespielt."

„Wir sind wohl in fremdes Gebiet eingedrungen", sagte eine bekannte Stimme.

Frau Zeller, die in der Laube saß, stand auf und begrüßte die jungen Mädchen. Gleichzeitig mit ihr erhob sich ein junger Mann und verneigte sich. Frau Zeller stellte ihn als ihren Bruder, Herrn Marbach, vor, der jetzt Hausgenosse in Buschrode sei und sich in diesem Pfarrhaus sehr wohl fühle.

„Ich bin Ihren Eltern außerordentlich dankbar, dass ich hier sein darf", wandte sich der junge Mann an Martha. „Die Ruhe in Buschrode ist meinen Examenarbeiten sehr förderlich."

„Ruhe gibt's nur in der Ferienzeit nicht viel", entgegnete Martha. „Kinder und junge Leute werden von nun an manche Störung verursachen –"

„Es ist bestimmt ganz gut, wenn er auch einmal eine Pause beim Studieren macht und mit meinen Kindern ein wenig umherstreift", meinte Frau Zeller.

Der junge Mann verbeugte sich leicht gegen die jungen Mädchen mit den Worten: „Heute habe ich meine Aufgabe noch nicht fertig, die Damen entschuldigen mich, wenn ich mich auf mein Zimmer zurückziehe."

„Er ist ein rechter Bücherwurm", fuhr Frau Zeller fort, „er war es schon als Schüler, aber jetzt scheint er es fast zu übertreiben."

„Mit dem Examen ist auch nicht zu spaßen", ließ sich Frieda vernehmen. „Wir haben da in unserer

Pension ein junges Mädchen, das vor dem Examen steht; es gönnt sich kaum Zeit zum Essen."

„Es ist dies Fräulein Veronika. Ich kenne sie nur vom Sehen. Sie hat etwas Melancholisches, Insichgekehrtes."

„Die Verhältnisse zu Hause sind nicht ganz angenehm", erwiderte Frieda. Da rief Tante Emilie aus den Bohnen heraus: „Ihr jungen Mädchen könnt mir helfen, es gibt viel zu pflücken –"

„Gern, liebe Tante", rief Martha. Mit dem Sitzen in der Holunderlaube war es vorbei. Frau Zeller ging zu ihren Kindern, die in ihrem Übermut etwas über die Grenzen schlugen.

Als die jungen Mädchen abends zum ersten Mal wieder in ihrem Zimmer standen, sagte Frieda: „Wie lebhaft denke ich heute an den ersten Abend meiner Ankunft hier. Wie viel Liebe ist mir seitdem zuteil geworden, wie viel habe ich erlebt. Wie mag es nur der guten alten Frau Drewes gehen, durch deren Güte ich hierher gekommen bin? Ob sie einmal an die Eltern geschrieben hat?"

„Mutter sagte vorhin, dass heute ein Brief gekommen sei, er bringe nicht viel gute Nachrichten."

„Gewiss ist sie krank; ich muss deine Mutter bald einmal fragen."

Am andern Morgen hörte Frieda, dass die alte Frau Drewes, von der man lange nichts gehört, recht traurig geschrieben habe. Sie werde immer älter und gebrechlicher, zudem habe sie etwas Trauriges erlebt.

„Etwas Trauriges?“, fragte Frieda gespannt.

„Ja, mit einem Verwandten, doch darüber will sie nicht gesprochen haben.“

Frieda fragte natürlich nicht weiter, aber nun stand es bei ihr fest, dass dieser Verwandte jener Neffe sei, der bei ihrem Onkel im Kontor angestellt war, den sie dort öfter gesehen und auch einige Male bei der alten Frau Drewes getroffen hatte. Sie meinte, ihn dort unten am See erkannt zu haben, mit Blut überströmt! Hätte sie doch nun fragen und dadurch Gewissheit erlangen dürfen. Wie Leid tat ihr der arme Herr Richter, noch mehr bedauerte sie die alte Dame, die sehr an dem Neffen zu hängen schien. Was mochte sie mit ihm erlebt haben!

„Kann denn Frau Drewes nicht einmal nach Buschrode kommen?“, fragte sie bescheiden.

„Es ist zu weit, mein liebes Kind“, antwortete ihre Pflegemutter. „Früher, in jüngeren Jahren, hat sie uns mitunter besucht, aber jetzt schon lange nicht mehr. Sie kann bei ihrem hohen Alter nicht mehr ans Reisen denken. Vielleicht sieht mein Mann einmal nach ihr; wir fürchten, sie wird es nicht mehr lange machen.“

Das war der einzige Bescheid, den sie erhielt. Würde sie je Klarheit über die Begebenheit am See bekommen? Aber das Versprechen band sie. Wenn sie es brach, so tat sie Unrecht, und wer weiß, welches Unheil über den Dunkeläugigen hereingebrochen wäre, wenn sie geplaudert hätte.

Bald verwischten sich die Eindrücke unter dem wechselvollen heiteren Leben im Pfarrhaus bei Frieda wieder. Ein schöner Tag reihte sich an den andern. Mal wurden schöne Ausflüge in den Wald unternommen, mal ein Besuch in der Nachbarschaft ausgeführt, oder es gab gemütliche Kaffee- und Abendstunden im Pfarrgarten mit Gesprächen der verschiedensten Art.

Einmal machten die jungen Mädchen die Runde im Dorf, kehrten auch bei Frau Weber ein und mussten sich leider überzeugen, dass die Jungen nicht an Bildung zugenommen hatten, obwohl die Mutter tüchtig mit der Rute dreinhieb, leider oft zur Unzeit. Das kleine Mädchen war brav, wartete das Jüngste und war im Haushalt tätig, wenn die Mutter auf Arbeit war. Aber die Jungen vermochte sie nicht zu regieren, dazu reichten ihre Kräfte nicht. Sie strahlte, wenn sie die Fräulein aus der Pfarre sah, und wenn diese sie anredeten, lag es noch eine Weile nachher wie Sonnenschein auf dem kleinen Gesicht. Auch die alten und jungen Frauen in der Gemeinde freuten sich, wenn die jungen Mädchen, die in der Stadt „lauter Künste" lernten, bei ihnen einsahen.

„Alle beide so schlank und so schneidig geworden und so schöne! Vorzüglich die Fremde –"

„Nee, nee, unsere Martha ist hübscher", widerlegte die andere, die bei der „Fremden" den Vorzug nicht wollte gelten lassen.

Sei es, wie es sei. Die Mädchen konnten sich beide sehen lassen, und das Dorf, das sein Pfarrhaus liebte, war stolz auf die schönen Töchter.

Eines Tages wanderten sie wieder einmal Arm in Arm durchs Dorf, von diesem und jenem plaudernd. Da kam ein großer offener Wagen, von zwei rassigen Pferden gezogen, in schnellem Trabe an ihnen vorüber. „Die Eichberger", rief Martha, als die Herrschaften grüßend an ihnen vorüberfuhren.

„Wer war der junge Herr, der vorn bei Herrn Dorn saß und dich so angelegentlich grüßte?"

Martha errötete leicht. „Ach", sagte sie gleichgültig, „das ist ein musikalisches Genie. Ich habe den jungen Mann in der Gesangsstunde öfter getroffen. Er hatte nämlich nach mir Stunde bei Herrn Rist; jedes Mal, wenn ich ging, kam er, wir begegneten uns oft auf der Treppe. Einmal, als meine Stunde etwas länger dauerte, trafen wir uns bei Herrn Rist, der ihn bat, mich auf der Violine zu begleiten. Ich hatte gerade ein Lied eingeübt. Seitdem grüßt er mich."

„Das hast du mir nie erzählt."

„Die Sache war mir zu gleichgültig."

Die Mädchen eilten nach Hause. Besuch im Pfarrhaus war nichts Seltenes, aber wenn die Eichberger kamen, gab es zunächst etwas Aufregung. Sie erschienen gewöhnlich zahlreich und blieben bis zum späten Abend. Unbewusst lenkten Frieda und Martha ihre Schritte in die Küche.

„Wo steckt ihr Mädchen? Ein ganzer Wagen voll

Besuch, Kindergekrabbel und große Leute, sogar fremde Herren dabei!" Tante Emilie rief's mit hocherhobenen Händen. „Ricke, fache das Feuer an, damit das Wasser schnell zum Kochen kommt!"

Ricke kauerte vor dem Herd mit dick aufgeblasenen Backen und blies sich bald die Seele aus dem Leib, während die Tante schnell die Tassen herbeiholte und in den Keller stieg, um Sahne heraufzubefördern.

Da erschien Großtante Kathinka in der Küche mit fliegenden Haubenbändern. „Kommt denn der Kaffee bald? Charlotte sitzt schon auf Kohlen, ich merke es ihr an."

„Tante, es ist alles im besten Gange, geh ruhig zum Besuch, in zehn Minuten ist alles da. Ihr Mädchen deckt den Kaffeetisch, Tante Agnes ist in der Speisekammer und schneidet Kuchen. Wie gut, dass noch welcher da war!" Tante Emilie sah hochrot aus vor Erregung, in ihrem kleinen Haushalt kam solcher Massenbesuch nicht vor, sie dünkte sich in ihrer jetzigen Rolle sehr wichtig. Die jungen Mädchen nahmen alles ruhiger. Mit Gewandtheit und Anmut erledigten sie ihre Aufgabe, bald war im Esszimmer hübsch gedeckt, dann gingen sie ins Besuchszimmer und begrüßten die Gäste, beruhigten durch Mienen und einige halblaute Worte die Mutter, dass alles bereit sei, riefen die Kinder, die hocherfreut über den Zuwachs an Truppen noch einmal soviel tobten wie sonst, aber freudig dem Ruf zum Essen folgten, stets empfänglich für alles, was den Magen anging.

Nun saß man an wohlbesetzter Tafel in lebhafter Unterhaltung. Herr Riedeck, so war der junge Fremde vorgestellt worden, hatte seinen Platz in der Nähe der jungen Mädchen. Das veranlasste Martha zu der Frage, wie er in diese Gegend komme.

„Das ist mein Verdienst, Fräulein Martha“, sagte der junge Herr Dorn. „Wir sind in der Hauptstadt bekannt geworden, und da wir beide die Musik lieben, habe ich meinen Freund eingeladen.“

„Und Sie, Fräulein Martha“, fügte der junge Fremde höflich hinzu: „Musizieren Sie fleißig?“

„Bis jetzt gar nicht. Ich genieße meine Ferien und habe noch keine Note angesehen.“

„Wollen Sie sich in der Musik ausbilden lassen?“, fragte er weiter.

„Nicht um Künstlerin oder Gesanglehrerin zu werden, sondern um meinen Eltern und Bekannten Freude damit zu machen –“

„Schade, Sie haben ein großartiges Talent –“

„Gott hat mir eine gute Stimme verliehen, es ist nicht mein Verdienst.“

Während sie weiter über Kunst und Musik sprachen, unterhielt der junge Herr Dorn sich mit Frieda, die sich plötzlich entschuldigte, aufstand und in die Küche eilte.

„Tante Emilie, man sieht dich immer noch nicht am Kaffeetisch, kommst du nicht?“

„Gar keine Zeit. Muss zum Abend vorrichten." Sie lief hin und her. „Es sollen Waffeln gebacken werden und eine Fleischspeise bereitet – geh du nur, Kind, zur Gesellschaft, ich habe ja Ricke."

„Nein, ich helfe dir. Hat Herr – hat Frau Zellers Bruder Kaffee bekommen?"

„Du liebe Zeit, der ist vergessen."

„Kann er nicht gerufen werden, dass er an der Geselligkeit teilnimmt?"

„Was denkst du! Der kommt nicht, der sitzt vergraben in seinen Büchern und sieht und hört nichts. Schnell, Rieke, bind dir eine andere Schürze um und bring Herrn Marbach seinen Kaffee. Wie gut Frieda, dass du daran dachtest. Wenn du einmal hier bist, Kind, kannst du mir die Eier zu den Waffeln einschlagen."

Jetzt erschien Frau Charlotte. „Alle sind in den Garten gegangen. Emilie, ich konnte ja nicht eher loskommen, Frau Dorn nahm mich so ganz in Beschlag. Du hast noch nichts vom Besuch gehabt."

„Ich bin ja froh, dass ich dir helfen kann. Ich besorge alles zum Abendbrot, später stelle ich mich auch ein."

„Ich würde es so einrichten, Charlotte, dass man sich vorher anmeldete, wenn man so zahlreich kommt." Tante Agnes stand plötzlich hinter der Hausfrau in der Küche. „Das ist hier nicht Sitte, Agnes. Es hängt oft sehr vom Wetter ab auf dem Lande, oder ob die Pferde zu haben sind. Wir machen es auch so und besuchen unsere Freunde, wenn es uns passt. Übrigens nach Tisch soll musiziert werden, da musst du dabei sein, Emilie."

„Will ich auch. Doch jetzt lasst mir mein Reich allein. Agnes, ich kann wirklich besser ohne dich –"

„Weil wir oft verschiedener Meinung sind", erklärte Agnes der Schwester Charlotte, die davon schon lange überzeugt war und deshalb Agnes lieber mit in den Garten nahm, damit sie die Damen, die mit Frau Dorn gekommen waren, unterhalten half.

„Frieda", sagte Martha am Abend zu ihrer Pflegeschwester, als sie allein oben waren und am offenen Fenster auf die vom Mond beschienene Landschaft blickten, „spielt Herr Riedeck nicht wunderschön Violine? Mir ist es damals nicht so aufgefallen, wie an diesem Abend."

„Ja, er spielt meisterhaft", versicherte Frieda. „Es war überhaupt ein genussreicher Abend. Die Schwestern der Frau Dorn scheinen auch sehr musikalisch zu sein, die vierhändige Sonate von Beethoven wurde doch ausgezeichnet vorgetragen. Auch deine Lieder haben großen Beifall geerntet."

„Mir macht das Singen und Spielen große Freude. Ich bin den Eltern sehr dankbar, dass sie mir diese Ausbildung gewähren."

„Das Beste daran ist, dass wir beide dadurch zusammenbleiben können", sagte Frieda. Dann begaben sie sich nach diesem ereignisreichen Tage zur Ruhe.

Trübe Wolken

Über drei Jahre waren seit der Konfirmation vergangen. Zu Ostern hatte Frieda ihr Examen mit Auszeichnung bestanden. Die Pflegeeltern hatten es durchgesetzt, dass das junge Mädchen den Sommer über noch in Buschrode blieb. Sie hatte angestrengt gearbeitet und war schmal und bleich geworden. Das ganze Befinden ließ zu wünschen übrig. Aber schon nach einigen Wochen fühlte sie sich frisch und wohl und bat, sie gehen zu lassen, sobald sich eine passende Stelle fände. Sie hatte sich mit Lust und Liebe in ihren Beruf hineingearbeitet, so dass sie, je eher je lieber, ihre Kenntnisse möglichst bald verwerten wollte. Aber dem Wunsch der Eltern hatte sie nun doch nachgegeben, wollte aber zum Herbst entschieden in ein Haus als Lehrerin gehen.

Die Sommerferien mit ihrem Besuch und den damit verbundenen Unruhen waren vorüber und es wurde still im Buschroder Pfarrhaus. Die letzten Gäste waren abgereist.

Frieda saß in ihrem Zimmer allein. Martha war einer Einladung nach Eichberg gefolgt. Auch die Eltern waren verhindert, der Pfarrer hatte eine Amtshandlung, seine Frau machte im Dorf einige notwendige Krankenbesuche. Warum sollte Martha auch nicht allein gehen? Sie hatte seit ihren Kindheitstagen bei Dorns verkehrt, und jetzt, wo die älteste Tochter, die längere Zeit auswärts gewesen war, wieder daheim war, gab es keinen Grund abzusagen.

Frieda sah sinnend und ernst vor sich hin, sie hatte den Kopf in die Hand gestützt. Plötzlich sprang sie auf und rief in lautem Selbstgespräch: „Er wird doch nicht wieder in Eichberg sein! Dann hätte ich mitgehen müssen, in dieser Beziehung bin ich Martha noch ein gewisser Schutz. Ich werde aber auf jeden Fall gehen und sie heute Abend abholen."

Nach diesem Selbstgespräch begab sie sich hinunter. Sie sah die Mutter, so nannte sie sie längst, aus dem Dorfe kommen und ging ihr entgegen.

„Ich will Martha abholen, Mutter, mein Kopfschmerz ist etwas besser."

„Aber doch jetzt noch nicht, Liebste. Sie wollen, wie Martha sagte, für einen musikalischen Abend üben, da wird es spät werden. Es ist Mondschein, sie werden sie sicher begleiten."

„Ist Herr Riedeck wieder in Eichfeld?"

„Gewiss, seit gestern. Hat Martha es dir nicht erzählt? Er ist bei seinem Freund zu Besuch."

„Zu einem musikalischen Abend üben", wie oft hatte es so geheißen, als Martha den letzten Winter noch einmal ein paar Monate in der Hauptstadt war, um Konzerte zu hören, sich an größeren musikalischen Aufführungen zu beteiligen und im Malen zu vervollkommnen. Dieses letzte Jahr war für Frieda, die überdies mit ihren Studien viel zu tun hatte, nicht leicht. Sie liebte Martha von ganzem Herzen und musste zu ihrer Betrübnis wahrnehmen, dass mit ihr allmählich eine Veränderung vorging. Sie bekam etwas Unstetes, Flüchtiges, es zeigte sich bei ihr oft eine nervöse Unruhe. Sie war viel fort, nahm an Gesellschaften und Aufführungen teil, an und für sich nichts Unrechtes, aber Frieda merkte, dass da, wo Martha war, auch Herr Riedeck sich einstellte, dass bei Aufführungen in dieser oder jener Gesellschaft die beiden gewöhnlich die Hauptrollen bekamen, dass sie zusammen musizierten, Duette sangen, kurz bei allem gemeinsam wirkten. Er brachte sie abends nach Hause und von ihm sprach sie mit leuchtenden Augen. Frieda aber schien damit nicht einverstanden. Warum sollte Martha als ein neunzehnjähriges Mädchen nicht einem Manne ihre Zuneigung schenken, von dem sie glaubte, dass er sie glücklich machen würde?

Frieda hatte mehr Scharfblick und Menschenkenntnis als Martha. Dazu kam, dass sie einmal zufällig eine Äußerung gehört hatte, die der junge Dorn zu seiner Mutter getan hatte, als sie und Martha zum Besuch dort waren. Er wusste vielleicht nicht, dass Frieda in der Nähe war, als er halblaut sagte: „Riedeck geht nach Geld, und Martha ist die einzige Tochter des Buschroder Pfarrers." Das hatte sie misstrauisch gemacht. Als sie ihn dann in einer Gesellschaft über religiöse Dinge sich abfällig äußern hörte, und er sogar dabei spöttische Bemerkungen machte, fühlte sie deutlich, dass ein solcher Mann ihre Martha auf die Dauer nicht glücklich machen könnte. Martha sah in Riedeck das Urbild aller Vollkommenheit, während Frieda ihn gern als musikalisches Genie anerkennen wollte, zu seinem Charakter aber wenig Vertrauen hatte. Als sie dies gegen Martha äußerte, wurde sie sehr erregt, behauptete, ihr gegenüber zeige er sich als ein frommer Mensch, Frieda sei in einem großen Irrtum befangen. Seitdem entstand eine leichte Entfremdung zwischen beiden, die Frieda um so schmerzlicher empfand, als sie Martha sehr liebte und nur ihr Bestes wollte. Dazu kam, dass Frau Zeller Friedas Ansicht teilte, ihr, ohne dass sie danach gefragt, erzählte, dieser Herr Riedeck habe einmal mit ihr in einem Hause gewohnt, es sei ihm aber von der Wirtin gekündigt worden, weil er seine Miete nicht bezahlte. Da Martha schon über die Äußerung Friedas so außer sich war, verschwieg Frieda ihr das, aber ihr Herz war mit banger Besorgnis erfüllt, dass Martha sich binden und für ihr Leben unglücklich werden könne. Sie hoffte jedoch, dass, ehe es dazu komme, die Eltern auch noch ein Wort mitsprächen. Sie würden, nach ihrer Meinung, sich zuvor gründlich nach dem Vorleben des jungen Mannes erkundigen, bevor es zu einem entscheidenden Schritt kommen würde. Als Frieda die Hauptstadt verließ, fasste sie sich ein Herz, die Sache mit Frau Zeller zu besprechen, zumal sie bei Friedas letztem Besuch äußerte, dass man in den Familien, wo

Martha verkehre, allgemein davon spräche, dass wohl im Sommer eine Verlobung im Buschroder Pfarrhaus vor sich gehen würde. Frau Zeller ging es wie Frieda, sie hatte kein Vertrauen zu Riedeck.

„Wir müssen alles tun, dagegen zu arbeiten; Martha darf nicht unglücklich werden, die Eltern, denen wir beide so viel Dank schuldig sind, dürfen nicht so etwas erleben."

Frau Zeller hatte versucht, in den Ferien, die sie wie immer in Buschrode verleben konnte, das Gespräch auf Herrn Riedeck zu bringen, hatte aber leider wahrnehmen müssen, dass die Eltern Marthas von dem jungen Mann sehr eingenommen waren. Er sei nicht allein sehr talentvoll, sondern ein äußerst bescheidener, liebenswürdiger Mensch, der gewiss seinen Beruf in der Welt einmal ausfüllen werde. Er habe bereits in einem Konservatorium in Süddeutschland eine einträgliche Stelle und werde sicher noch als Professor der Musik angestellt. Frau Zeller konnte nichts mehr sagen. Wie sich die Sache gestalten würde, wenn die entscheidende Frage vor die Eltern gestellt würde, ließ sich noch nicht übersehen. Frau Zeller sowohl als Frieda hatten beide das Gefühl, als ob der junge Mann sich in Buschrode anders stelle, als er eigentlich war.

Als Frieda an diesem Sommerabend Martha abzuholen beabsichtigte, wollten die Eltern sie den Weg nicht allein gehen lassen. „Dorns lassen sie gewöhnlich fahren, oder man begleitet sie."

„Nun, da will ich nur ein Stückchen das Dorf entlang gehen, es ist ein so herrlicher Abend, meinem Kopf wird es gut tun."

Sie ging durch das stille Dorf, das im Mondschein so friedlich dalag, bis zu Webers Häuschen. Auch da brannte kein Licht mehr, alle waren längst zur Ruhe gegangen. Die Kinder müde vom Spielen und Herumtollen, Vater und Mutter von der Arbeit auf dem Felde, die am nächsten Morgen wieder früh begann. Weiter durfte sie nicht gehen, es wäre gegen der Eltern Wunsch gewesen. Sie hatte es auch nicht nötig. Schon von ferne hörte sie Lachen und munteres Geplauder. Ein ganzer Trupp fröhlicher Menschen schien daherzukommen. Bald konnte sie die Stimmen unterscheiden. Deutlich vernahm sie Riedecks und des jungen Dorn Stimme, dazwischen die Marthas und ihr silberhelles Lachen. Auch Fräulein Dorn war dabei. Nun konnte sie ja ungefährdet weitergehen.

„Fräulein Frieda kommt uns entgegen! Sie Böse, warum kamen Sie nicht mit, haben da herrliche Musik gehabt!", rief Herr Riedeck, der Martha am Arm hatte. Martha löste sich unmerklich von ihm, kam auf Frieda zu und fragte in mitleidigem Ton: „Liebste, geht es dir besser?" Frieda bejahte die Frage und wandte sich an das Geschwisterpaar Dorn, die sie freundlich begrüßten. Sie sprachen noch einige Worte zusammen und übergaben dann Martha Friedas Schutz, weil sie nicht wollte, dass man sich weiter bemühe. „Also morgen“, flüsterte Riedeck beim Weggehen Martha zu.

Die Mädchen gingen allein die Dorfstraße entlang. Martha war aufgeregt und schwärmte von dem köstlichen Abend. Frieda hörte schweigend zu.

„Früher interessiertest du dich viel mehr für mich und meine Angelegenheiten“, sagte Martha in etwas gereiztem Ton. – „Ich interessiere mich mehr für dich als du denkst. Du weißt, dass ich dich sehr liebe.“

„Das scheint mir mitunter nicht mehr so.“

Sie waren jetzt auf dem Pfarrhof. Die Haustür wurde aufgemacht, Vaters Stimme rief:

„Nun, ihr Nachtschwärmer, seid ihr endlich da?“

Martha flog ihrem Vater in die Arme. Sie sah glücklich aus. „Es war zu schön, Väterchen, wundervoll, sag’ ich dir!“

Mit väterlichem Stolz sah er auf seine hübsche Tochter, nahm sie an den Arm und führte sie zur Mutter, die schon ein wenig auf dem Sofa eingenickt war. „Mutter, hier hast du deine musikalische Tochter, sie ist einmal wieder ganz Musik.“

„Oder ganz Riedeck“, konnte Frieda nicht umhin zu denken.

Als sie oben allein waren, fing Martha an: „Frieda, du bist jetzt anders als sonst. Früher konntest du dich so herzlich freuen, wenn ich etwas Gutes hatte; jetzt siehst du oft mürrisch aus, als gönntest du mir nicht die Freude an der Musik.“

„Die gönne ich dir von Herzen. Ich sehe aber eine Gefahr dabei. Und, liebste Martha", sie umarmte sie zärtlich, „wen man wirklich lieb hat, den möchte man vor der Gefahr schützen."

„Möchte wissen, was du für eine Gefahr siehst. Ich kann es mir aber schon denken. Du kannst Herrn Riedeck nicht leiden und ärgerst dich, dass er so gut zu mir ist."

„Es ist kein Ärger, es ist nur die Sorge, es könnte eine Zuneigung von deiner Seite entstehen, ich vermag darin kein Glück für dich zu erkennen."

„Wenn nun aber schon die Zuneigung da ist, und zwar nicht nur, wie du meinst, von einer Seite, sondern von beiden?"

„Das würde mich traurig machen. Ich könnte nur wünschen, dass deine Eltern dir abraten möchten."

„Das wäre ein sehr unchristlicher Wunsch. Du solltest dich über mein Glück freuen."

„Wenn du dich mit einem Mann verbinden wolltest, der mit dir das Hauptziel verfolgt, gemeinsam mit dir zum Himmel zu wandern, es sollte sich niemand mehr mit dir freuen als ich. Von Herrn Riedeck kann ich nicht glauben, dass er mit dir dies gemeinsame Ziel verfolgt, dass er dich auf die Dauer vollständig befriedigen wird. Du willst doch auch – das haben wir uns am Konfirmationstag versprochen – ganz deinem Heiland gehören, nichts tun, was dich daran hindert."

„Als ob Riedeck mich am Gutsein hinderte! Ich

möchte fast glauben, dass es ein wenig Neid von dir ist, Frieda. Du gönnst mir nicht mein Glück."

„Dann allerdings muss ich schweigen. Du solltest mich eigentlich besser kennen, Martha."

„Ich habe dir meine Meinung gesagt; es ist besser, wir berühren den Gegenstand nicht mehr."

Am andern Morgen rief Frau Charlotte Frieda zu sich. „Mein liebes Kind", begann sie, „ich möchte dich bitten, dich nicht abfällig über einen jungen Mann zu äußern, der – nun, für den unsere Martha sich interessiert, der ihr so viel ist. Denke nur, mit welcher Liebe Martha dich bei uns aufgenommen, mit welcher Liebe sie dich stets umgeben hat. Zeige ihr nun auch bei dieser Gelegenheit, dass du sie lieb hast, dass du dankbar bist für –"

Frieda unterbrach sie, indem sie vor Erregung blass geworden war. „Meine Liebe und Dankbarkeit zu euch allen ist groß, Gott weiß es. Dass ich es bis jetzt nicht zeigen kann, tut mir unendlich Leid. Aber ich kann nicht heucheln, ich kann nicht anders sagen, als ich denke."

„Das sollst du nicht, liebes Kind. Aber dann ist es besser zu schweigen. Zudem hat Martha ihre Eltern, die sie in ernsten Angelegenheiten beraten."

„Ich werde schweigen", sagte Frieda mit einem leisen Anflug von Bitterkeit.

Nach dieser Unterredung ging sie auf ihr Zimmer und weinte. Ihre Pflegemutter hatte ruhig und freundlich mit ihr gesprochen, und doch trafen einzelne Worte sie gleich spitzen Nadeln. Gerade weil sie gegen ihre Wohltäter eine fest eingewurzelte Liebe und Dankbarkeit für alles empfand, was sie an ihr getan hatten, verwundete es sie aufs Tiefste, wenn diese ihre Empfindung angezweifelt wurde von denen, die ihr die Liebsten auf Erden waren. Sie fühlte sich das erste Mal wieder verwaist, fühlte, sie war nicht Kind des Hauses, nur aus Mitleid und Barmherzigkeit angenommen. Stolz und Trotz waren Fehler, mit denen Frieda zu kämpfen hatte.

„Sie sollen mir keine Wohltaten mehr erweisen, ich gehe nun hinaus in die weite Welt und verdiene. Ich werde nach und nach alles abtragen, was man für mich geopfert hat, ich will keinem mehr zur Last fallen."

Als Frieda später wieder unten war, sah Martha sie verstohlen von der Seite an. Sie merkte, dass Frieda geweint hatte, sie wusste, dass die Mutter, der sie alles geklagt, mit Frieda gesprochen hatte. Fast tat es ihr Leid, sie war gegen Frieda etwas verlegen. Diese hatte sich von früh an in der Selbstbeherrschung geübt, war ruhig und freundlich wie immer, aber im Herzen saß ein Weh, das nicht so bald überwunden werden konnte.

Am Nachmittag des gleichen Tages erschien Herr Riedeck in dunklem Anzug. In der Studierstube fand eine lange Unterredung statt. An ihrem Schluss verließ Herr Riedeck das Haus, begleitet von dem Pfarrer und Martha. Nach einer halben Stunde kamen beide zurück, Martha anscheinend nicht in rosigster Stimmung. Frieda erfuhr zunächst nicht das Ergebnis; Martha, die ihr sonst alles mitteilte, schwieg hartnäckig darüber.

Erst bei einem Besuch bei der Großtante hörte sie, dass der junge Mann wirklich um Martha angehalten, der Vater aber erklärt habe, erst solle noch eine Probezeit stattfinden, man kenne den jungen Mann zu wenig, wisse weder von seinen Eltern noch von den äußeren Verhältnissen etwas. Erst wenn sich dieses alles geklärt habe, werde er seine Zustimmung geben. Frieda atmete innerlich auf, während Martha jetzt oft launenhaft und verdrossen sein konnte.

Frau Charlotte hatte natürlich ihrem Mann erzählt, was zwischen den beiden Mädchen vorgefallen war. Der Pfarrer fasste die Sache anders als seine Frau auf, die von jeher etwas blind gegen die einzige Tochter gewesen war, ihr gern und willig alle Wünsche erfüllt hatte, die zu befriedigen in ihrer Macht stand. Auch hier wäre sie bereit gewesen, sofort ihre Einwilligung zu geben. „Wir kennen ihn doch nun lange genug“, wiederholte sie ihrem Manne gegenüber. „Wir können doch unser einziges Kind durch unsere Weigerung nicht unglücklich machen.“

„Vielleicht gerade dadurch, dass wir zu schnell einwilligen“, versetzte der Pfarrer ernst. „Ich gebe viel auf Friedas klares Urteil. Sie hat in der Hauptstadt mehr Gelegenheit gehabt, ihn kennen zu lernen als wir.“

So kam es, dass Marthas Vater es trotz aller Bitten durchsetzte, an der Probezeit festzuhalten, was die Tochter einmal zu der ungerechten Äußerung gegen Frieda veranlasste: „Ich könnte längst verlobt und glücklich sein, diese langweilige Wartezeit habe ich nur dir zu verdanken."

„Sie wird auch vergehen, Martha. Ich bin übrigens unschuldig dran, ich habe nicht mit deinen Eltern gesprochen."

Martha schwieg; sie musste zugeben, dass die Eltern erst durch sie erfahren hatten, dass Frieda gegen den Mann ihrer Wahl ein Vorurteil habe, ihn ihr am liebsten, wenn es gegangen wäre, abspenstig gemacht hätte.

Auf der Suche

Herr Gruber hatte nach dem Tode seines Onkels sein Geschäft in andere Hände gegeben und sah sich nun als einziger Erbe im Besitz eines großen Vermögens und als Chef einer weltbekannten Firma. Er hatte nie daran gedacht, diesen Onkel, der einen Sohn hatte, zu beerben, aber der Sohn war durch einen Unglücksfall ums Leben gekommen; so war Gruber unerwarteterweise zu einem reichen Mann geworden.

Eine schwere Verpflichtung war ihm jedoch auferlegt, und dieser nachzukommen hatte es bereits viele Anstrengungen gekostet, dies um so mehr, als er Schwierigkeiten hatte, sich im Geschäft einzuleben und als Chef über die vielen meist älteren Beamten die rechte Stellung zu finden. Das Geschäftshaus in der Stadt behagte ihm als Wohnung nicht, obwohl der erste Stock üppig eingerichtet war. Auf Luxus gab er nichts, wohl aber auf Luft, Freiheit und schöne Aussicht. Er kaufte sich also in einer der Vorstädte eine hübsche Villa mit großem Garten und gab die Wohnungen im Geschäftshaus für ältere Beamte und deren Familien frei.

Gruber war ein solider, durchaus rechtlich denkender Mann von christlicher Gesinnung. Deshalb lastete auf ihm das Unrecht, das sein Onkel an der Witwe seines ehemaligen Teilhabers begangen, doppelt schwer. Er hatte schon verschiedene Erkundigungen eingezogen, allein es war zu lange her, als dass sie von Erfolg hätten sein können. Wo mochte Frau Luise Senker weilen? Lebte sie vielleicht in bitterer Armut? Oder war sie etwa schon tot? Diese Gedanken machten ihm viel zu schaffen, besonders aber, wenn sie nicht mehr erfahren könnte, dass der Mann, der sie betrogen, es bitter bereut und dafür gesorgt habe, dass sie zu ihrem Recht käme. Einen Aufruf in der Zeitung wollte er seines Onkels wegen nicht erlassen und seine letzte Bitte, die Nachforschung in der Stille zu betreiben, erfüllen.

Da geschah es eines Tages, dass ein altes Mütterchen auf dem großen Hof des Geschäftshauses suchend umherging. In der Meinung, es sei eine Bettlerin, zog er seine Börse und wollte ihr ein Geldstück einhändigen. „Ich bettle nicht", sagte die Alte, „ich suche nur meinen Sohn, der hier als Markthelfer angestellt ist." Dabei reckte sie den Kopf mit Stolz in die Höhe, als wollte sie sagen: „Ich habe noch nie gebettelt, und habe es nicht nötig."

Gruber fragte, wie sie heiße, und als sie ihren Namen nannte, sagte er: „Woldach, so, also die Mutter von Ludwig Woldach! Das ist ein treuer und gewissenhafter Arbeiter, den schätze ich."

„Das freut mich, Herr, um so mehr, als die Woldachs schon lange hier in Diensten stehen. Mein Mann war lange bei dem vorigen Herrn als Kutscher und vorher schon sein Vater bei dessen Vater."

„Nun“, unterbrach der junge Chef die Alte, „das ist recht, das hört man gern. Treue ist etwas sehr Wertvolles. Wo man Treue findet, da hat man Vertrauen.“

Da gewann die Alte Mut und Lust weiter zu plaudern. „Ich habe sogar dort oben“, sie zeigte nach dem zweiten Stockwerk, „dort oben hab ich lange als Köchin gedient bei der – ach, sie wird nun gewiss schon gestorben sein, die Frau Senker, sie war eine so zarte gebrechliche Frau. Was mag nur aus ihr geworden sein!“

Gruber hatte gespannt zugehört. „Eine Frau Senker haben Sie gekannt?“

„Ich sage ja, ich bin Köchin dort gewesen. Herr Senker starb in den besten Jahren, und dann kam die traurige Zeit, wo Frau Senker immer weinte und sich gar nicht trösten lassen wollte. Sie müssen wohl ihr ganzes Geld verloren haben. Und dann fasste sie auf einmal den Entschluss wegzuziehen. Ich war damals nicht mehr bei ihr, war schon verheiratet, ich weiß nur, dass sie weit oben nach Norden in eine kleine Stadt gezogen ist.“

„Wissen Sie den Namen der Stadt?“ Sie legte die Hand an die Stirn und dachte nach. „Ich kann's jetzt nicht sagen, wie die Stadt hieß. Aber sie hat mir einmal die Adresse gegeben, ich sollte ihr schreiben. Hab's auch getan, obgleich mir das Schreiben recht sauer ankommt. Ich kann wohl sagen, ich brate lieber einen großen Kalbsbraten oder mache einen schönen Flammen, als dass ich einen Brief zustande bringe, dabei schwitze ich mehr. Doch – ich habe geschrieben, habe aber nie eine Antwort bekommen."

Gruber, der gern zum Ziel kommen wollte, fragte noch einmal energisch: „Haben Sie denn die Adresse wirklich, dann bringen Sie sie mir." Am Abend, noch vor Kontorschluss, kam die Alte wirklich an und brachte auf einem vergilbten Papier die Adresse. Sie war in zierlicher Damenhand geschrieben und lautete: „Frau Luise Senker, Steinfeld i. M." Also da hin, sobald es möglich! Man reist schnell in heutiger Zeit, in zwei Tagen würde es sich machen lassen. Er war so froh darüber, dass er endlich einen Anhalt hatte, sich endlich von seiner Verpflichtung befreien zu können.

Schon am folgenden Tage war er auf der Reise. Das Städtchen war Bahnstation, so kam er schon in später Nachmittagsstunde an. Es war Sommerzeit und sehr belebt auf den Straßen. Vor den Türen saßen die Leute und plauderten miteinander, die Kinder spielten und tobten, die jungen Mädchen wanderten Arm in Arm, um den schönen Abend im Freien zu genießen. Bereits auf dem Bahnhof hatte Gruber nach Frau Senker gefragt. Da konnte ihm niemand Auskunft geben. Dann fragte er verschiedene Leute, die ihm begegneten, aber auch diese schüttelten den Kopf, und einer meinte: „So eine hat hier nie gewohnt."

„Sie soll doch aber hier gewohnt haben!", rief

Gruber ärgerlich. „Ist sie denn etwa wieder fortgezogen?“

Da kam ein junges Mädchen und fragte, wer gesucht würde. Als sie den Namen hörte, leuchtete es wie Verständnis über ihr Gesicht. Sie rief: „Die Frau Senker habe ich gekannt, sie wohnte uns gegenüber, ich habe oft mit ihrer Tochter gespielt. Aber Frau Senker ist lange tot, und die Tochter ist mit einem Onkel weit fortgezogen.“

Das war eine große Enttäuschung für Gruber. „Weiß man denn nicht, wohin die Tochter gegangen ist?“

Sie zuckte mit den Achseln. „Vielleicht kann der alte Nekel, bei dem sie gewohnt haben, Auskunft geben. Dort unten in der Straße, rechts das dritte Haus gehört ihm.“

Gruber dankte und ging. Er fand einen alten Mann im Lehnstuhl am offenen Fenster sitzen; ein junges Mädchen, wahrscheinlich eine Verwandte, war dabei, den Abendtisch zu decken.

Als Gruber dem Alten, der schon ein wenig taub war, die Frage vorlegte, schien er sich lange zu besinnen, dann nickte er mit dem Kopf und sagte: „Senker, Senker? Ja, die hat früher hier gewohnt. Eine arme Dame, aber Miete hat sie stets pünktlich bezahlt. Sie liegt nun schon lange auf dem Gottesacker –.“

„Also tot.“ Er seufzte. „Aber ihr Kind. Sie hatte eine Tochter –“

„Die Tochter – ja – ein niedliches Mädchen, meine Frau hat noch oft von ihr gesprochen, hat viel von ihr gehalten –."

„Kann ich denn Ihre Frau nicht sprechen? Habe nicht lange Zeit, möchte aber um Auskunft über die Tochter bitten."

„Meine Frau ist im vorigen Jahr gestorben, die hätte Ihnen viel erzählen können. Ich hatte immer meine Arbeit, konnte mich nicht viel um die Kleine kümmern."

„Ich möchte doch nur wissen, wo die Tochter jetzt ist?"

„Ja, was der Onkel war, der nahm sie ja mit nach F., das war ein Herr Wilms. Ob sie es aber gut bei ihm hat, das weiß ich nicht. Meine Frau hat oft gesagt: ‚Die Kleine dauert mich, sie wird's nicht gut haben bei den Leuten, der Herr wenigstens ist ein alter Filz'." Während der Alte noch sprach, hatte Gruber sein Notizbuch herausgenommen und sich die Adresse aufgeschrieben, die für ihn sehr wertvoll war. Dann ging er sofort zum Bahnhof und erkundigte sich nach den Zügen. Zu seiner Freude lagen sie so günstig, dass er mit dem Nachtzug reisen und dann am Vormittag in F. eintreffen konnte.

Er fand auch glücklich die kleine Villa, wo der Herr Wilms wohnen sollte. Eine ganze Schar Kinder vergnügte sich im Vorgarten. Eine junge frische Frau stand in der Haustür mit einem großen mit Kirschen gefüllten Korb und warf sie unter die Kinder, was ein allgemeines Jubelgeschrei hervorrief, das schließlich in Rauferei und Balgen ausartete.

„Hier geht's lustig zu", dachte Herr Gruber, „ob das Kind, das ich suche, wohl auch darunter ist?" Plötzlich fiel ihm ein, dass das Kind nachgerade erwachsen sein müsse, das junge Mädchen in Steinfeld hatte gesagt, sie habe mit der Tochter der Frau Senker gespielt. Nun, gleichviel, ob Kind oder erwachsen, finden musste er sie nun, also los aufs Ziel.

„Schämt euch, ihr Kinder, vor dem Onkel da", rief wieder die junge Mutter, „seht, wie er sich über eure Unart wundert."

Da erst bemerkte Gruber, dass er wie angewurzelt dastand, den Blick auf die Kinder gerichtet, mit seinen Gedanken aber weit fort.

Er grüßte und ging auf die Frau zu. „Habe ich die Ehre mit Frau Wilms zu sprechen?"

„Wilms? Frau Wilms? Nein, lieber Herr, eine Frau Wilms gibt es hier nicht. Ich heiße Schneeberger, mein Mann hat das Haus vor zwei Jahren von dem früheren Besitzer gekauft. Der hieß, wenn ich nicht irre, Wilms. Wir sind von auswärts hergezogen. Ich will doch meinen Mann fragen, wenn er mittags nach Hause kommt. Wenn Sie sich vielleicht noch einmal herbemühen möchten –"

„Ich habe allerdings nicht viel Zeit, aber natürlich werde ich noch einmal wiederkommen, da die Frage, die ich an Ihren Mann zu richten habe, von Wichtigkeit ist."

Er bat um Entschuldigung, falls er gestört habe, grüßte und wollte gehen. Da sah er sich von einem halben Dutzend Kinder umringt, die ihm in der Hoffnung, er sei ein Onkel, so nahe gekommen waren, dass er kaum weiter konnte. Ein Dreijähriger hatte sein Händchen bereits in der Tasche seines Mantels, weil der größere Bruder ihm zugeflüstert hatte: „Der Onkel hat etwas mitgebracht."

„Da ist leider nichts drin, kleiner Bursche, heute Nachmittag sollt ihr eine Zuckertüte haben, aber eine ganz große –"

„Ei ja, ei ja", schrie der Haufe. „Der Onkel bringt eine Zuckertüte mit, aber eine ganz große", was die Mutter zu dem Ruf veranlasste: „Schämt euch doch, was muss der Herr von euch denken!"

Gruber, der Kinder und natürliches, frisches Leben liebte, lachte, machte sich Bahn und verließ den Garten, nachdem er noch einmal gegrüßt hatte.

Zunächst begab er sich in einen Gasthof, da er merklichen Hunger empfand und auch Bedürfnis nach Ruhe hatte. Es war ja wieder eine Enttäuschung, die ihn niederdrückte; er sah auch von der Unterredung mit Herrn Schneeberger wenig Hoffnung.

Gruber saß noch bei seinem Essen, als sich die Tür des Speisezimmers auftat und ein junger Mann eintrat, der ihm bekannt vorkam. Rings herum saßen Gäste an den Tischen und aßen, Gruber kümmerte sich wenig um sie. Es waren ja alles fremde, unbekannte Gesichter. Man lachte, schwatzte oder ließ sich von den Kellnern Zeitungen bringen, um zu lesen. Dieser junge Mann interessierte ihn aber. Wo hatte er ihn doch gesehen? Auf einmal wurde es ihm klar. Es war Herr Saltino, den er auf dem Gut bei seinem Freund kennen gelernt und mit dem er das Abenteuer am Neuburger See gehabt hatte. Den musste er auf jeden Fall sehen und sprechen. Er hatte so lange nichts von ihm gehört.

Saltino hatte sich ganz in eine Ecke zurückgezogen. Der Kellner hatte ihm ein Glas Bier und die Zeitung gebracht, in der er eifrig las.

Nachdem Gruber gegessen hatte, stand er auf und ging auf Saltino zu.

„Saltino, alter Freund, wie kommen Sie hierher? Kennen Sie mich nicht mehr?“

Da glitt die Zeitung herunter, der Angesprochene sah ganz verdutzt auf den Sprechenden, plötzlich sprang er auf und rief: „Herr Gruber, wie kommen Sie hierher, gerade in den Tagen, wo ich hier bin? Das ist ein glücklicher Zufall.“

„So wohnen Sie hier nicht? Sind nicht bekannt in F.?“

„Gar nicht. Ich habe mich hier nur meiner überflüssigen Gelder zu entledigen.“ Er lachte bitter.

„Wie soll ich das verstehen?“, fragte Gruber.

Saltino sah sich im Zimmer um. Da er merkte, dass die Augen einiger auf sie gerichtet waren, sagte er halblaut: „Wollen wir nicht in ein Privatzimmer gehen! Ich möchte mich mit Ihnen aussprechen.“

Gruber war's zufrieden. Auch er hörte gern über Saltinos Ergehen. Wenn er ihn auch im ganzen wenig kannte, so waren sie sich doch durch das Ereignis, das sie vor mehreren Jahren miteinander erlebt hatten, näher gekommen. Gruber hätte gern gewusst, was aus dem Dritten geworden war. Dass er sein Leben nicht eingebüßt hatte, wusste er, auch dass die Wunde zu heilen war, hatte er gehört, das Schlimmste war der etwaige Verlust des Auges gewesen, darüber hatte er nichts mehr erfahren. Saltino hatte sehr bald aufgehört, ihm Bericht zu erstatten.

Das Privatzimmer war leer. Man setzte sich auf das Ecksofa, und Saltino begann:

„Meine Heftigkeit ist mir teuer zu stehen gekommen. Ich bin ein ruinierter Mann –“

„Nun, nun, so schlimm wird es doch nicht sein?“, erwiderte Gruber. „Hat die Geschichte denn damals gar so viel Kosten gemacht?“

„Die Kosten im Sanatorium, auch die im Krankenhaus hätte ich im schlimmsten Fall noch tragen können, musste ich ja tragen, auch die Augenoperation und das Einsetzen eines Glasauges, aber der Mann verlangt von mir eine Rente auf Lebensdauer. Ich wollte mich dazu nicht verstehen, da hat er mich verklagt, ich bin dazu verurteilt, weil, wie er behauptet hat, ich ihm sein Leben zerstört habe. Diese jährliche Rente ruiniert mich, da ich nur auf bestimmtes Gehalt angewiesen bin.“

„Sie sind Kaufmann, wenn ich nicht irre?“

„Buchhalter in einem größeren Geschäft in Berlin."

„Und dieser Herr Richter?"

„Er war Schreiber oder dergleichen; arbeitete auch in einem Kontor. Wir sind Schulkameraden gewesen, daher die Bekanntschaft. Hätte ich ihn doch nie wieder getroffen!"

Gruber sah ernst vor sich hin und schwieg.

Saltino brach das Schweigen. „Was das Schlimmste ist, durch das Schicksal sind wir beide verbittert und hassen uns gründlich."

„Eine Sünde zieht eine Kette von Sünden nach sich", sagte Gruber traurig. „Statt nun Ihr Unrecht einzusehen und den armen Menschen, den Sie unglücklich gemacht haben, zu lieben und ihm seine Lage zu erleichtern, schelten Sie auf ihn –"

„Ihn lieben, das fehlte gerade noch", warf Saltino bitter hin.

„Aber Gottes Wort gebietet es uns."

„Nach Gottes Wort richte ich mich nicht."

„Traurig genug. Wenn Sie es täten, würde Ihr Leben eine ganz andere Färbung bekommen. Gottes Wort ist die ewige Wahrheit, es wird nie untergehen, sondern sich immer siegreich gegen seine Feinde erheben."

Saltino sah Gruber erstaunt an. „Sie sind ein eigenartiger Mensch, Gruber. Alles, was Sie tun und sagen, hat Gehalt und festen Grund. Wenn Sie dazu die Kraft aus Gottes Wort schöpfen, dann möchte man es auch zur Regel seines Lebens machen. Ich fühle, dass ich nicht so bin, wie ich sein sollte, aber wenn Sie alle meine Nöten kennten, Sie würden begreifen, warum ich so verzagt am Leben bin."

„Erleichtern Sie nur Ihr Herz, erzählen Sie mir alles. Doch – er sah nach der Uhr – es ist höchste Zeit, dass ich noch einen Besuch mache. Hier wollen wir uns gegen 6 Uhr treffen." Er verabschiedete sich von Saltino und eilte noch einmal in die Vorstadt, in der Hoffnung, dort womöglich Auskunft über Herrn Wilms zu erlangen.

Saltino und Richter

Abermals sollte Gruber enttäuscht werden. Herr Schneeberger konnte ihm nur sagen, dass er die Besitzung von Herrn Wilms gekauft habe, weil dieser zu seinem Bruder nach Amerika habe gehen wollen. Von einem Kinde, das bei ihm gewesen sein solle, habe er nicht gesprochen, auch keine Andeutungen gemacht.

Wo mochte die kleine Senker wohl stecken? Nach dieser letzten Auskunft musste Gruber wohl ihre Entdeckung einem glücklichen Zufall überlassen. Planlos in der Welt herumreisen konnte er deswegen nicht. Er wollte das, was der hinterlassenen Tochter der Frau Senker zukam, treu verwalten. Sollte sie sich nicht finden oder auch schon gestorben sein, so konnte das Geld milden Stiftungen zugute kommen.

Heute gab es nun hier noch andere Sachen, die ihm am Herzen lagen, zu erledigen. Er hatte die beiden Männer, Saltino und Richter, zufällig bei seinem Freund, der ein Gut in der Nähe von Neuburg hatte, kennen gelernt und war nun merkwürdigerweise in diesen traurigen Konflikt mit verwickelt. Es sollte vielleicht ein Zufall sein, dass er Saltino in dieser fremden Stadt wieder treffen musste. In tiefes Nachdenken versunken, ging er durch die Straßen. Plötzlich erhellten sich seine Züge. Rasch betrat er das Hotel, bestellte sich ein Zimmer, ließ Kaffee und Zigarren nach oben bringen und ordnete an, wenn ein junger Herr nach ihm frage, ihn auf sein Zimmer zu bringen.

Er hatte sich eben eine Zigarre angezündet, da klopfte es. Saltino erschien mit dem Ausruf: „Wer sich das so gemütlich machen kann! Ich kann mir schon lange nicht mehr ein Zimmer in einem so feinen Gasthof leisten."

„Nun, da lassen Sie sich's bei mir einmal wohl sein, Saltino. Da, nehmen Sie eine Zigarre und nun setzen Sie sich zu mir und erzählen mir von allen Ihren Sorgen und Kümmernissen. Es tut gut, sich einmal alles ordentlich herunter zu sprechen."

Saltino, der immer mehr Vertrauen zu Gruber fasste, sagte ihm zunächst, dass er schon mehrere Jahre verlobt sei. Es sei ein liebes Mädchen, das traurige Familienverhältnisse habe. Die Mutter sei früh gestorben, der Vater, ein Beamter, sei wenig zu Hause, mit der zweiten Frau des Vaters, ihrer Stiefmutter, verstände sie sich gar nicht; da habe sie sich entschlossen, Lehrerin zu werden, habe ihr Examen bestanden und verdiene sich schon seit einigen Jahren ein gutes Gehalt. Aber die Hälfte opfere sie ihm, damit er seinen Verpflichtungen Richter gegenüber nachkomme. Ursprünglich habe sie gedacht, sich ihre Aussteuer zu verdienen, aber unter diesen Umständen sei ans Heiraten gar nicht zu denken. Nun leide er besonders darunter, dass er sie mit in sein Unglück hineingezogen habe. Das mache ihn so traurig und verzagt.

Gruber ließ ihn ruhig ausreden. „Ich habe auch mancherlei Schweres, worüber ich nicht sprechen kann", begann er. „Aber solche Sorgen wie Sie, lieber Saltino, habe ich bis jetzt noch nicht. Im Gegenteil, ich bin, dass Sie's nur wissen, seit dem Tode meines Onkels ein reicher Mann. Er hat mich zum Alleinerben eingesetzt. Somit sehe ich mich im Besitze eines großen, ausgedehnten Geschäftes. Die Stelle des ersten Buchhalters war bis jetzt von einem alten Herrn besetzt, der schon bei meinem Onkel arbeitete. Nun hat er mir kürzlich gesagt, dass er zum Herbst die Stelle aufgeben wolle. Wenn Sie mir Ihre Zeugnisse bringen wollen und Lust dazu haben, könnte ich Sie vielleicht anstellen. Ich würde Ihnen ein sehr gutes Anfangsgehalt geben, das von Jahr zu Jahr steigt. Es ließe sich davon schon mit einer jungen Frau, die zu wirtschaften versteht, leben."

In Saltinos Gesicht ging eine merkwürdige Veränderung vor. Er streckte Gruber beide Hände entgegen und sagte tief aufatmend: „Da wäre mir allerdings eine große Sorge genommen; ich habe bis jetzt nur eine Stelle mit mäßigem Einkommen gehabt, dann der Abzug für Richter – es war oft eine verzweifelte Lage."

„Sie haben aber doch dem armen Richter Ihren Unmut nicht entgelten lassen?"

Saltino sah beschämt zu Boden. „Heute allerdings kam es zu heftiger Aussprache. Er reizte mich –“

„Saltino, sehen Sie sich vor“, sagte Gruber warnend. „Bedenken Sie, dass Sie gerade diesem armen Mann, der durch Sie unglücklich geworden ist, die größte Liebe und Nachsicht schuldig sind.“

„Er ist aber zu bitter, zu feindselig. Er weiß doch, ich habe es ihm immer wieder beteuert, dass ich den unglückseligen Wurf nicht mit Absicht getan –“

„Hat denn der Mann jetzt einen Beruf?“

„Er sagte, diesen Morgen sei ihm gekündigt, weil er das nicht zu leisten vermag, was von ihm verlangt wird.“

„Der Arme! Er ist sehr zu beklagen. Wo wohnt er? Ich werde ihn heute noch aufsuchen.“

Saltino erbot sich, Gruber zu begleiten. Nachdem sie wegen der zum Herbst frei werdenden Stelle Verschiedenes besprochen hatten, machten sie sich auf den Weg. Es war ein warmer Sommerabend. Auf den Straßen der Stadt wogte eine Menge auf und ab, die Elektrischen, die zur Stadt hinausfuhren, waren voll besetzt, viele strebten nach auswärts gelegenen Lokalen, um dort etwas Erfrischung nach den Schwüle des Tages zu suchen. Gruber hätte es wohl auch lieber getan, aber bei ihm ging immer die Pflicht vor Vergnügen.

„Nun, wohin führen Sie mich?“, fragte er seinen Begleiter, als dieser ihn von einer Straße zur andern brachte und zuletzt in einen Stadtteil einbog, der eng und finster mit seinen hohen Häusern einen melancholischen Eindruck machte. Endlich in einem kleinen Gässchen machte er halt. Die Straße hieß im Volksmund „Die Finstere" und führte ihren Namen mit Recht.

„Hier ist es", sagte Saltino beklommen, „zwei Treppen hoch wohnt der Mann." Ein paar schmutzige Kinder hockten auf der Türschwelle; sie wichen scheu beiseite, als man Miene machte einzutreten. Eine unordentliche Frau sah unten neugierig aus der Tür und fragte nach ihrem Begehr.

„Wir wollen zum Herrn Richter nach oben."

„Der hat heute einmal wieder seinen Koller", sagte die Frau, „er hat den ganzen Tag geschimpft, die arme Schwester kann einem Leid tun; ich möchte nicht seine Pflegerin sein." Saltino wurde dunkelrot. Er fühlte, dass der Zorn des Unglücklichen mit ihm in Zusammenhang stand. Gruber bemerkte das Erröten, sah ihn ernst an und stieg schweigend die steile Treppe hinauf. Es dunkelte schon; wenigstens in dem Vorraum, der nur ein kleines Fensterchen hatte, konnte man nichts mehr unterscheiden.

Man klopfte. „Lass niemand herein, ich will keinen heute mehr sehen", rief eine barsche Stimme. Darauf wurde die Tür ein klein wenig geöffnet. Eine feine weibliche Stimme sagte: „Ist da jemand? Mein Bruder ist nicht zu sprechen."

„Ein Bekannter von früher möchte Herrn Richter sprechen", sagte Saltino.

„Die Stimme kenne ich", rief es von drinnen. „Ich habe nicht Lust, mich noch einmal aufzuregen, ich bin nicht zu sprechen, sage ich –"

Das Mädchen hatte unterdes eine kleine Lampe angezündet und kam mit scheuem, furchtsamem Gesicht heraus. „Bitte", bat sie dringend, „gehen Sie wieder, mein Bruder kann keinen Besuch mehr empfangen, am wenigsten von Ihnen, Herr Saltino." Sie sah ihn vorwurfsvoll an.

„So bleiben Sie zurück, lassen Sie mich allein gehen", bat Gruber leise. „Liebes Fräulein, ich komme in guter Absicht, bin ein alter Bekannter Ihres Bruders, lassen Sie mich zu ihm, ich bitte Sie. Ich muss morgen mit dem Frühzug weiter und möchte so gern diesen alten Bekannten wiedersehen." Der Mann, der im Zimmer im Lehnstuhl saß, horchte auf und sagte vor sich hin: „Die Stimme kenne ich, wo habe ich sie doch gehört –"

Der Fremde stand schon bei ihm, hatte seine Hand ergriffen und sagte mit freundlicher, gewinnender Stimme:

„Wir sind am Neuburger See zusammen gewesen, ich habe Sie verbunden, als Sie der traurige Unfall traf, und habe Sie mit ins Krankenhaus gebracht. Können Sie es mir verdenken, dass ich mich einmal nach Ihnen umsehen möchte, da ich jahrelang nichts von Ihnen gehört habe?"

„Es ist auch gut, man hört nichts von mir. Es wäre wirklich besser gewesen, der Wurf hätte mich tödlich getroffen, dann wäre ich aller Qualen enthoben gewesen."

„Das wäre für Ihren Freund hart gewesen."

„Nennen Sie ihn nicht mehr meinen Freund, er hat Kummer und Elend über mich gebracht, und das Geld, das er mir als Entschädigung geben muss, das wirft er mir hin, als ob ich ein Bettler sei. Ja, heute erklärte er mir kurz und bündig, dass er von jetzt an nur die Hälfte zahlen könne. Ich kann mein Amt als Schreiber nicht mehr versehen, das einzige Auge, das mir geblieben ist, ist überanstrengt worden, ich bin ein Krüppel, der am besten täte, er mache seinem Leben je eher –"

„Halt, nicht weiter", unterbrach ihn Gruber. „Was Ihnen auferlegt ist, müssen Sie in Geduld und Ergebung tragen."

„Das hat mir eine alte Tante, die hier in der Stadt wohnte und vor längerer Zeit gestorben ist, auch gesagt. Sie hat mir von Gottes Güte und Barmherzigkeit viel vorgepredigt, aber ich habe bis jetzt nichts davon erfahren", war die bittere Antwort.

Gruber schwieg und sah sich in dem Raum um. Es war ein ärmliches kleines Zimmer, nur mit dem Notdürftigsten ausgestattet. Er sah auf den Mann, der verwachsen und vorübergebeugt im Lehnstuhl saß. Die große Narbe auf der Stirn erinnerte ihn an die klaffende Wunde, die er damals verbunden hatte. Über die Augen hatte er einen Schirm. Es war ein großes Elend, wenn man bedachte, dass der

Mann noch in seinen besten Jahren stand und sich durch die Welt hätte schlagen können, wenn er seines Auges nicht beraubt gewesen wäre.

„Er soll Gottes Güte und der Menschen Liebe erfahren." Das sagte Gruber sich in dieser Stunde. Dann setzte er sich zu ihm, sagte, dass es nicht von ungefähr sei, dass er gerade heute hier Saltino treffen musste, Gott habe es so gefügt. Seine Not solle ein Ende haben, er dürfe nicht in diesem finsteren Winkel sein Leben vertrauern, er solle wieder Gottes Sonne leuchten sehen, innerlich und äußerlich. Sobald als möglich solle er hier fort. Er habe für viele Menschen Arbeit, es würde sich auch für ihn etwas finden lassen.

Es war, als ob sich etwas löse von der Brust des gequälten Mannes. Er richtete seinen Kopf auf und lauschte den Worten Grubers, die sich wie Balsam auf sein wundes Herz legten. Endlich stieß er hervor: „Ich will ja wirklich gern leiden, was mir auferlegt ist, aber die Not, Herr, die Not ums tägliche Brot ist sehr schwer zu tragen. Meine arme Schwester näht für Geld auf der Maschine und versorgt unseren ärmlichen Haushalt, auch sie hat die Not oft mit mir geteilt, und ich habe sie gequält mit meiner Unzufriedenheit, mit meinem Groll gegen Saltino –"

„Das muss ein Ende haben, lieber Richter. Ich meine es gut mit euch beiden. Gott hat mich mit Glücksgütern gesegnet, ihr beide sollt daran teilhaben. Aber ihr müsst euren Groll fahren lassen. Saltino hat auch mit Schwierigkeiten zu kämpfen, es soll ihm auch künftig besser gehen. Aber aller Zorn muss aufhören, Richter. Wir drei wollen fortan in Liebe und Eintracht miteinander leben, uns Liebes und kein Leides tun. Schlagen Sie ein."

Er reichte ihm die Hand, die Richter erregt ergriff.

„An mir soll's nicht liegen", sagte er zaghaft, denn er wusste noch nicht, wie und wo ihm geholfen werden sollte. „Was wird aber mit meiner Schwester?", fragte er stockend.

„Wo Sie bleiben, bleibt sie auch. Doch ich muss gehen, Saltino wartet draußen auf mich. Ich werde Ihnen nächstens durch einen Brief Nachricht geben." Er drückte ihm die Hand, ermahnte ihn, sein Vertrauen auf Gott zu setzen und auf seine Hilfe zu hoffen.

Draußen wartete Saltino mit Ungeduld. „Das war eine lange Unterredung", meinte er, „darf ich denn nun auch noch hineingehen, oder ist es dem Herrn nicht angenehm?"

„Heute lieber nicht mehr", bat die Schwester, „er hat schon mehrere schlaflose Nächte hinter sich. Wenn Sie, wie ich vorhin schon zu Ihnen sagte, lieber morgen noch einmal hereinsehen wollen –"

„Gewiss, gern, ich bleibe noch bis morgen Abend. Sagen Sie ihm, er solle den vollen Betrag des ihm schuldigen Geldes von nun an pünktlich bekommen, wir wollen uns künftig als Freunde ansehen. Das verdanken wir alles diesem Herrn."

Das Mädchen sah Gruber mit dankbarem Blick an. „Gott lohne es Ihnen", sagte sie einfach.

„Ihre Lage soll jetzt besser werden. Sie sind die längste Zeit in diesem finstern Winkel gewesen." Verwundert sah sie den fremden Herrn an, der ihr wie ein Engel des Lichtes erschienen, sie ahnte, dass ihnen bessere Tage winkten, neue Hoffnung belebte ihr Herz.

Gruber hatte von seiner Reise nicht das gehabt, was er erwartet hatte. Es war eine große Enttäuschung, dass er seinen Verpflichtungen gegen die Witwe oder nun gegen ihre Tochter nicht nachkommen konnte, und doch war sie nicht unnütz gewesen, war sogar von großer Wichtigkeit. Er musste es als eine Fügung Gottes ansehen, dass er gerade jetzt, wo die Verbitterung und der Groll der beiden gegeneinander den höchsten Grad erreicht hatte, als Vermittler dazwischentreten und durch seinen Reichtum nach beiden Seiten hin segenspendend wirken konnte. Darüber freute er sich, und das ließ ihn fröhlich die Rückreise antreten.

Schon nach einigen Tagen kam ein Schreiben, dass Richter und seine Schwester sich sobald als möglich nach L. begeben sollten. Es sei eine Stelle da, die der junge Mann würde ausfüllen können. Eine Postanweisung mit einer namhaften Summe traf gleichzeitig zur Begleichung aller Unkosten ein.

Da beugte der schwergeprüfte Mann sein Haupt, faltete die Hände und stammelte: „Tante Drewes, du hast doch recht gehabt: Wenn die Not am größten, ist Gottes Hilfe am nächsten.“

Frieda als Erzieherin

„Fräulein, fahren wir morgen mit unserm Ponywagen zur Stadt? Besuchen wir dann Ihre Freundin? Sind auch kleine Mädchen da zum Spielen? Kommen wir alle mit?"

So fragten vier kleine Mädchen, die mit ihrer Erzieherin im Park zu Grünbach spazieren gingen. Spazieren gehen konnte man eigentlich nicht sagen, weil die Kinder um das Fräulein herumzappelten und -sprangen, dabei überstürzten sie sich im Reden, aber auch im Laufen und Springen, es waren überaus lebhafte Kinder. Die Frische und geistige Regsamkeit war an und für sich etwas ganz Schönes, aber oft musste das Fräulein der Lebendigkeit Einhalt gebieten, wenn sie die Grenzen überschritt. Im Ganzen aber freute sie sich über den Frohsinn ihrer Zöglinge, und namentlich außerhalb des Unterrichts ließ sie ihnen gern so viel wie möglich ihre Freiheit. Sie wusste aus eigener Erfahrung, wie weh es tut, wenn man, durch äußere Verhältnisse gezwungen, eingeengt und eingeschüchtert war und sich seines Lebens nicht mehr freuen konnte.

Frieda Senker fasste ihren Beruf als Erzieherin ernst auf. Sie betrachtete sich nicht nur als Lehrerin, die die Kinder in allen Dingen fördern sollte, sondern auch dazu berufen, die Seelen der Kinder dem Herrn zuzuführen. Dazu war ein guter Religionsunterricht erforderlich, in dem die Kinder durch Auslegung von Bibel und Katechismus mit Gottes Wort bekannt wurden, und es ihnen lieb und wert gemacht wurde. Leider fand sie gänzlich unvorbereitete Herzen vor. Die Eltern lebten ganz mit der Welt und glaubten, sie täten ihr Bestes, wenn sie den Kindern tüchtige Lehrerinnen hielten, die sich mit der Erziehung befassen mochten, wozu ihnen selbst wenig Zeit blieb. So hatte Frieda wenigstens freie Hand und fand bei ihren Zöglingen willige Herzen. Die Mama lächelte mitunter spöttisch, wenn die Kinder erzählten, was ihr Fräulein sie gelehrt hatte, sie äußerte einmal gegen ihren Mann:

„Lass sie ruhig, Edmund; wenn sie größer sind, vergessen und verlieren sie es doch wieder. Fräulein Senker versteht es so gut, sie zu führen, das ist die Hauptsache. Ich finde, sie sind seitdem gehorsamer und nicht mehr so frech."

So erkannte die Mutter stillschweigend an, dass die Religion eine Macht auf die Kinderherzen ausübte, und ließ die Erzieherin ruhig gewähren.

Aber traurig war es für diese doch, so allein mit ihren Ansichten zu stehen, dabei keine Unterstützung von den Eltern und kein christliches Familienleben, wie sie es gehofft hatte, zu haben. Aber um so treuer wollte sie ihre Aufgabe erfüllen; die Liebe zu den Kindern füllte ihr Herz aus, und da auch diese sehr bald große Anhänglichkeit zeigten, fühlte sie sich befriedigt.

Buschrode, das vier Jahre ihre Heimat gewesen und es auch jetzt noch war, weckte vorderhand trübe Erinnerungen. Die letzte Zeit dort hatte manches gebracht, das die Entfremdung zwischen ihr und Martha größer werden ließ. Martha, die in regem Briefwechsel mit Herrn Riedeck stand, schenkte ihr kein Vertrauen mehr. Während sie sich früher alle Briefe, die sie bekamen, gegenseitig mitgeteilt hatten, war Martha ganz verschlossen, ging mit Briefen, die an sie kamen, in ein anderes Zimmer und verbarg sie vor Frieda. Diese würde ja nie verlangt haben, Briefe von Riedeck zu lesen, aber sie erwartete doch, dass sie etwas daraus erzählte oder sonst vertraulich und schwesterlich wie früher mit ihr verkehrte. Aber sie sah in Frieda nur den Menschen, der sich zwischen sie und ihr Glück stellte, während Frieda doch nur offen ihre Meinung über den jungen Mann gesagt hatte, von dem sie manches gesehen und gehört hatte, das Zweifel an seiner aufrichtigen Gesinnung aufkommen ließ. Pfarrers waren beide bis zuletzt freundlich und gütig gegen die Pflegetochter und merkten kaum, dass es zwischen beiden Mädchen nicht mehr wie sonst war. Dass Martha ihrer Pflegeschwester Neid vorgeworfen hatte, konnte Frieda schwer verwinden, sie hatte kein Verständnis für eine so niedrige Denkungsart. Das nagte an ihrem Herzen. Deshalb sehnte sie die Zeit herbei, in ihren Beruf einzutreten. Es fanden sich auf ihr Gesuch mehrere Stellen, unter denen sie sich für die Grünbacher entschied, weil sie nicht allzu fern von Buschrode lag, und sie zunächst lieber in einer Familie als als selbständige Lehrerin an einer Schule sein wollte.

Herr Mehnert, der Vater ihrer Schülerinnen, war ein reicher Großgrundbesitzer in der Nähe einer kleinen Stadt, wo das Dorf Grünbach eingepfarrt war. Die Stadt hieß Holtenow und hatte Bahnverbindung mit der Hauptstadt, wo Frieda in Pension gewesen war und ihr Examen gemacht hatte. Wenn sie nun die Ferien in Buschrode zubrachte, musste sie künftig immer durch die Hauptstadt fahren, in der sie viele Bekannte hatte, besonders Herrn und Frau Meiler, Frau Zeller und Marthas Tanten. In Holtenow aber wohnten die Eltern von Lina Bohner, der früheren Pensionärin von Meilers. Mit großer Freude hatte sie vernommen, dass Frieda in ihrer Nähe war. Da jüngere Geschwister da waren, hatte sie Frieda dringend eingeladen, sie zu besuchen und ihre vier Zöglinge mitzubringen. Darauf bezog sich das Fragen der Kinder bei dem heutigen Spaziergang. Etwas Neues war für die Kinder immer etwas Schönes, so ergingen sie sich beim Spaziergang in Mutmaßungen der verschiedensten Art, während Frieda ihren Gedanken nachhing oder die zahlreichen Fragen der Kinder freundlich beantwortete.

Jetzt waren sie im Wald, dem gewöhnlichen Ziel ihrer Wanderschaft. Die Bäume trugen schon herbstliches Gepräge. Noch ein tüchtiger Sturm und der

Wald würde ohne seinen Blätterschmuck kahl und öde dastehen. Im Winter würden wahrscheinlich die Herrschaften viel Geselligkeit haben, da mit den Nachbarsgütern reger gesellschaftlicher Verkehr herrschte. Sie würde voraussichtlich viel mit den Kindern allein sein. Sie wollte die Zeit benutzen, um an und mit den Kindern zu arbeiten, so viel es ihre Kräfte erlaubten.

Als sie nach Hause kamen, gingen die Kinder ins Schulzimmer, wo sie unter Friedas Aufsicht ihre Arbeiten für den folgenden Tag machten. Namentlich die beiden ältesten Mädchen waren sehr begabt, das Lernen machte ihnen Freude, wodurch Friedas Aufgabe sehr erleichtert wurde. Die Lampe war eben angezündet, als der Diener erschien und Fräulein Senker bat, zur gnädigen Frau zu kommen.

Sie empfing Frieda sehr freundlich und teilte ihr mit, dass sie mit ihrem Mann für sechs Wochen nach Berlin gehen würde. Sie wisse ja die Kinder in guter Obhut bei ihr und könne deswegen ruhig sein. „Vergnügen Sie sich, so gut Sie können, liebes Fräulein, haben Sie acht auf die Leute, nehmen Sie meine Schlüssel in Verwahrung und geben Sie heraus, was die Leute gebrauchen, das ist das Einzige, was ich verlange."

Frieda machte ein etwas erschrockenes Gesicht, es schien ihr eine große Verantwortung, die sie auf sich nehmen sollte. Für die Kinder wollte sie allenfalls einstehen, aber die vielen Leute, die sie alle nicht genau kannte, zu beaufsichtigen, das schien ihr zuviel verlangt.

„Sie dürfen sich das nicht zu schwer vorstellen, liebes Fräulein“, sagte die Frau. „Unser alter Inspektor ist ein zuverlässiger Mann; wenn Sie etwas beunruhigt sind, gehen Sie zu ihm. Schneider, der ältere Diener, ist auch treu und ehrlich, schon zehn Jahre in unserm Dienst. Beide schlafen im Erdgeschoss. Die Wirtschafterin ist jung, der müssen Sie etwas auf die Finger sehen. Im Übrigen wird Ihr Gefühl Sie schon richtig leiten, ich habe großes Vertrauen zu Ihnen.“

Frieda dankte, dass ihr schon im ersten Vierteljahr so viel Vertrauen geschenkt wurde, fragte jedoch, ob nicht vielleicht eine Schwester oder Verwandte da sei, die solange die Oberaufsicht führen könnte; aber das verneinte Frau Mehnert.

„Meine Schwestern! Die wollen sich selber vergnügen und gehen im Winter nicht aufs Land, das ist ihnen viel zu langweilig.“

Schließlich fand Frieda sich in die neue Aufgabe, es blieb ihr nichts anderes übrig. Ende der Woche sollte die Reise vor sich gehen.

Die Kinder waren am Abend, als ihnen von der längeren Reise der Eltern gesagt wurde, sehr betrübt, aber die Mama tröstete sie mit den Worten:

„Wenn ihr erwachsen seid, was gar nicht so lange dauert, dann kommt ihr alle mit nach Berlin, da wird hübsch getanzt und sich vergnügt, das sollt ihr einmal sehen!“ Damit gaben sich die Mädchen einstweilen zufrieden, jetzt interessierte sie ihre Ausfahrt zu Doktor Bohners mehr als die Aussicht auf Berlin.

Am nächsten Tage nach der Schule war der Nachmittag freigegeben. So konnte der Ausflug stattfinden; das hübsche Ponyfuhrwerk hielt vor der Tür, und mit Jubeln, Lachen und Zappeln fuhr die kleine Gesellschaft ab. Fräulein Senker musste ernstlich zur Ruhe mahnen, sonst wären sie allesamt zum Wagen herausgepurzelt.

Es war ein hübscher nur halbstündiger Weg. Man sah das Städtchen schon vor sich liegen, sobald man zum Dorf hinaus war.

In einem der ersten Häuser sollte der Doktor wohnen. Als der Wagen das Steinpflaster erreicht hatte, und das Rasseln begann, wurde die Haustüre eines der hübschesten Häuser aufgerissen. Drei kleine Mädchen, etwa im Alter der Mehnertschen Kinder, stürzten heraus und schrien mit mächtigen Stimmen: „Sie kommen! Sie kommen!“, worauf ein junges Mädchen in weißer Bluse aus dem Hause stolperte und sich dabei eine Küchenschürze losband, die natürlich zur Ende fiel. Man trat darüber weg, wie konnte man jetzt an Aufheben oder dergleichen unwichtige Dinge denken, wenn Frieda Senker in Sicht war!

Die musste herzlich lachen. An dem ganzen Gebaren erkannte sie sofort die Lina, die mit ihren kleinen Schwestern dem Wagen entgegenkam, rufend, schreiend, stolpernd. Die vier Mädchen im Wagen sahen jugendfroh auf die ebenbürtige Schar da unten und nickten ihnen so vertraulich zu, als wollten sie sagen: „Wir kennen uns zwar nicht, aber wir passen zusammen."

Es war für Frieda schwer, in diesem Wirrwarr die Würde und Ruhe zu behaupten. Es war alles so urkomisch, dass sie am liebsten selber mitgelacht hätte. Lina hing an ihrem Halse und küsste sie. Das sehen und sich auch umarmen und küssen war für die sieben Mädchen eins. Und als nun die Mutter in der offenen Tür erschien und fröhlich über diesen Austausch von Zärtlichkeiten lachte, bedurfte es keiner umständlichen Vorstellung mehr. Man war bekannt miteinander, bevor man zur Haustür hinein war.

„Nun, Lina hat die Nacht nicht mehr vor Freude geschlafen, so hat sie den heutigen Tag herbeigesehnt", sagte die Doktorin. „Und die Kinder! Nichts haben sie gestern gelernt, weil sie ihre Puppen für die kleinen Schlossfräulein neu anziehen und die Puppenstuben in Ordnung bringen mussten. Sie haben ein wenig in der Schule nachsitzen müssen, aber die Freude auf den Nachmittag war größer als die Trauer. Geh einmal eine hinaus und heb die blaue Schürze auf, die Lina verloren hat. Sie sehen, Fräulein Frieda, sie ist noch in mancher Beziehung wie damals."

Alle sieben stürzten hinaus und kamen im Triumph mit der Schürze, an der mindestens vier trugen, herein. „Die Lina hat noch Schmalzkuchen gebacken, sonst geht sie am Nachmittag nicht mit solcher Schürze", entschuldigte die Mutter, „aber nun bitte ich schön Platz zu nehmen." Es sah einladend in der großen freundlichen Wohnstube aus. Am runden Sofatisch nahmen die Erwachsenen Platz, für die Kinder war in einer Ecke des Zimmers ein Tisch mit ausgiebigen Kuchenvorräten gedeckt. Der Nachmittag verlief sehr unterhaltsam. Die Kinder eilten aus dem Zimmer, sobald sie genug gegessen hatten, und vergnügten sich herrlich, wie man am Lachen und Schwatzen wahrnehmen konnte.

Die Mutter aber rühmte gegen Frieda: „Meiner Lina sind die Pensionsjahre sehr gut bekommen, mein Mann findet es auch. Sie hilft mir gut im Haushalt, ist nie verdrossen, immer fröhlich. Ja, liebes Fräulein, munter sind wir alle, ausgenommen mein Mann, der schaut immer ernst drein, wie Sie sich jetzt selber überzeugen können, da ist er."

Der Doktor war eben eingetreten und hatte die letzte Äußerung gehört; ein feines Lächeln spielte um seinen Mund. Er ließ sich Fräulein Senker vorstellen und unterhielt sich mit Frieda in ruhiger, gemessener Weise.

„Er ist ganz anders als wir alle, sprechen tut er nicht viel", entschuldigte ihn die Gattin.

„Weil mir nicht viel Gelegenheit dazu gelassen

wird, das besorgt meine Frau und auch die Lina in ausgiebiger Weise."

„Aber denken tut er desto mehr, er ist ein feiner und geschickter Arzt, das wissen die Mehnerts auch zu rühmen."

Der Doktor lächelte wieder und wollte eben etwas darauf erwidern, da meldete das Mädchen eine fremde Dame, die Frau Doktor zu sprechen wünsche.

Da erhob sich der Doktor schleunigst und verschwand im Kinderzimmer. Seine Zeit war sehr besetzt. Seine Frau ging hinaus, kam aber bald mit dem Besuch zurück und rief erfreut:

„Denken Sie sich, Fräulein Senker, die Dame kennt Sie. Sie ist die Schwester von unserem jungen Pfarrer, der vor acht Tagen hier eingezogen ist!"

Frieda hatte Frau Zeller sofort erkannt. „Das ist ja ein wunderbares Zusammentreffen", rief sie erstaunt. „Ich ahnte ja nicht, dass Ihr Herr Bruder –"

„Mein Bruder ist auch erst ganz kürzlich zum Pfarrer von Holtenow berufen worden. Er hat mich sehr gebeten, ihm bei der Einrichtung des Hauses zu helfen, ich freute mich zu hören, dass Fräulein Linas Eltern hier wohnen und wollte mir", hier wandte sie sich zu Linas Mutter, „bei Ihnen, Frau Doktor, etwas Rat und Auskunft über verschiedene Dinge holen."

Das war etwas für die Arztfrau. Guten Rat erteilen und selbsttätig Hand anlegen, das lag ihr. „Wir wollen den jungen Herrn Pfarrer schon beraten und nach allen Seiten hin stützen. Da seien Sie ganz ruhig. Und wird er krank, so ist mein Mann da."

Frau Zeller lächelte. „Er ist gottlob gesund und kräftig und bleibt es hoffentlich auch."

„Hat er denn noch keine Frau, oder wird er bald heiraten? Es pflegt doch so zu sein?"

Auf Frau Zellers Gesicht trat ein schmerzlicher Zug. „Er denkt nicht an so etwas", sagte sie ruhig. „Vielleicht entschließe ich mich, ganz zu ihm zu ziehen, wenn es mit den Kindern und der Schule geht."

„Das wäre ja wunderschön", rief Frieda. „Dann wären wir einander so nahe und könnten in alter Weise verkehren wie früher." Sie bat Frau Zeller, sie doch bald in Grünbach zu besuchen und die Kinder mitzubringen.

„Zunächst bin ich noch allein hier. Annchen ist so verständig, dass ich ihr die Kinder überlassen konnte. Aber ich komme gern einmal allein zu Ihnen, Fräulein Frieda."

Frau Zeller verabschiedete sich bald. Die Arztfrau ging mit ihr hinaus, um ihr verschiedene nötige Wirtschaftsgegenstände zu geben, und nannte ihr Handwerker, deren Hilfe sie gebrauche, so dass Frau Zeller mit den Worten dankte: „Ich gehe um vieles erleichtert, Frau Doktor, da ich hier ein Haus gefunden habe, wo ich Rat und Auskunft über alles finde."

Lina hatte unterdes ihre Freundin ganz in Beschlag

genommen und ihr erzählt, dass sie noch mit Karla und Klotilde in Verbindung stehe, und dass Karla sie im nächsten Sommer besuchen wolle. „Von Veronika weiß ich nichts“, fügte sie hinzu, „die konnte mich nicht so leiden.“

Frieda lächelte. Seit sie in Schloss Grünbach lebte, fand sie, dass die Schlossbewohner und die des Doktorhauses, den Hausherrn ausgenommen, viel Ähnlichkeit miteinander hatten. Die beiden Damen und auch die Kinder waren leichtlebig, gutherzig, wohlwollend gegen ihre Mitmenschen, aber es war keine Tiefe des Gemütes vorhanden. Jedenfalls aber hatte ein Besuch bei Doktors etwas Erfrischendes, Belebendes. Die Arztfrau suchte mehr im Hause zu schaffen, während Frau Mehnert viele Leute hielt, die für sie arbeiteten, und viel auswärts war. Das war der Unterschied. – Nur die Jungfer war mit nach Berlin gefahren, das übrige Personal blieb im Schloss und hielt sich meist in den unteren Räumen auf, während Frieda mit den Kindern oben wohnte, wo ihr eine Reihe von Zimmern zur Verfügung stand. Sie benützte aber nur das Esszimmer und ihre eigenen und schloss die Salons und Gesellschaftsräume ab.

Nach einigen Tagen kam wirklich Frau Zeller zu Besuch. Das war für Frieda eine herzliche Freude. War es doch jemand, mit dem sie in Buschrode schöne Wochen zusammen verlebt hatte, mit dem sie von dem, was das Herz bewegte, reden konnte.

Sie gingen miteinander in dem Park auf und ab, während die Kinder um sie herum fröhlich spielten.

„Nun erzählen Sie mir, Frau Zeller, wie Ihr Bruder so schnell nach hier versetzt wurde", begann Frieda. „Ich ahnte ja nicht, dass er Pfarrer in Holtenow geworden ist."

„Es handelte sich um zwei Stellen, eine ganz in der Nähe von Buschrode, die andere hier. Ich war froh, dass es diese wurde, ich hätte es nicht gern gesehen, wenn –wenn er in Marthas Nähe geblieben wäre." Verwundert sah Frieda sie an.

„Sie wissen doch, Fräulein Frieda, dass mein Bruder um Marthas Hand angehalten hat?"

„Ich weiß nichts davon. Martha ist mir gegenüber jetzt ganz verschlossen. Ich glaubte allerdings früher wahrzunehmen, dass Herr Marbach sich für sie interessierte, aber dass es wirklich zum Antrag gekommen ist, ahnte ich nicht. Wie schade, dass Martha die Hand eines solchen Mannes nicht angenommen hat, wie geborgen und behütet wäre sie unter seinem Schutz gewesen."

„Mein Bruder leidet sehr darunter. Er schließt sich schwer an, wo aber seine Liebe einmal Wurzel gefasst hat, vermag er sich kaum loszureißen. Das Alleinsein ist jetzt nichts für ihn. Deshalb hielt ich es auch für meine Pflicht, hierherzukommen und ihm sein Pfarrhaus wohnlich zu machen. Deshalb glaube ich auch, dass ich mich entschließen werde, mit meinen Kindern ganz zu ihm zu ziehen. Es wird ihn beleben und von seinem Kummer abziehen."

„Wäre doch dieser Riedeck nie mit Martha bekannt geworden", rief Frieda. „Ich sehe kein Heil in dieser Verbindung."

„Er hat aber eine liebenswürdige, geschmeidige Außenseite, während mein Bruder mit seiner ernsten, ruhigen Weise nichts Bestechendes hat. Selbst die gute Frau Pfarrer, die ich hochschätze, ist von dem Herrn Riedeck ganz eingenommen. Ihre einzige Tochter muss und wird ihren Willen bekommen."

„Ich fürchte es auch", sagte Frieda. „Ich habe getan, was ich konnte, ich habe darüber Marthas Freundschaft und Vertrauen verloren. Und", fuhr sie mit Tränen in den Augen fort, „sie war mir teuer wie eine Schwester."

„Mein Bruder hat sich so glücklich im Buschroder Pfarrhaus gefühlt. Er nennt es noch jetzt die Stätte seiner Wiedergeburt. Durch den Pfarrer wurden alle Zweifel zerstreut, er hat ihm geholfen, die Bibel wieder als Gottes Wort anzunehmen. Es war ein Segen, dass er in dies Haus kam, wer weiß, was sonst aus ihm geworden wäre."

Sie gingen eine Weile schweigend nebeneinander her. Plötzlich sagte Frieda: „Dann werden Sie wohl die Ferien auch nicht mehr, wie bisher, mit den Kindern in Buschrode zubringen?"

„Das ist mir natürlich genommen, da die Sache

mit meinem Bruder dazwischen liegt. Wenn ich ganz hierher ziehe, ist es ja auch nicht nötig. Die Kinder haben hier Freiheit und gute Luft genug."

„Wie wird es aber mit der Schule?"

„Annchen ist seit Ostern aus der Schule. Mariechen, die den Wunsch hat, Lehrerin zu werden, wird wahrscheinlich zu Meilers in Pension kommen, und die Jungen besuchen zunächst hier die Vorbereitungsschule. Später wird Gott weiter sorgen."

Frieda musste Frau Zeller Recht geben. Sie freute sich natürlich sehr, sie künftig in der Nähe zu haben. Sie konnte ja nun im Pfarrhaus verkehren, das waren für die Zukunft angenehme Aussichten.

Als Frau Zeller gegangen war, gingen Friedas Gedanken immer wieder nach Buschrode, das ihr jahrelang als das idealste Pfarrhaus erschienen war. Sie musste nun leider sehen, dass es auch hier Trübungen und Unvollkommenheiten gab.

Der Diebstahl

Es war gar nicht so leicht, in dem großen Schloss allein mit den Kindern und der Dienerschaft zu leben. Besonders diese erkannte die Autorität des jungen Fräuleins nicht an und erlaubte sich manche Übergriffe. Wohl bemerkte Frieda, dass die Mädchen träge waren und es mit der Arbeit nicht ernst nahmen, dass sie viel schwatzten und lachten, unbekümmert, ob sie es hörte oder nicht. Wies sie auf etwas hin, was wohl gemacht werden müsse, so hatten sie Ausreden und taten, was ihnen beliebte. Frieda sehnte die Rückkehr der Herrschaften herbei, da die Verantwortung sie drückte. Es kam vor, dass man bei Ausgabe von Vorräten mehr beanspruchte, als ihrer Meinung nach gebraucht werden konnte. Als einmal eine Frau aus dem Dorf, die bei der Wäsche half, Seife forderte, und als Frieda herausgegeben hatte, was gefordert wurde, griff die Frau augenzwinkernd noch nach etlichen Stücken und sagte: „Die Herrschaft hat's, das nehme ich mir mit, hab' daheim viel Wäsche bei meinen Kindern." Frieda protestierte so energisch gegen solchen Anspruch, dass die Frau, was ihr nicht gehörte, herausgab. Frieda suchte ihr klarzumachen, dass dies unehrlich sei, was ihr ein finsteres Gesicht und die freche Antwort eintrug, sie sei keine unehrliche Frau, das habe ihr noch niemand gesagt, dass sie unehrlich sei. – Frieda merkte dann an dem Benehmen der Dienerschaft gegen sie, dass die Sache in den Wirtschaftsräumen zu ihren Ungunsten besprochen worden war.

Solche Erfahrungen musste sie öfters machen. Aber sie ging ihren geraden Weg; Wahrheit und Klarheit kennzeichnete dabei ihr ganzes Wesen. Darum blieb sie auch stets trotz aller Anfechtungen ein fröhliches Gotteskind, konnte ihren Zöglingen in jeder Beziehung viel sein, war ihnen wohl eine strenge Lehrerin, aber außerhalb der Stunden eine Freundin, die an allen ihren kleinen Interessen herzlich Anteil nahm, mit ihnen spielte und froh war, so dass die Kinder unter ihrer Obhut wohl beraten waren und körperlich und geistig gediehen.

Eine Fahrt nach Holtenow wurde immer mit großer Freude begrüßt. Doktors Kinder und die Grünbacher waren längst die besten Freunde, und die Arztfrau schwärmte für Frieda, die einen so guten Einfluss auf ihre Lina ausübte. Auch im Pfarrhaus war Frieda eingekehrt und hatte den jungen Pfarrer begrüßt. Sie waren immer gute Freunde gewesen, hatten manches ernste Gespräch miteinander gehabt und freuten sich beide über das Wiedersehen. Frau Zellers Bleiben war nun nicht mehr lange, sie musste zu ihren Kindern zurück, war aber fest entschlossen, mit ihnen zu Ostern ganz zu dem Bruder zu gehen.

So nahte die Weihnachtszeit. Frau Mehnert hatte schon geschrieben, dass sie alle Tage schöne Einkäufe für die lieben Kinder mache und dass sie hoffe, in acht Tagen daheim zu sein. Auch aus Buschrode kam ein Brief von Martha, zu Friedas Freude das erstemal wieder herzlicher und freundlicher. Sie lud Frieda zugleich im Namen der Eltern ein, das Weihnachtsfest bei ihnen zu verleben, und bat so dringend, dass Frieda, die eigentlich nicht an Reisen gedacht hatte, nicht anders als zustimmend schreiben konnte.

Gerade als dieser Brief gekommen war, sollte am Nachmittag ein Ausflug ins Städtchen unternommen werden. Die Arztfrau hatte um alle Kinder bitten lassen, damit der Geburtstag ihrer Elli würdig gefeiert werden könne. Frieda war durch den Buschroder Brief auch in munterer Stimmung, so gab es eine lustige Gesellschaft im Doktorhaus, die wegen des Geburtstages etwas länger dauerte als sonst. Sehr vergnügt trat man den Rückweg an. Plötzlich schrak Frieda zusammen. Als es nach Tisch eilig fortging, hatte sie vergessen, den Schlüssel vom Silberschrank abzuziehen, hoffentlich fand sie alles unversehrt vor. Als sie sich dem Schloss näherten, waren die Fenster des Esszimmers hell erleuchtet, die Töne einer Harmonika erklangen in lustiger Weise, auch sah man tanzende Paare am Fenster vorüberschweben. „Was ist hier los?“, rief Frieda dem jungen Kutscher zu, der jetzt gerade vor dem Schloss hielt.

„Sie feiern den Geburtstag der Luise“, sagte der junge Mensch und schmunzelte. Frieda ging eilig nach oben, die Kinder folgten neugierig. Sie öffnete hastig die Tür zum Esszimmer und blieb in der offenen Tür stehen, die Kinder umringten sie und riefen: „Das wollen wir aber der Mama schreiben, unsere Dienerschaft gibt hier in unserm Esssaal einen Ball."

Plötzlich verstummte die Musik, die Paare blieben verlegen stehen oder verschwanden durch eine zweite Tür.

Frieda äußerte nur gegen die Wirtschafterin, dass solche Geschichten den Herrschaften wohl nicht angenehm sein würden, was ihr die Antwort eintrug: „Fräulein haben ja nicht nötig uns anzuklagen." Darauf verließ auch sie mit ihrem Tänzer den Saal.

Frieda eilte sofort nach dem Schrank, er war verschlossen, der Schlüssel war abgezogen. Beunruhigt forschte sie nach, keiner wollte einen Schlüssel gesehen haben, auch hier musste sie wieder die spitze Bemerkung hören: „Fräulein schließen ja alles immer sorgfältig ab und werden den Schlüssel wohl selbst verlegt haben."

Es beunruhigte sie so, dass sie am Abend nicht einschlafen konnte. Immer meinte sie Schritte zu hören, aber es waren wohl nur ihre aufgeregten Nerven. Endlich schlief sie ein wenig ein. Doch plötzlich erwachte sie durch das Knarren einer Tür. Sie setzte sich aufrecht und lauschte mit gespannter Aufmerksamkeit. Jetzt vernahm sie ein deutliches

Geflüster. Schnell warf sie sich ihr Morgenkleid über und schlich leise an die Tür.

„Ich habe den Schlüssel, sie hatte ihn stecken lassen“, hörte sie deutlich eine Stimme. Es waren also zwei, die zu stehlen beabsichtigten. Allem Anschein nach waren die Diebe aus dem Hause, es galt nur, die Personen festzustellen, ohne entdeckt zu werden. Sie hörte sie in ein Zimmer gehen, das neben ihrem und dem Schlafzimmer der Kinder lag. Leise, wie auf Socken, hörte sie es gehen, dann knarrte wieder eine Tür, nun waren sie wohl am Silberschrank. Ganz behutsam klinkte sie ihre Tür auf und sah einen schwachen Lichtschimmer aus der zweiten Stube kommen. Ohne sich zu bedenken, schlich sie durch das dunkle Kinderzimmer und stand an der Tür des Esszimmers, die nur angelehnt war. Sie hörte deutlich flüstern, man war am Silberschrank, der am andern Ende des Saales stand, gerade der Tür gegenüber. Sie hörte den Schrank schließen und wusste nun, dass man ihr den Rücken zukehrte. Leise stieß sie die Tür ein wenig auf, so dass sie einen vollen Blick auf die Gruppe hatte. Sie erkannte deutlich den jungen Diener Max und das Zimmermädchen, das sie oft durch ihre Trägheit und ihr freches Betragen geärgert hatte. Nun hatte sie genug gesehen, die Diebe liefen nicht davon. Ebenso leise, wie sie gekommen, schlich sie zurück und ging in ihr Bett. Laut klopfte das Herz und mit ängstlicher Spannung lauschte sie auf jeden Ton. Es dauerte nicht lange, so hörte sie wieder das Knarren der Tür und das Huschen über den Korridor. Dann wurde alles still. Aber in ihr wogte und stürmte es. Die Diebe hatte sie erkannt, aber sie fühlte sich unter dieser Gesellschaft wie verraten und verkauft. Da konnte ihr nur der alte Diener helfen; zu dem hatte sie Vertrauen. Er war auf mehrere Tage verreist, aber er sollte heute zurückkommen; war er da, so wollte sie mit ihm reden, sonst mit dem Inspektor, der aber auch gerade auf zwei Tage in Geschäftsangelegenheiten abwesend sein musste. Das hatten sich die andern Dienstboten zunutze gemacht.

Sie vermochte diese Nacht kein Auge zuzutun, die Kinder lagen im festen Schlaf, alles war jetzt still im Schloss, nur die große Uhr unten in der Halle schlug drei. Von da an hörte sie Stunde um Stunde schlagen, sie war froh, als es sechs war. Allmählich wurde Leben im Schloss, zu ihrer Freude hörte sie die Stimme des alten Dieners, wie dankte sie Gott, dass er wieder da war; auf ihn setzte sie alle ihre Hoffnung.

„Fräulein, Sie sind krank, Sie sehen so blass aus“, sagten die Kinder, als sie ihrer Lehrerin ‚guten Morgen‘ sagten. „Ich habe nicht gut geschlafen, ihr müsst mir heute Freude machen und aufmerksam sein.“

Da hörte sie den alten Diener sagen: „Es sind Diebe im Schloss gewesen, die Fenster im Esszimmer stehen auf, zum Fenster sind sie hereingestiegen. Mein schönes Silberzeug, der Schlüssel steckt. Hat das Fräulein vergessen zuzuschließen? Sie ist doch sonst so gewissenhaft!“

Alles lief zusammen, staunte und wunderte sich. Unter ihnen der junge Diener, der ein großes Wort führte, mit überzeugender Stimme darlegte, wie er unten im Garten Fußtritte wahrgenommen habe. Das Zimmermädchen Luise unterstütze ihn in diesen Behauptungen, während die andern kopfschüttelnd dabeistanden und sich wunderten, dass niemand etwas gehört habe, selbst der Wächter nicht.

Frieda und die Kinder standen natürlich auch dabei, und sie bekannte der Wahrheit gemäß, dass sie vergessen habe, den Schlüssel abzuziehen. Während sie dies dem alten Diener sagte, beobachtete sie scharf das Gesicht des Jungen. Sie sah, wie er rot wurde, sich mehr und mehr in den Hintergrund zurückzog und allmählich verschwand. Als die übrige Dienerschaft sich dann auch zerstreute, immer laut über den Einbruch schwatzend und ihre Vermutungen aufstellend, flüsterte Frieda dem alten Friedrich zu, er möchte in ihr Zimmer kommen, sie habe ihm eine wichtige Mitteilung zu machen.

Hier vertraute sie ihm ihr nächtliches Erlebnis an. Er nickte nur immer mit dem ergrauten Haupte und sagte:

„Dem Schurken ist alles zuzutrauen, habe schon lange Misstrauen gegen ihn gehabt. Natürlich ist er der Dieb. Nun lassen Sie es mich nur machen, Fräulein, den fassen wir bald ab. Jetzt geh ich zum Herrn

Inspektor, wir beide wollen die Sache schon machen."

Es war kaum eine Stunde vergangen, so waren ein paar Gendarmen aus der Stadt da. Es wurde Haussuchung gehalten, der sich jeder unterwerfen sollte. Man fing aber zuerst beim Max an, der käseweiß wurde, weil er nicht erwartet hatte, dass das Gericht so schnell hereinbrechen würde. Am Nachmittag wollte er um Urlaub bitten, um seine Eltern zu besuchen, und dann das Gestohlene in Sicherheit bringen. Ein Dutzend schwere silberne Löffel wurden bei ihm gefunden, eine silberne Suppenkelle, inwendig vergoldet, bei dem Mädchen. Es half kein Schreien und Klagen, sie wurden beide mitgenommen und in Gewahrsam gebracht.

Das machte tiefen Eindruck auf die übrige Dienerschaft. Still und scheu gingen sie im Schloss umher und sahen Fräulein Senker immer von der Seite an, weil Friedrich ihnen gesagt hatte: „Vor dem Fräulein nehmt euch in acht, das ist eine Kluge, sie hat alles ans Licht gebracht." Sie hatten Furcht, dass auch das Tanzvergnügen noch seine Strafe nach sich ziehen würde; denn dass man alles melden würde, konnten sie sich denken.

Am dritten Tage nach diesem Ereignis kam die Herrschaft nach Hause. Der Inspektor hatte über den Einbruch berichtet, da hatte man schleunigst die Koffer packen lassen und sich zur Heimreise gerüstet.

Frieda bekannte ihre Schuld und meinte, sie habe die Leute durch ihre Vergesslichkeit in Versuchung geführt. Frau Mehnert tröstete sie mit den Worten, dass jeder einmal etwas vergessen könne; sie hätten von ihrer Jugend zu viel verlangt, das hätten auch etliche ihrer Bekannten gesagt, wenn sie gehört, dass sie die junge Erzieherin allein mit den Kindern im Schloss gelassen und die ganze Verantwortung ihr überlassen hätten.

„Man sieht's Ihnen an, liebes Fräulein, wie Sie gelitten haben, blass und mager sind Sie geworden. Dafür sollen Sie nun in den Weihnachtsferien nach Hause reisen und sich dort recht erholen."

Im Schnee

Nun war der Winter eingekehrt und hatte schon vor Weihnachten viel Schnee und Frost gebracht.

„Fräulein, bleiben Sie nicht im Schnee stecken", riefen die Kinder ihrer Erzieherin zu, als Frieda etwa acht Tage vor Weihnachten in den Schlitten steigen wollte, der sie an die Bahn bringen sollte.

„Eine Schlittenfahrt ist etwas Schönes", rief sie den Kindern zu und deckte sich die schöne warme Pelzdecke über, nachdem sie ihre Füße in einen Fußsack gesteckt hatte. Sie winkte den Kindern, die in der Halle standen, fröhlich ein Lebewohl zu, grüßte noch einmal Frau Mehnert, die oben am Fenster stand, und fort sauste der Schlitten dem nahen Städtchen zu. Es hatte wieder tüchtig geschneit, aber jetzt war ruhiges klares Wetter, die Fahrt im Schlitten auf der Landstraße ein wirkliches Vergnügen, und Frieda war in froher Stimmung. Sie hatte in dem Vierteljahr manches Schwere, aber auch viel Gutes erlebt. Die Hauptsache war ihr, dass sie die Liebe der Kinder besaß. Und dann hatte sie das erste selbst verdiente Geld in der Tasche. Bisher war sie immer nur von der Gnade anderer Menschen abhängig gewesen, jetzt stand sie auf eigenen Füßen und konnte von selbst verdientem Geld für die Lieben in Buschrode Weihnachtsgeschenke kaufen. Sie sollten alle etwas haben, die Eltern, Martha, die Tanten, auch Großtante Kathinka, die immer so lieb und freundlich mit ihr war.

In Holtenow kam sie gerade zur rechten Zeit, um ihr Gepäck zu besorgen und die Fahrkarten zu lösen. Sie trug dem Kutscher viele Grüße an die Grünbacher Kinder auf.

„Fräulein, bleiben Sie nur nicht unterwegs stecken, wir bekommen noch viel Schnee“, sagte er und zeigte mit der Peitsche nach dem Himmel.

Der blaue Himmel hatte sich verdunkelt. Dicke graue Wolken zogen sich zusammen, wobei ein Wind aus Nordwesten sich erhoben hatte. „Gut, dass ich im Trockenen bin“, dachte Frieda, als sie in einem Abteil zweiter Klasse saß. „Es gibt noch viel Schnee“, sagte jemand. Und wirklich, als der Zug davonfuhr, schneite es schon ganz tüchtig, dabei ließ sich ein heulender Ton wie von daherbrausendem Winde hören. Doch Frieda achtete nicht weiter darauf. Sie saß im warmen Abteil und freute sich zunächst auf die Hauptstadt, wo sie einen Tag bei Frau Zeller bleiben wollte, um Einkäufe zu machen. Dann sollte es nach Neuburg gehen, wo Christian sie und Tante Kathinka am Tag vor Weihnachten abholen würde. Sie freute sich sehr, zumal Martha und die Eltern so freundlich und herzlich geschrieben hatten.

Nach mehrstündiger Fahrt kamen sie in der Hauptstadt an. Es schneite noch immer, Häuser und Bäume lagen im dicksten Schnee, und auf den Straßen waren viele Arbeiter beschäftigt, um Bahn zu machen, sonderlich jetzt, wo die Stadt mit Fremden angefüllt war, die alle zum Fest Einkäufe machen wollten. Frau Zeller empfing Frieda freundlich, machte aber ein besorgtes Gesicht. „Fräulein Frieda, wenn ich Ihnen raten soll, fahren Sie womöglich noch heute weiter. Man prophezeit noch mehr Schneefälle. Ihr Zug könnte morgen stecken bleiben."

„I wo", sagte Frieda vergnügt, „sehen Sie doch nicht so schwarz. Ich muss heute und auch morgen Vormittag viele Besorgungen machen. Morgen Nachmittag fahre ich dann nach Neuburg."

„Ich behalte Sie gern, Fräulein Frieda, das wissen Sie. Ich hielt es nur für meine Pflicht, Sie zu warnen."

Am Nachmittag hörte es wieder auf zu schneien, auch der Wind legte sich, so dass Frieda ihre Einkäufe erledigen konnte. Aber schon am Abend setzte wieder ein Schneesturm ein, und das ging die Nacht durch, so dass man am andern Morgen schon von Verwehungen sprach, auch hörte man von Steckenbleiben der Züge. Nun wurde Frieda ängstlich. „Es ist doch vielleicht richtiger, ich fahre heute morgen mit dem 10-Uhr-Zug, es könnte mir sonst passieren, dass ich Neuburg nicht mehr erreiche."

Frau Zeller konnte nur zureden. Sie begleitete Frieda durch Schnee und Wind an den Bahnhof. Da entrollte sich ein interessantes, aber auch tragisches Bild. Von allen möglichen Orten gingen Depeschen ein über Zugverspätungen, oder dass die Züge überhaupt nicht angekommen seien, sondern im Schnee steckten. Infolgedessen konnten keine neuen Züge abgelassen werden. Da sah man Schüler mit missmutigen Gesichtern stehen; Schülerinnen, die in der Großstadt in Pension waren und sich auf die Weihnachtsferien gefreut hatten, liefen weinend umher, weil sie nicht reisen konnten. Die Aussicht, Weihnachten in der Pension zuzubringen, statt daheim bei Eltern und Geschwistern, war zu trostlos. Geschäftsleute, die an einen bestimmten Termin gebunden waren, standen ratlos umher, stundenlang hatten sie schon mit dem Gepäck gewartet, immer in der Hoffnung, noch fortzukommen. Mütter, die zu Einkäufen in die Stadt gekommen, sahen keine Möglichkeit, ihr Heim wieder zu erreichen, denn fast nach allen Richtungen wurde kein Zug mehr abgelassen.

Da plötzlich hieß es: „Richtung Neuburg, Wiesental einsteigen, die Bahn ist ziemlich frei."

Wer war glücklicher als Frieda! „Wie schön, Frau Zeller, sehen Sie, ich komme doch noch fort."

Frau Zeller, die nicht viel Hoffnung auf glückliches Gelingen der Reise hatte, war froh, dass sie selbst in diesem Jahr die Fahrt nicht mit ihren Kindern zu machen brauchte, wünschte aber Frieda von ganzem Herzen eine Heimkehr ohne Hindernisse.

Eine Masse von Menschen stürzte auf den Zug zu, es war, als ob eine Festung erstürmt werden sollte. Frieda musste eilen, dass sie überhaupt noch einen Platz bekam. Eng aneinander gedrängt saßen die Frauen mit ihren Paketen und Sachen, kaum konnte man sich rühren. Aber alle sahen erlöst aus, als sie nun endlich saßen, und waren dankbar, dass es nun wirklich heimgehen sollte.

Was Frieda aber von den verschiedenen Mitreisenden hörte, war nicht dazu angetan, ihr Mut zu machen. Man erzählte sich, dass ein Zug mit seinen Insassen zwei Tage im Schnee gesteckt habe, bis sich endlich einige Schlitten durchgearbeitet hatten, um die halbverhungerten Passagiere zu erlösen. Eine Dame berichtete, dass fast sämtliche Milchwagen in der Hauptstadt ausgeblieben seien, was viele Einwohner in Verlegenheit gesetzt habe, gerade in diesen Tagen, da die Hauptbäckereien vorgenommen werden sollten.

Man war jedoch froh, jetzt sicher im Zug zu sitzen und wahrzunehmen, dass er ruhig seinen Weg nahm durch die zu beiden Seiten aufgetürmten Schneeschanzen. Aber es schneite unentwegt weiter, der Wind pfiff und heulte und trieb den Schnee vor sich her. Plötzlich ließ das Tempo des Zuges merklich nach. Man hatte schon mehrere Stationen glücklich passiert und befand sich genau zwischen zwei Stationen, da hielt er. „Festgefahren“, hörte man eine Stimme rufen. Man konnte kaum zum Fenster heraussehen, so trieb der Wind die Schneeflocken vor sich her. Die Männer in den anstoßenden Abteilen stiegen aus und sprachen mit den Schaffnern, die sorgenvoll den Kopf schüttelten. „Wir haben es gleich gesagt, es geht nicht. Nun sitzen wir in der Patsche."

„Ja", meinte einer, „wenn wir nur Geräte da hätten, Schnee schaufeln wollten wir wohl –"

„Schaufeln hätten wir, damit haben wir uns versehen. Wenn die Herren helfen wollten –"

„Natürlich, nur her damit." Bald sah man eine ganze Schar mit Schaufeln Bewaffneter am Werk. Man atmete auf, aber nur langsam schritt die Arbeit fort. Kaum hatte man eine Schanze bezwungen, bot sich schon ein neues Hindernis. Nach mehrstündiger Arbeit aber erlahmten sichtlich die Kräfte. Man löste sich ab, doch erzwingen ließ es sich nicht. Da hieß es plötzlich, einige Männer hätten sich nach der verlassenen Station aufgemacht, um Schlitten zu holen, mit dem Zug sei im Augenblick nicht durchzukommen. Neue Hoffnung belebte die Reisenden, aber Stunde um Stunde verrann, es ließ sich nichts hören noch sehen. Schon dunkelte es, der Abend kam heran, der Kleinmut stieg.

„Meine armen Kinder, mein armer Mann", jammerte eine Mutter, „wie werden sie sich ängstigen, wenn ich nicht komme."

„Um mich", sagt eine andere, „sorgt sich eine alte Mutter; wenn ich zur Nacht nicht da bin, wird sie krank vor Unruhe."

„Mich hungert, Mutter", klagte ein kleines Mädchen, und sah verlangend nach der großen Reisetasche. „Da sind nur Weihnachtssachen drin", war die Antwort. „Wir wären ja sonst am Nachmittag zur Kaffeezeit zu Hause gewesen, nun habe ich kein Brot und keine Semmel bei mir." Frieda, die mit einem Paket von Butterbroten versorgt war, bot der Kleinen eins an, was mit großem Dank angenommen wurde. Auch ihr fing es an unbehaglich zu werden. Sie dachte an Großtante Kathinka, die sie am Abend erwartete; sie hatte ihr geschrieben, dass sie nachmittags von der Hauptstadt abreisen würde. Wann konnte sie in Neuburg sein? Sie sah nach der Uhr. Schon bald Mitternacht, also über zwölf Stunden unterwegs.

„Wir müssen gewiss die ganze Nacht hier zubringen, o wäre ich daheim geblieben", klagte eine alte Frau. „Aber die Kinder baten so sehr, ich solle Weihnachten mit ihnen feiern, dies wird mein Ende sein." Frieda suchte sie zu trösten. „Sehen Sie, jetzt geht der Mond auf, das Schneien hat aufgehört, wir bekommen eine helle klare Nacht. Ich schlage vor, wir versuchen zu schlafen, da vergeht die Zeit, und die Erlösung kommt um so schneller."

„Sie haben gut reden, Sie junges Kind! Wer kann bei solcher Aufregung schlafen." Frieda zeigte auf ihr Gegenüber, eine korpulente Frau, die laut schnarchte. „Die hat das beste Teil erwählt", stöhnte eine andere. „Ich wollte, ich könnte auch schlafen, aber das lassen meine aufgeregten Nerven nicht zu."

So wurde geklagt und gejammert, aber besser wurde die Sache dadurch nicht.

Endlich ertönte Schellengeläute. „Jetzt kommen die Schlitten, Gott sei Dank!“, hieß es von allen Seiten. Und wirklich, eine ganze Reihe von Schlitten zog herauf, zum Teil große Leiterwagen, die auf Kufen gesetzt waren.

Plötzlich wurde die Tür des Abteils, in dem Frieda saß, aufgerissen, zwei Männer sahen herein und forderten die Frauen, die nach Neuburg und Wiesental wollten, auf, ihnen zu folgen, es sei ein Schlitten da für diese Ortschaften. Fast alle wollten dahin, nur die Frau mit dem kleinen Mädchen wollte nach einer früheren Station, weshalb ihr gesagt wurde, nach dem zweiten Schlitten zu gehen. Alle stiegen mit großer Geschwindigkeit aus, in der Angst, der Schlitten möchte ohne sie abfahren. Nur Frieda rührte sich nicht. Sie war ganz blass geworden und drückte sich ganz in die Ecke, als wollte sie nicht gesehen werden, dabei sah sie starr auf einen Punkt. Das Geschwirre der Aussteigenden tönte an ihr Ohr, aber ihre Gedanken waren weit weg. Sie waren am Neuburger See, sie hatte eben den Herrn wieder erkannt, der das Taschentuch von ihr verlangt hatte, um es dem Verwundeten als Verband aufzulegen. Schon die Stimme war ihr bekannt vorgekommen, und als nun der Schein der Lampe hell in sein Gesicht schien, da sah und hörte sie nichts weiter. Das war ja der Herr, der ihr oft in Gedanken und im

Traum erschienen war! Nein, ihm wollte sie sich nicht anvertrauen!

Alle hatten bereits das Abteil verlassen, und sie dachte eben darüber nach, dass sie die Tür schließen wollte und sich behaglich der Nachtruhe hingeben, da hörte sie draußen die Stimme laut sagen: „Es war doch noch eine Dame im Abteil, man sagte mir, ein junges Mädchen, das nach Neuburg wollte." Und der Herr stand abermals an der noch offenen Tür.

„Die Dame will nach Neuburg, höre ich. Bitte, schnell auszusteigen, der Schlitten fährt gleich ab."

„Ich kann warten", sagte Frieda beklommen. „Der Zug wird doch jedenfalls morgen freikommen."

„Und dann wollen Sie allein hier nächtigen. Ein großer Unsinn, liebes Fräulein. Seien Sie dankbar, dass für Beförderung gesorgt ist. Es hat uns Mühe und Kosten genug gemacht." Mit diesen Worten hatte er energisch ihre Hand gefasst, sie musste folgen, sie mochte wollen oder nicht. Er hatte etwas Zwingendes. Der Schlitten stand einige Schritte weiter auf der neben den Schienen herlaufenden Landstraße. Alle Frauen des Abteils saßen schon darauf und waren damit beschäftigt, sich in die warmen Decken, die vorsorglich im Wagen lagen, oder die man selbst hatte, zu hüllen. Er hielt Frieda noch immer an der Hand, als fürchte er, sie könne ihm entschlüpfen. Nun war er ihr beim Aufsteigen behilflich, und als er sie oben hatte, sagte er freundlich: „Sehen Sie, es geht ganz schön, und nun hole ich schnell Ihre Sachen, denn die haben Sie alle im Abteil gelassen, und dann kann die Reise losgehen."

Hurtig lief er zurück und überreichte ihr Tasche, Pakete und Schirm, alles mit ritterlichem Anstand und freundlicher Miene. Dann setzte er sich neben den Kutscher und rief: „So, nun vorwärts."

Der Schlitten glitt sanft dahin über die große winterliche Fläche, der Mond erleuchtete alles, es war blendend hell. Das fröhliche Schellengeläute, das Traben der Pferde durch den Schnee, und die Hoffnung weiterzukommen, belebte alle. Nur Frieda war es wie ein Traum, immer wieder musste sie nach dem Herrn schauen, der da vorn beim Kutscher saß und sich eifrig mit ihm unterhielt. Er sah gar nicht danach aus, als ob er Schweres auf dem Gewissen hatte. Sein ganzes Benehmen hatte nichts, was das Licht scheute, im Gegenteil, er hatte etwas so Sicheres, beinahe Vertrauenerweckendes. Es war ihr, als träumte sie, während alle andern schwatzten, lachten und sich über die Hilfe freuten.

„Nun, Fräulein, Sie sind ja ganz verstummt", sagte eine der Frauen. „Sie wären wohl am liebsten tagelang im Zug sitzen geblieben." Da wandte sich der Herr um und fragte besorgt: „Hat das junge Fräulein auch eine Decke", worauf einige Damen erwiderten: „Jawohl, gewiss, wir sind alle schönstens versorgt."

Aber ganz glatt ging auch die Schlittenfahrt nicht ab. Es kamen Schneeverwehungen, so dass man einige Male gezwungen wurde auszusteigen, da der Schlitten festsaß. Nun musste wieder mit der Schaufel gearbeitet werden, es gab Zeitverlust, und nasse Füße waren unvermeidlich.

Endlich tauchte die Station Neuburg auf, nicht lange dauerte es, so fuhren sie mit Schellengeläute in die Stadt.

Es war etwa zwischen sechs und sieben Uhr morgens. Auf dem Markt wurde halt gemacht. „Wir können nicht jeden vor die Haustür fahren, denn wir müssen eilen, nach Wiesental zu kommen", sagte der Unbekannte. Er war den Damen beim Absteigen behilflich, sie umringten ihn und dankten. Auch Frieda versuchte schüchtern ihren Dank anzubringen, aber er hörte es kaum, denn da kam ein Herr gelaufen, der den Schlitten hatte vorüberfahren sehen und seine Frau erkannt hatte. Auch andere eilten herbei, und es war so ein Auflauf, dass Frieda unbemerkt entschlüpfen konnte. Sie war ganz steif und konnte kaum die Füße bewegen; es war nur gut, dass das Haus der Tante nicht weit war. Dort im Eckhaus im ersten Stockwerk brannte Licht, sie war schon auf, da stand Frieda nicht vor verschlossener Tür. Unten im Flur hörte Frieda eine Frau rufen: „Eben ist ein Schlitten angekommen, er bringt die Reisenden, die im Zug eingeschneit sind, da ist das Fräulein, das Sie gestern erwarteten, gewiss mit dabei."

Sie vollendete kaum den Satz, als Frieda schon in

der Tür stand. „Gott sei Dank, dass Sie da sind, die Tante hat sich so sehr gesorgt, sie hat diese Nacht fast kein Auge zugetan.“ Das Hausmädchen nahm die Sachen und sagte, als Frieda mühsam die Treppe hinaufschlich:

„Fräulein, Sie werden gewiss noch krank, so eine Schlittenfahrt im Winter und dann bei Nacht!“

Großtante Kathinka, die das Reden unten gehört hatte, erwartete Frieda schon. „Kind, bist du da? Aber wie siehst du aus!“ Frieda sank halb ohnmächtig auf einen Stuhl und weinte bitterlich, gerade wie damals, als sie von dem aufregenden Spaziergang kam.

„Sie ist krank, Marie, wir müssen sie schleunigst zu Bett bringen. Diese Reise war zu viel für das junge Mädchen.“ Es währte nicht lange, so lag sie in Tante Kathinkas Bett. Sie ließ alles über sich ergehen, obwohl sie sich bis zum Äußersten beherrschen konnte, hatte sie sich doch bei der ganzen Geschichte sehr aufgeregt, auch hatte sie sich eine tüchtige Erkältung geholt, so dass ihr alles, was man jetzt mit ihr machte, gleichgültig war.

Als das kleine Gastzimmer geheizt und das Bett gewärmt war, wurde sie umquartiert und der Arzt gerufen. Der ordnete einige Tage Bettruhe an, es sei eine tüchtige Grippe im Anzug, die leicht eine Lungenentzündung nach sich ziehen könne, wenn nicht strenge Schonung geübt werde.

„Nun, dann bleiben wir hübsch zu Hause, und ich pflege das Kind“, sagte Tante Kathinka zu ihrer

Marie, schrieb schleunigst einen Brief nach Buschrode mit der Bitte, den Christian nicht zu schicken, weil Frieda krank bei ihr angekommen sei, und sie beide nicht an eine Reise zu ihnen denken könnten.

Großtante Kathinkas Heim

Tante Kathinka stand am andern Morgen am Bett der Kranken, als sie die Augen aufschlug. Mit mütterlicher Liebe strich sie ihr über die heißen Wangen und sagte besorgt: „Das war eine unruhige Nacht, Kind, hast ordentlich ein bisschen phantasiert. Was hattest du nur von einem Herrn, der einen andern verwundet haben sollte, der dich mit seinen dunklen Augen angesehen und dich wegführen wollte."

„Ich weiß gar nicht, was ich gesagt habe. Es war mir nur so wirr im Kopf- und er schmerzte so sehr."

„Deshalb sollst du nun stillliegen und alles tun, was der Arzt und Tante Kathinka dir verordnen, mein Kind."

„Aber wir müssen doch noch heute nach Buschrode." Tante Kathinka sagte ihr nun mit freundlichen Worten, dass daran nicht zu denken sei. Sie würde mit ihr daheim bleiben und ein stilles Weihnachtsfest mit ihr feiern. Frieda bedauerte, dass die Tante durch sie von der Reise abgehalten werde, und dass sie ihr soviel Mühe mache. Da legte die alte Tante ihr die Hand auf den Mund und versicherte ihr, dass sie gern einmal still zu Hause bliebe. Wenn Frieda brav sei und den Anordnungen des Arztes folge, könnten sie vielleicht zu Silvester und Neujahr einige Tage nach Buschrode.

Frieda war's zufrieden. Ihr tat vorderhand vollständige Ruhe not. Die letzten Wochen in Grünbach, die ganze Verantwortung, die auf ihr lag, die mancherlei Ärgernisse mit der Dienerschaft, die aufregende Nacht mit dem Silberdiebstahl, das alles hatte ihre Nerven angegriffen, dazu kam nun die starke Erkältung, so dass es kein Wunder war, wenn sie jetzt ziemlich fertig dalag.

Die Schlittenfahrt und alles, was damit zusammenhing, beschäftigte sie besonders, wenn sie still in ihrem Stübchen lag. Er hatte immer von Wiesental gesprochen. Er musste doch in dieser Gegend wohnen, oder wollte er nur jemand zum Weihnachtsfest besuchen. Er hatte sie natürlich nicht wieder erkannt, sie war damals ein halbes Kind. Auch war er zu aufgeregt, als dass er sie näher beobachtet hätte. Sie versuchte, von diesen Gedanken loszukommen, aber immer wieder fühlte sie den energischen Druck seiner Hand, mit der er sie zwang, aus dem Abteil zu steigen und ihm zu folgen. Gleichwohl musste sie ihm dankbar sein, dass sie glücklich an Ort und Stelle war, wer weiß, wie lange der Zug noch festgesessen hätte, wenn man auch davon gesprochen hatte, dass viele Arbeiter unterwegs seien, um Hilfe zu bringen.

Am andern Tage kamen Briefe aus Buschrode voll herzlichsten Bedauerns. Man hatte sich schon sehr um Frieda gesorgt, weil man überall von Schneeverwehungen und Steckenbleiben der Züge gelesen hatte. Nun war man zwar froh, dass sie bei der Großtante gelandet war, und dass diese sie pflegte, aber dass beide nun nicht das Weihnachtsfest in Buschrode verleben könnten, war sehr schade. Die Tanten Agnes und Emilie waren schon vor dem großen Schneefall eingetroffen, und noch einer, schrieb die Pastorin, aber davon würde Martha an Frieda besonders schreiben. Es lag auch extra ein Brief an die Pflegeschwester bei, den Tante Kathinka der Kranken, der es schon besser ging, aushändigte.

Voller Erwartung griff Frieda danach und las:

„Liebste Frieda! Ich hoffte, dir mündlich mein Glück zu verkünden, nun muss ich es schriftlich tun. Der beste und liebenswürdigste Mensch der Welt ist jetzt mein Eigentum geworden. Ich bin so glücklich, dass ich es nicht zu beschreiben vermag. Gestern haben wir uns verlobt. Du hattest immer etwas gegen Riedeck, aber wenn du ihn erst näher kennen lernen wirst, dann, denke ich, wirst du deine Ansichten ändern. Den Tanten gefällt er auch sehr. Wir sind beide namenlos glücklich. Werde bald gesund, damit du an unserem Glück teilnehmen kannst. Sehr lange wird mein Verlobter nicht hier sein, er hat nur bis Neujahr Urlaub, muss Silvester schon wieder reisen. Im Mai wird, will's Gott, unsere Hochzeit sein. Gute Besserung. Deine Martha."

Frieda legte den Brief auf ihr Bett und schloss die Augen. Was sie gefürchtet, war nun Tatsache geworden. Wenn sie nur damals in Eichberg nicht die Äußerung, die er gegen den jungen Herrn Dorn gemacht, gehört hätte. Dann wäre nicht dies Misstrauen in ihre Seele gekommen. Aber wer hauptsächlich bei seiner Verbindung mit einem jungen Mädchen auf das Geld sieht, das sie mitbringt, bei dem kann die Liebe nicht allzu groß sein. Aber nun ließ sich nichts in der Sache machen; dass Riedeck ihr persönlich nicht sympathisch war, tat ihr Marthas wegen Leid, aber sie konnte es nicht ändern. Sie wollte sich beherrschen, wollte keine missliebigen Äußerungen mehr machen. Marthas größter Wunsch war nun erfüllt, infolgedessen war sie wieder freundlich und liebenswürdig. Frieda wollte ihr das Glück von Herzen gönnen und froh sein, wenn sie sich täuschte. Sie wollte sich gewiss freuen, wenn die einzige Tochter ihrer Wohltäter in der Verbindung mit diesem Herrn ihre volle Zufriedenheit fände.

Schweigend gab sie der Tante den Brief. Sie setzte sich damit ans Fenster und las. Als sie fertig war, sagte sie: „Es war zu erwarten, dass es so kommen würde."

„Freust du dich, liebe Tante?" Die Tante umging die Frage und sagte nur: „Ich hätte ebenso gern für Martha einen Pfarrer gehabt." Dann schwiegen beide. Es war, als ob ein inneres Einverständnis da war. Nach einer Pause stand Tante Kathinka auf, strich Frieda über die Wangen und sagte: „Und ebenso gut ist es gewiss, dass wir beide jetzt nicht in Buschrode sind. Es hat alles so kommen müssen." Weiter wurde nichts über die Angelegenheit gesprochen.

Die alte Großtante war rührend in ihrer Güte für Frieda. Eine bessere Pflegerin konnte Frieda sich nicht wünschen. Das Mädchen, das schon viele Jahre bei der Tante diente, unterstützte sie darin. In der kleinen gemütlichen Wohnung herrschte eine Ruhe und ein Friede, die auf Friedas Nerven einen sehr wohltuenden Einfluss ausübten. So fühlte sie sich am Heiligen Abend schon um vieles besser und hatte Lust aufzustehen. Doch dagegen wurde entschieden protestiert. Aber die Tante ließ die Tür des kleinen Stübchens, in dem Frieda lag, nach dem Wohnzimmer weit geöffnet, so dass das junge Mädchen an dem geschäftigen Treiben der alten Dame vom Bett aus teilnehmen konnte.

„Siehst du, Marie“, hörte sie sie zum Mädchen sagen, „nun feierst du einmal Weihnachten bei mir; auch die Bescherung für meine Armen kann nun am Heiligen Abend stattfinden, statt dass ich sie sonst schon einige Tage früher hatte. Du hast sie doch bestellt?“

„Natürlich. Sie hatten schon große Angst, dass in diesem Jahr nichts damit würde, weil sie dachten, Frau Schubert wäre schon verreist.“

„Da sollten mich doch die Leute besser kennen, Marie; nun machen wir alles, wie es war, als mein seliger Mann noch lebte. Komm mit auf den Boden. Im großen Koffer liegt noch ein altes Weihnachtstransparent, es wird heute Abend aufgestellt, damit das Kind da im Bett eine Freude hat.“

Wie freute sich Frieda über diese Bezeichnung. Sich unter mütterlicher Pflege und Liebe als Kind zu fühlen, wie wohl tat das nach allen Aufregungen der letzten Zeit.

Nun wurde ein großer Tisch in die angrenzende Stube gebracht und ein weißes Tuch darüber gebreitet, das die Tante aber erst an Friedas Bett brachte, damit diese es bewundern sollte. Es war ein fast zweihundertjähriges feines Damastgewebe, die Jahreszahl war hineingewebt. Es war von Geschlecht auf Geschlecht vererbt und wurde hoch in Ehren gehalten und kam nur an besonderen Festtagen zum Vorschein. Dann wurden Äpfel und Nüsse abgezählt und Pfefferkuchen aufgelegt. Nun holte die Tante die Geschenke, und zuletzt erschien sie mit einem ganzen Arm voll selbstgestrickter Strümpfe. Die zeigte sie Frieda, indem sie sagte: „Daran habe ich das ganze Jahr gestrickt, sieh nur, diese Socken bekommt der alte Tischler, der keine Frau mehr hat, die ihn mit Strümpfen versorgt; die hier sind für meine alte Waschfrau, die keine Zeit hat, sich selbst welche zu stricken, und diese feinen weißen Strümpfe habe ich für zwei Konfirmandinnen gearbeitet."

Frieda bewunderte den Fleiß der Tante und die feine Stickerei mit den bunten Rändern.

„Das Stricken kommt leider ganz aus der Mode", sagte die Großtante traurig, „sieht man noch junge Mädchen mit Strickstrümpfen? Früher galt es als eine Ehre, dass eine Braut sich ihre Strümpfe zur

Aussteuer selbst strickte." Das war ein Lieblingsthema der alten Dame, die alte Zeit rühmend gegen die Neuzeit hervorzuheben, sie würde das Gespräch noch länger ausgedehnt haben, wenn es heute nicht an Zeit gefehlt hätte. So ging sie mit den Zeugnissen ihres Fleißes davon und legte sie auf die verschiedenen Plätze.

Schon alle diese Vorbereitungen vom Bett aus beobachten zu können, war Frieda eine große Freude. Sie bedauerte zwar immer wieder, der Tante nicht helfen zu können, es lag nicht in ihrer Art, still zuzusehen, wenn andere beschäftigt waren. Aber sie fühlte heute noch eine solche Schwere und Mattigkeit in allen Gliedern, dass sie froh war, liegen zu können.

Als es dunkelte, wurde das Bäumchen, das in der Mitte des Tisches stand, angezündet. Schon vorher hatte Frieda das Trappeln von Füßen auf der Treppe gehört. Jetzt wurde die äußere Tür geöffnet, und die zur Bescherung Geladenen traten ein. Das geschah alles mit solcher Ruhe und Ordnung, dass Frieda sich verwunderte.

„Grolmann, Sie setzen sich am besten hierher mit Ihrer Harmonika. Ihr Kinder stellt euch dorthin, die jungen Mädchen hier. Nun wollen wir erst singen und Gott die Ehre geben." Die Schar begann: „O du fröhliche, o du selige, gnadenbringende Weihnachtszeit", der alte Grolmann begleitete dazu auf seiner Harmonika, leise und lieblich, die alte Großtante sang kräftig mit. Frieda konnte ihr liebes Gesicht gerade sehen, wie es so andächtig war und einen so glücklichen, verklärten Ausdruck trug, glücklich, weil es ihr vergönnt war, Liebe auszuteilen an solche, die kein frohes Fest hätten feiern können. Nach dem Gesang sagten noch zwei Kinder die Weihnachtsgeschichte auf, und als sie beim Lobgesang der Engel waren, da sangen sie alle vielstimmig das „Ehre sei Gott in der Höhe, Friede auf Erden und den Menschen ein Wohlgefallen“.

Es wurde Frieda unter dem Gesang so fröhlich zumute, dass sie meinte, noch nie ein so schönes, friedvolles Weihnachten erlebt zu haben. Sie hörte dann, als es nun ans Bescheren ging, so viele schöne Worte aus dem Mund der Tante, dass sie an diesem Abend noch viel höher als bisher in ihrer Hochachtung stieg. Wie herzlich ermahnte sie die beiden Konfirmandinnen, das Neue Testament, das sie ihnen schenkte, täglich zu benutzen. „Im Worte Gottes“, sagte sie, „liegt eine Kraft, die euch tüchtig macht, in seinen Wegen und Geboten zu wandeln, lasst es nicht links liegen, es lehrt euch euren Heiland lieben; lest jeden Morgen darin, eh ihr an eure Arbeit geht, und betet, dann wird eure Arbeit gesegnet sein.“

Zu den Kindern sprach sie liebreich und kindlich, sagte ihnen, wie der treue Heiland fromme, artige Kinder lieb habe, sie schütze und segne. „Seid ihr denn immer artig?“, fragte sie zwei kleine blondlockige Mädchen. Sie schüttelten ernst ihre Köpfchen. „Nein?“, fragte die Tante. „Nun? Zankt ihr miteinander?“ Sie nickten stumm, die eine sagte schüchtern: „Wir schlagen uns auch.“

„Das ist freilich nicht recht, aber es tut euch gewiss Leid.“ Sie drückten ihre eben bekommenen Puppen fest an sich, als fürchteten sie, sie möchten ihnen entrissen werden, und stießen beide zugleich ein lautes „Ja“ aus. Die Tante streichelte die Kinder wegen ihres offenen Bekenntnisses und ermahnte sie freundlich, von nun an in Liebe und Eintracht miteinander zu leben.

Die Mutter der Kinder, eine hübsche, saubere, junge Frau, die das Bekenntnis der Kinder voll Schrecken vernommen hatte, fürchtete, es möchten nun alle Wohltaten aufhören, und so trat sie dicht zu ihr heran und flüsterte:

„Frau Schubert, es ist halt nicht so schlimm, es kommt mitunter wohl ein kleiner Streit vor, aber im Ganzen vertragen sie sich ganz schön.“

„Ich weiß wohl, aber es freut mich, wenn die Kinder die Wahrheit sagen. Darauf halten Sie nur immer. Eine Lüge ist etwas sehr Böses.“

Zum Schluss wurde noch ein Weihnachtslied gesungen, und dann verabschiedete sich die kleine Schar unter vielen Dankesworten.

Als alles ruhig geworden war, trat Tante Kathinka zu Frieda ans Bett. Die streckte die Arme aus und umarmte sie mit den Worten: „Tante, das war eine wunderschöne Feier, ich werde sie nie in meinem Leben vergessen."

„Am Heiligen Abend habe ich die Feier sonst nicht gehabt, immer einige Tage früher, weil ich gewöhnlich in Buschrode war."

„Tante, welch eine reiche Bescherung konntest du den Leuten geben!"

„Ich arbeite und spare das ganze Jahr dafür. Es ist meine größte Freude im Leben." Frieda drückte ihr stumm die Hand. Da begannen die Weihnachtsglocken zu läuten, hell und klar drangen sie durch die Winterluft in die stille Wohnung der Witwe, die Hand in Hand mit ihrem Pflegling da saß und den altvertrauten Tönen lauschte. Sie schwiegen beide und ließen Bilder aus der Vergangenheit an sich vorüberziehen. Friedas Gedanken gingen weit zurück, sie musste an das letzte Weihnachtsfest, das sie mit ihrer seligen Mutter verlebt hatte, denken. Sie war schon recht elend und schwach gewesen damals und mochte wohl ihr nahes Ende fühlen. Sie hatte aber für ihr einziges Kind getan, was sie konnte. Viel konnte sie ihr nicht schenken, die Hauptsache für Frieda war die mütterliche Liebe, die sie umfing, und die sie so bald entbehren musste.

„Es könnte, ja müsste alles anders sein", hatte die Mutter an jenem Abend gesagt, „es tut mir weh, dass du, mein liebes Kind, unter den Verhältnissen leiden musst." Aber was hätte da anders sein müssen, darüber hatte sie als Kind wenig nachgedacht.

Und der sie hätte aufklären können, war ihr persönlich nahe gewesen, ohne dass sie es beide ahnten. Sein Freund, der jenseits Neuburg ein Gut hatte, hatte ihn dringend eingeladen, das Weihnachtsfest in seinem Familienkreis zuzubringen. Und da er bis jetzt noch allein stand, weder Weib noch Kind hatte, scheute er die weite Reise nicht, um Weihnachten dort zu sein.

In den Festtagen durfte Frieda etwas aufstehen. Ihre kräftige Natur überwand allmählich die Schwäche, und man beratschlagte schon, wann der Christian kommen sollte und die beiden nach Buschrode holen.

„Es ist so schön bei dir in deinem friedlichen Heim", rief Frieda eines Tages. „Wie kommt es nur, dass es bei dir immer wie lauter Sonnenschein ist?" Bei diesen Worten umarmte sie die alte Dame, die gerade in ihrem Gesangbuch las. Sie zeigte mit dem Finger auf einen Vers ihres Lieblingsliedes, das sie aufgeschlagen hatte, und Frieda las: „Mein Herze geht in Sprüngen und kann nicht traurig sein, ist voller Lust und Singen, sieht lauter Sonnenschein. Die Sonne, die mir lachet, ist mein Herr Jesus Christ, das, was mich singen machet, ist, was im Himmel ist."

Da wusste Frieda, woher der Sonnenschein in dem Heim der Großtante Kathinka kam.

Riedeck

Tante Emilie schaute bei der Großtante in die Tür. „Darf ich kommen? Christian hält unten mit dem Schlitten und lässt fragen, wann die Herrschaften heute Nachmittag zu fahren gedächten?“ Es wurde durch Marie Botschaft nach unten geschickt. Tante Emilie aber richtete tausend Grüße aus von allen, man warte mit Sehnsucht auf die beiden Ungetreuen, die es vorgezogen hätten, in der Wohnung der Großtante Weihnachten zu feiern, statt im schönen großen Pfarrhaus zu Buschrode.

„Wir haben ein schönes Fest gefeiert“, sagte Frieda. „Tante Kathinka hat mich gründlich verwöhnt.“

„Ich wurde extra mitgeschickt, um für gründliche Verpackung des kranken Vögleins zu sorgen, ich habe eine Unmasse von Fußsäcken und Pelzen dabei.“

„Ist gar nicht nötig“, meinte Frieda vergnügt, „ich bin wieder ganz gesund und will mich nicht verzärteln lassen. Es ist aber hübsch, dass du mitgekommen bist, Tante Emilie. Oder wolltest du schon wieder abreisen?“

„Behüte! Ich werde doch nicht fortgehen, wenn so liebe Gäste eintreffen. Es ist jetzt in Buschrode eine muntere belebte Zeit. Wir haben schöne Tage hinter uns. Wenn ein Brautpaar im Hause ist, muss es doch hübsch sein!“

„Wie gefällt dir denn Marthas Verlobter, Emilie?“, fragte Tante Kathinka.

„Ein reizender Mensch! Wir haben schon große Freundschaft miteinander geschlossen. Ein feiner junger Mann mit gefälligen Manieren. Martha macht wirklich ein großes Glück. Der Mann hat eine Begabung für Musik, kolossal. Wir haben ganz in Musik gelebt, schade, dass er morgen schon abreisen muss.“

Die beiden schwiegen. Frieda sprach es nicht aus, aber sie dachte, es sei gar nicht schade, um so mehr werde sie von Martha haben, die natürlich, solange Riedeck da war, ganz von ihm in Beschlag genommen sein würde. Sie packte nun ihre Sachen zusammen, half der Tante, und als Christian nachmittags mit dem Schlitten hielt, standen sie alle bereit und ließen sich von der treuen Marie tüchtig einpacken, obwohl es weder schneite noch stürmte, sondern ein freundlicher heller Wintertag war.

Der Schlitten glitt so sanft dahin, dass es ein Vergnügen war. Schneewehen gab es keine mehr, die Bahn war vorzüglich, und die Braunen trabten so munter dahin, dass die Fahrt schneller als sonst vonstatten ging. Da war schon der Turm von Buschrode, jetzt tauchte das Dorf auf, und nun ging es auf den Pfarrhof. Frieda klopfte das Herz mächtig, wie würde das Zusammenleben mit Martha sich gestalten? Es konnte doch sein, dass der Verlobte es treu und ehrlich mit ihrer Martha meinte.

Noch bevor der Schlitten hielt, wurde die Haustür geöffnet, und Martha eilte hinaus und rief: „Willkommen, willkommen!“ Während Martha Frieda herzlich begrüßte, machte Riedeck sich viel mit Tante Emilie zu schaffen, sprach in überschwänglichen Worten seine Freude über die Rückkehr der Tante aus, als wollte er Frieda zeigen, auf welchem vertraulichen Fuß er bereits mit der Tante stehe.

Martha zog ihn aber doch gleich heran und stellte ihn der Großtante vor, die eben sorgsam von ihrem Vater aus ihren Umhüllungen geschält wurde, dann kam sie mit ihm zu Frieda, die von ihrer guten Pflegemutter herzlich begrüßt wurde. Frieda reichte ihm die Hand und sprach einige freundliche Worte. Dann ging man ins Haus und Frieda war froh, dass die erste Begegnung vorbei war.

Frau Charlotte war herzlich und mütterlich wie immer, sagte, wie große Angst sie um Frieda gehabt, als der Schneesturm eingesetzt und sie sie unterwegs gewusst habe. Sie war auch jetzt noch um Friedas Gesundheit besorgt. Die erklärte aber fröhlich, sie sei wieder ganz die Alte, ging dann, um auszupacken, um alle ihre kleinen Gaben und Geschenke an die Familie auszuteilen. Als sie wieder nach unten kam, war in der Weihnachtsstube der Christbaum angezündet, Großtante Kathinka aber und Frieda wurden an die Plätze geführt, die man für sie aufgehoben hatte, und wurden durch reiche Gaben überrascht, besonders Frieda, die ganz als Kind des

Hauses betrachtet wurde. Wie froh war sie, dass sie das erstemal von eigenem Gelde auch etwas schenken konnte.

Es wurde an dem Abend viel musiziert. Martha spielte Klavier, und Riedeck begleitete sie auf der Violine. Er war Meister darin; es war ein Genuss, ihnen zuzuhören. Frieda hatte Gelegenheit, ihn verstohlen zu beobachten. Er war ein schlanker junger Mann mit gewandtem Benehmen, darin hatte Tante Emilie recht. Der üppige schwarze Haarwuchs, die großen dunklen Augen in dem bleichen Gesicht hatten für Frieda etwas Unheimliches, während die andern das schön fanden. Die Augen hatten etwas Unstetes und konnten nicht geradeaus blicken. Ein gerader Blick, ein herzhafter Händedruck war ihr Bürgschaft eines ehrlichen Herzens. Beides fehlte ihm. Aber sie hatte sich vorgenommen, nicht zu kritisieren, waren doch alle, wie es schien, von seiner Persönlichkeit so eingenommen, dass man es ihr verargt hätte, wenn sie etwas anderes geäußert hätte. Aber wenn sie sich nicht ganz täuschte, zeigte sich auf der Stirn des Pfarrers eine leichte Wolke, es wollte ihr scheinen, als sei er ein wenig bedrückt, obwohl er sonst neben seinem Ernst eine große Fröhlichkeit zur Schau tragen konnte, war er oft in sich gekehrt und sah still vor sich hin.

Die Mutter machte dem Musizieren ein Ende, indem sie erklärte, es sei am letzten Abend von Riedecks Hiersein wohl an der Zeit, sich noch ein wenig zu unterhalten, auch sei es der erste Abend mit Tante Kathinka und Frieda, man müsse sich doch von ihren Erlebnissen erzählen lassen.

Gleich eilte Riedeck zu Tante Kathinka und rief, indem er sich vor ihr verneigte: „Ja, gnädige Frau, gewiss, Sie müssen uns von Ihren Erlebnissen erzählen."

Die alte Dame sah ihn verwundert an. „Eine gnädige Frau bin ich nicht, nennen Sie mich schlechtweg Frau Schubert. Besondere Erlebnisse habe ich auch nicht zu berichten, das kann unsere liebe Frieda besser."

„Wir haben alle Brüderschaft mit ihm gemacht", flüsterte Emilie der Tante zu, während Riedeck zu Frieda eilte und sie sehr liebenswürdig ansprach. Die Großtante sagte ruhig und bestimmt zu Emilie: „Das hat Zeit bis zum Hochzeitstag. Es war früher keine Sitte, dass man sich gleich duzte."

Auch Frieda schien es nicht für nötig zu finden. Sie ließ sich das „Fräulein Frieda" ruhig gefallen. Martha schien sehr erfreut, Frieda und ihren Verlobten in einer Unterhaltung miteinander zu sehen. Nun musste ja ihre Pflegeschwester sehen und erkennen, welch ein Kleinod ihr zuteil geworden war.

Am andern Morgen reiste Riedeck ab. Da gab es Abschiedstränen bei Martha. Nur das Versprechen, Ostern wieder zu kommen, ermunterte und tröstete sie. Frieda fand, dass zuviel aus dem jungen Mann gemacht wurde, besonders auch von den Tanten. Sie konnte sich nicht helfen, sie hatte das Empfinden, dass es hier schöner ohne ihn war. Nach seiner Abreise kam alles mehr ins Gleichgewicht, das Pfarrhaus von Buschrode war wieder, wie es sonst gewesen, nur der Pfarrer war ernster geworden. Hatte er vielleicht im Amt Ärgernisse gehabt, oder bedrückte ihn sonst etwas?

Sie ahnte nicht, dass er im Laufe des Vormittags seiner Frau, die im Studierzimmer bei ihm weilte, mitteilte, dass Riedeck ihn um Geld gebeten hatte. Er habe von früher her Verpflichtungen, sein Studium habe viel gekostet, und er wolle gern vor seiner Hochzeit alles beglichen haben.

„Hast du ihm die Bitte erfüllt?“, fragte Frau Charlotte. „Ich habe es mir einige Tage überlegt und habe es nun um Marthas willen getan. Es ist nicht gut, wenn ein junges Ehepaar mit Schulden anfängt. Das hat mich jedoch ein klein wenig misstrauisch gemacht.“

„Du bist zu argwöhnisch. Denke nur, dass Riedeck keinen Vater mehr hatte, der für ihn sorgte. Da kann ein junger Mann wohl in Schulden kommen. Jetzt, als Musiklehrer, hat er schon eine gute Einnahme; aber der Brautstand kostet etwas. Wie reich hat er Martha beschenkt, dazu die weiten Reisen hierher. Und wenn er Ostern die feine Stelle am Konservatorium bekommt, so kann er dir die tausend Mark bald zurückzahlen.“

„Das hat er versprochen. Wenn ich sehe, dass es

ihm mit dem Wiederbezahlen Ernst ist, kann ich es ihm ja immer noch schenken."

„Das ist recht. Martha ist unsere einzige Tochter. Was du für ihn tust, tust du für sie."

Es folgten noch einige schöne Tage des Zusammenlebens. Martha und Frieda verkehrten in alter Weise, auch kamen sie sich innerlich wieder näher. Martha sprach viel von ihrer Hochzeit im Mai, bedauerte es sehr, dass Riedeck keine Geschwister habe und seine Mutter ihres Alters wegen nicht kommen könnte. Aber sie wollten sie auf der Hochzeitsreise besuchen, damit sie sie kennen lerne.

An die Aussteuer wurde lebhaft gedacht. Die Tanten hatten Auftrag, in der Hauptstadt Leinenzeug einzukaufen; es sollte alles gut und solide sein, wie es sich für die einzige Tochter der Pfarrersleute schickte.

Als Martha einst auf einem Spaziergang mit Frieda davon sprach, dass sie wohl die Möbel erst an Ort und Stelle kaufen würden, da der Transport unnötige Kosten mache, aber dass sie alles recht elegant einzurichten gedächte, wie es sich für einen zukünftigen Professor der Musik passe, sagte Frieda:

„Nicht zu elegant, liebe Martha, das macht's nicht aus. Einfach aber geschmackvoll gibt erst ein gemütliches Heim. Nimm nur den besten Schmuck mit in deine neue Heimat, dann wird es jedem wohl sein, der bei euch aus und ein geht. Sieh, ich habe schon oft jetzt meine Beobachtungen gemacht. In dem großen schönen Schloss zu Grünbach ist alles aufs Feinste eingerichtet, ein wohliger Kunstsinn herrscht überall, aber es fehlt an der Hauptzierde. Der Geist Christi, der alles verklärt, der Liebe und Frieden verbreitet, er ist nicht vorhanden. Ebenso ist es bei den lieben Doktor Bohners, von denen ich dir erzählt habe. Es ist reizend bei ihnen, sie führen ein gastfreies Haus, sind liebenswerte Menschen, aber der Geist Christi, der alles durchdringt, der fehlt. In deinem Elternhause ist es anders, da wird Geist und Sinn schon durch die Morgenandacht auf Gott gerichtet, bei den Mahlzeiten wird gebetet, abends versammelt sich die Hausgemeinde zu gemeinsamer Andacht und befiehlt sich mit Leib und Seele dem Schutze Gottes; das ganze Leben in eurem Hause zeugt davon, dass man Gott die Ehre gibt. Diesen Geist nimm mit in dein Haus, Martha, dann wird es gesegnet sein."

Martha wurde rot und verlegen. Fürchtete sie doch, dass es bei ihnen einmal nicht so sein werde.

„Sieh", fuhr Frieda fort, „das habe ich auch jetzt bei der Großtante Kathinka empfunden. Wie einfach und altmodisch ist es in ihrer Behausung und doch – welch ein Geist des Friedens weht, wie viel Sonnenschein und Liebe geht von dort aus. Ich werde nie die Tage des Krankseins vergessen, die ich bei ihr verleben durfte. Sie ist meinem Herzen dadurch um vieles näher getreten."

„Unser Haus wird dir hoffentlich auch lieb werden“, sagte Martha etwas beklommen.

„Gewiss, Martha. Ich denke und hoffe fest, dass du als die Tochter deiner prächtigen Eltern, denen ich so unendlich viel verdanke, das Beste aus ihrem Hause mitnehmen und in das deinige übertragen wirst.“

Enttäuschungen

Nun war der Winter vorüber, Schnee und Eis waren längst geschmolzen, alle Unbilden der kalten Jahreszeit vergessen. Der Mai war mit Blütenduft und Sonnenschein ins Land gezogen. Alles grünte und blühte, der Flieder prangte mit dem Goldregen zum Schmuck der Gärten um die Wette, die Vögel sangen und freuten sich über ihr Dasein, und die Menschen genossen, neu belebt, die schöne Maienzeit.

Nun brauchte keiner, der auf Reisen ging, sich mit Fußsack und Pelzwerk zu versehen, darum war auch ein junges Menschenkind, das in die Welt reiste, nur mit einem hellen lichten Frühlingsgewand bekleidet und sah fröhlich zum Zug hinaus, um in schnellem Lauf grüne Bäume, blumige Wiesen, blühende Gärten an sich vorüberziehen zu sehen.

Frieda war auf der Reise zur Hochzeit in Buschrode. Das Gewand, das sie als Brautjungfer tragen wollte, lag wohlverwahrt im Koffer, auch das schöne Kissen, worauf sie für Martha den Brautkranz bringen wollte. Sie wunderte sich nur, dass sie Lina in Holtenow nicht an der Bahn getroffen hatte. Die war als alte Pensionsbekannte auch von Martha zur Hochzeit geladen. Frieda hatte sich mit ihr verabredet, die Reise zusammen zu machen. Sie war nicht am Bahnhof gewesen, gewiss hatte sie, wie es bei ihr zu erwarten stand, den Zug versäumt und kam mit einem späteren. Frieda konnte aber nicht warten, sondern musste jetzt fahren, weil sie mit dem Wagen in Neuburg erwartet wurde. Hoffentlich traf sie in der Hauptstadt mit den Tanten zusammen. Auch da war niemand Bekanntes zu sehen und zu hören. Sie fuhr in der Voraussetzung weiter, die Tanten seien vielleicht schon lange in Buschrode, um bei den Vorbereitungen zu helfen. Sie sah unterwegs aus dem Abteil, als sie hinter der Station war, wo sie damals steckengeblieben waren. Lebhaft trat ihr das Bild der Verzweiflung vor Augen, als es hieß: „Bis hierher und nicht weiter." Wie gut, dass nun Frühling war und kein Hemmnis dieser Art in den Weg treten konnte.

In Neuburg solle sie zu Tante Kathinka gehen, Christian werde, wenn er ihre Sachen von der Bahn geholt habe, dorthin kommen, um sie beide abzuholen. Sie freute sich schon auf diesen kurzen Besuch. Wie erstaunte sie, den Wagen aus Buschrode am Bahnhof zu finden. Nicht Christian, sondern ein fremder Mann aus dem Dorf saß darauf und winkte ihr. „Fräulein möchten gleich aufsteigen, Frau Schubert sei schon in Buschrode", bestellte der Mann. Verwundert fragte Frieda, ob Christian krank sei? Er wisse es nicht, hieß es, er habe nur Weisung, das Fräulein von der Bahn zu holen.

So ließ Frieda ihr Gepäck von einem Dienstmann auf den Wagen bringen, und fort ging die Reise. Es beschlich sie plötzlich eine bange Ahnung, als ob nicht alles sei, wie es sein sollte. Sie verscheuchte jedoch energisch die trüben Gedanken und nahm sich vor, recht fröhlichen Herzens die Hochzeit mitzufeiern. War doch alles in der Natur dazu angetan, das Menschenherz froh zu stimmen. Die schlanken Birken da am Wege mit ihren weißen Stämmen und den graziösen Zweigen, die ihr freundlich zuzunicken schienen, die grünen Kornfelder, die sich leise im Winde hin und her bewegten, dort am Graben die Vergissmeinnicht, die zum Pflücken einluden, dazu der blaue Himmel und der Sonnenschein.

Jetzt kamen sie dem Dorfe näher. Der Kirchturm hatte schon lange heimatlich herübergegrüßt, jetzt lagen alle die bekannten Höfe und Häuser vor ihr. Dort, hinter den Linden versteckt, das Pfarrhaus, das sie morgen mit Girlanden und Kränzen schmücken wollten. Nun rasselte der Wagen durchs Dorf, hier und dort tauchten bekannte Gesichter auf, die freundlich grüßten. Jetzt lenkte der Wagen in den Pfarrhof ein. Nun würde sich die Tür öffnen, wie sonst immer – doch heute blieb alles still. Nichts regte sich. Der Wagen hielt, da kam Marie, das Hausmädchen, heraus. Sie grüßte still und hatte, wie Frieda bemerkte, verweinte Augen. Still nahm sie das Gepäck vom Wagen, während Frieda mit bangem Gefühl das Haus betrat. Da öffnete sich eine Tür, Großtante Kathinka trat heraus. Auch sie hatte geweint. Sie umarmte Frieda schweigend, dann flüsterte sie: „Mein liebes Kind, aus der Hochzeit wird nichts, ich habe es längst geahnt." Es war Frieda, als ob alles in ihr stockte. Sie hatte gehofft, in ein Hochzeitshaus zu kommen, wo Freude und Frohsinn herrschte, und nun dies!

„Wo ist Martha?"

„Sie und die Mutter haben sich eingeschlossen."

„Und der Vater?"

„Musste schleunigst abreisen, um Erkundigungen einzuziehen. Es liegt wahrscheinlich ein großer Schwindel vor."

„Aber die Hochzeitsgäste, die alle heute eintreffen sollten –"

„Wurden gestern noch sämtlich abtelegraphiert." Nun erklärte sich Frieda Linas Nichterscheinen am Bahnhof sowie etliches andere. Sie ging mit der Tante hinein, während diese sagte: „Du solltest kommen, du bist hier jetzt hochnötig, liebes Kind. Martha bedarf großer Liebe und großer Schonung."

„Was ist denn nun aber in aller Welt passiert, liebste Tante? Erkläre doch die traurige Sache."

„Komm, wir gehen in den Garten, da hört uns niemand." Die Tante berichtete nun, dass Martha seit Ostern nur selten Briefe bekommen habe, auch dass Riedeck sonderbare Äußerungen dahin getan hätte, als ob ihm Schweres bevorstände, ob sie sich stark genug fühle, es mit ihm zu tragen. Nun kam vorgestern ein Brief, worin er sie freigibt, er sei zu der Überzeugung gekommen, sie passe nicht zu ihm.

Er wisse, dass sie ihn sehr liebe, aber er hätte erkannt, dass sie keinen starken Charakter habe, sondern schwach und unselbständig sei, da sei es besser, er trenne sich von ihr. Mit der Stelle am Konservatorium sei es nichts geworden, und als Musiklehrer verdiene er nicht genug, um ihr, die ziemliche Ansprüche mache, ein anständiges Heim zu bieten.

„Dann hat er sie auch nicht wirklich geliebt", rief Frieda erregt, „dann hat er es auch, wie ich von Anfang an gesagt, nur auf ihr Geld abgesehen."

„Hast du ihr das gesagt?"

„Das hat sie mir ja gerade so übel genommen. Deshalb hat sie sich mir entfremdet, hat ihr Vertrauen zu mir verloren", sagte Frieda schmerzlich bewegt. „Aber warum ist ihr Vater denn nach München gereist? Hoffentlich soll er ihn nicht bereden, doch noch in die Heirat zu willigen."

„Nein, liebes Kind, das ist ein ganz anderer Grund. Riedeck kam Ostern mit einer Reihe von Musterbüchern, die Zeichnungen enthielten von kunstreich geschnitzten Möbeln. Er wusste es als praktisch darzustellen, dass Martha und die Eltern die Möbel aussuchten, und er sie dann kaufte und sie gleich in die Wohnung, die das künftige Heim bilden sollte, bringen ließ. Es sei doch viel schöner, stellte er ihnen vor, als wenn sie als junges Ehepaar die Sachen kauften und dann erst alles einrichten müssten. Wäre das zukünftige Heim Marthas in der Nähe gewesen, würde sich's ja die Mutter unter keiner Bedingung habe nehmen lassen, die Einrichtung selbst zu besorgen, aber die große Entfernung machte es unmöglich. Martha und die Mutter waren sehr dafür, dass Riedeck, den sie für sehr praktisch hielten, den Einkauf der Möbel besorgte und das Heim mit Hilfe seiner Wirtin einrichtete. Der Vater war erst dagegen, er hatte wohl etwas Misstrauen, ich weiß es nicht. Er wurde aber überstimmt und gab schließlich nach. Eine namhafte Summe wurde dem Verlobten Marthas zum Einkauf der Möbel übergeben, und nun war in den Briefen von dem Geld, das er natürlich wieder herausgeben muss, gar nicht mehr die Rede. Darum hat sich Marthas Vater schleunigst aufgemacht, um über alles Klarheit zu bekommen."

„Wenn der Mensch nur nicht das Geld eingesteckt hat und über alle Berge ist!"

„Ich fürchte es auch", meinte die Tante, „wer weiß, wie viel Trauriges uns in diesen Tagen noch bevorsteht. Martha, die zuerst außer sich war, sitzt jetzt ganz still und sieht starr vor sich hin, und ihre arme Mutter, die selbst elend ist, sucht ihr einziges Kind zu trösten, aber bis jetzt ohne Erfolg."

Frieda war tief ergriffen von allem, was sie gehört hatte. „Wie fröhlich reiste ich ab", rief sie aus, „ohne zu ahnen, wie traurig die Ankunft hier sein würde!"

Sie gingen eine Weile schweigend im Garten auf und nieder. Die ganze Pracht des Frühlings hatte sich entfaltet, die Bäume blühten in seltener Fülle, der Rotdorn prangte im schönsten Schmuck, es war, als ob der Garten sich besonders festlich zu Ehren der jungen Braut geschmückt habe, die nun tief betrübt in ihrem Zimmer saß und das Schwere, das über sie hereingebrochen war, nicht zu fassen vermochte.

Da begann das Abendläuten, die Vögel sangen ihr Abendlied, und zwischendurch erklang das melodische Flöten der Nachtigall. „Lass uns hineingehen", sagte die Tante, „vielleicht lässt sich Martha sehen."

Als sie ins Gartenzimmer traten, kam ihnen die Mutter entgegen. „Ist Frieda gekommen?", wollte sie die Tante fragen, da hatte die Pflegetochter sie schon weinend umarmt.

„Mein liebes Kind", sagte Frau Charlotte mit leiser Stimme, „so hatten wir uns die Tage der Hochzeit nicht gedacht, auf die Tage der Freude sind bittere Wermutstropfen gefallen."

„Gott, der Herr, hat auch hier Gedanken des Friedens", sagte Frieda einfach. „Er wird alles wohl machen." Sie erschrak, als sie sah, welche Veränderung mit der Pflegemutter vorgegangen war. Ihr Gesicht trug Spuren großen Leides.

Diesen Abend konnte sie Martha nicht sehen. Ihre Mutter hatte darauf gedrungen, dass sie sich zu Bett legte, weil die große Erregung und das tiefe Weh ihres Herzens sie so angegriffen hatte, dass ihr gänzliche Ruhe nottat. „Ich behalte sie unten bei mir", sagte die Mutter, „du, Frieda, gehst aber hinauf in dein altes Zimmer."

Ganz eigentümlich berührte es Frieda, als sie sich

oben in dem kleinen Reich allein befand, das ihnen beiden gehörte. Dort in der Schlafstube hing an einem Rechen das schöne weiße Brautkleid, das Martha in einigen Tagen hatte schmücken sollen, daneben ein rosa Gewand von duftigem Stoff, das für den Polterabend bestimmt war. Frieda, die mit den Räumen des Hauses vertraut war, nahm vorsichtig die Kleider und trug sie sorgsam in die sogenannte Kleiderkammer, damit Martha, wenn sie nach oben käme, nicht durch ihren Anblick aufs Neue erschüttert würde.

Sie konnte noch nicht schlafen, sondern trat ans offene Fenster und sah hinaus. Milde Frühlingsluft umwehte sie, linde Düfte drangen vom Garten herein, in lang gezogenen Tönen kündete die Nachtigall, dass der Frühling in seiner ganzen Pracht Einzug gehalten hatte. Lange saß Frieda in Gedanken versunken. So musste die Geschichte enden! Einen solchen Ausgang hatte sie nicht erwartet. Doch es war besser ungetraut geschieden, als durch die Ehe aneinander gekettet, und dann die Erfahrung zu machen, dass der Mann nicht das Ideal war, für das man ihn gehalten hatte. Frieda bat Gott, Martha nicht verzweifeln zu lassen, sondern sie den Trost finden zu lassen an der rechten Quelle, nämlich in seinem Wort. Sie bat ihn, dass er ihrer Pflegeschwester helfen wolle, dass sie in ihm Frieden finden möchte.

Dann schloss sie das Fenster und legte sich ins Bett.

Aber lange dauerte es, bis die Augen sich schlossen, das Ganze hatte sie derartig erregt, dass kein Schlaf kommen wollte. Erst gegen Morgen überwältigte sie die Müdigkeit, und sie fiel in einen tiefen Schlaf.

Schwere Wolken

Als Frieda am andern Morgen erwachte, musste sie sich erst besinnen, wo sie war. Sie hatte so lebhaft von ihren kleinen Schülerinnen, von Schloss und Park in Grünbach geträumt, dass sie meinte, dort zu sein. Erst allmählich kam die Erinnerung an das gestern Erlebte. Nach dem erquickenden Schlaf erschien ihr das auf einmal nicht mehr so traurig, sie beschloss, alles zu tun, um Martha von dem Schlag, der sie betroffen hatte, aufzurichten.

Am Kaffeetisch fand sie die Mutter und die Großtante. „Wie geht's Martha?", war ihre erste Frage, nachdem sie beide begrüßt hatte.

„Sie hat gar nicht geschlafen, hat sich viel herumgeworfen und geseufzt, so dass ich auch kein Auge zugetan habe", sagte Frau Charlotte matt.

„Darf ich Martha sehen?"

„Du kannst es versuchen, liebes Kind."

Frieda öffnete leise die Tür, die zum Schlafzimmer führte. Sie trat an Marthas Bett. Die lag unbeweglich, die Augen weit geöffnet.

„Liebe Martha", sagte Frieda mit weicher, liebevoller Stimme und griff nach ihrer Hand.

Sie entzog sie ihr. „Lass mich bitte allein", sagte sie so entschieden, dass Frieda nicht wagte, mehr zu sagen, und leise verschwand.

„Nicht wahr“, klagte die Pfarrerin, „sie ist so unzugänglich. Man vermag nichts zu tun.“

„Lasst ihr Ruhe“, bat Tante Kathinka. „Es wird schon alles ins Geleis kommen, sie muss erst mit sich im Reinen sein. Das Hineinreden schadet nur.“

Man hatte vergeblich auf einen Brief vom Vater gewartet, dann kam endlich ein Telegramm, dass man den Wagen nach Neuburg schicken solle. Mit Bangigkeit sah man dem Kommen des Pfarrers entgegen. Als der Wagen durch das Hoftor fuhr, sagte Tante Kathinka zu Frieda: „Lass uns in den Garten gehen. Es ist besser, Vater und Mutter sind jetzt allein.“

Nach einiger Zeit hörte man einen lauten Aufschrei. Dann war alles still. Diese Stille wurde unheimlich. „Ob wir nicht doch lieber hineingehen, Tante?“

„Gott weiß, was es gegeben hat! Gutes wird Marthas Vater nicht mitgebracht haben. Da steht er in der Gartentür, als ob er uns suche.“

Sie gingen ihm entgegen. Er sah bleich und abgespannt aus. „Christian muss sofort in die Stadt und den Doktor holen“, sagte er unruhig. „Ich habe schon nach ihm gerufen.“

„Ich will ihn suchen, er wird bei den Pferden sein.“ Frieda eilte weg. Die Großtante nahm seine Hand in die ihre und sagte: „Das war eine schwere Reise für dich, Rudolf.“

„Die schwerste meines Lebens. Und doch muss

ich Gott danken, dass ich mein Kind nicht in den Händen dieses Schurken weiß. Er ist auf und davon mit allem Geld, das er von uns bekommen hat, unter Hinterlassung bedeutender Schulden. Er hat gelebt wie ein Lord, hat gespielt und getrunken und leichtsinnige Dinge getrieben. Und ich Tor hatte so wenig Menschenkenntnis, dass ich ihm vertrauensvoll nicht nur mein Geld, sondern mein Liebstes, meine einzige Tochter, gegeben habe. Meine Frau wird diesen Schlag nicht überleben –"

„Charlotte?", rief die Tante. „Sie war ja diesen Morgen noch leidlich gefasst und wohl, wie es unter den obwaltenden Umständen sein konnte."

„Komm und siehe sie. Ich fürchte, ein Schlaganfall hat sie getroffen." Kathinka folgte dem schwergeprüften Mann ins Wohnzimmer. Da lag seine Frau still und bleich, den Mund war etwas verzogen, Martha kniete vor ihr und rief angstvoll: „Mutter, Mutter!"

Frieda kam zurück und berichtete, dass Christian sofort nach der Stadt gefahren sei. Noch wusste sie nicht, um wen es sich handelte. Sie meinte, Martha sei zusammengebrochen, ahnte nicht, dass es die Mutter war. Der Arzt machte ein bedenkliches Gesicht. Er konstatierte einen Gehirnschlag und empfahl Ruhe. Die Kranke wurde mit seiner Hilfe ins Bett gebracht. Frieda erbot sich, bei ihr zu wachen.

„Welch ein Trost, dass du bei uns bist, liebes Kind", sagte der Pfarrer.

„Jetzt ist mein Platz hier, ich werde bei euch bleiben, so lange ihr mich brauchen könnt."

Es war noch nicht genug Trübsal. Martha, die schon über rasende Kopfschmerzen geklagt hatte, erkrankte an einem heftigen Fieber, da gab es zwei Schwerkranke zu pflegen. Die Hausbewohner wechselten bei den Nachtwachen ab. Es waren schwere trübe Wochen. Die Großtante, die bei ihrem Alter nicht mehr viel leisten konnte, führte die Aufsicht im Hause und war ihnen allen ein Trost. Sie wusste sich in jeder Lage des Lebens zurechtzufinden und verstand es auch, Verzagte zu trösten und Bekümmerte aufzurichten.

Über das Pfarrhaus zu Buschrode war ein Reif gefallen. Dies sonst reich gesegnete Haus, in dem Glück, Friede und Eintracht gewohnt hatten, war durch einen Menschen in seinem Gleichgewicht gestört. Man hatte zu wenig Menschenkenntnis, traute jedem das Beste zu und war nun durch den Leichtsinn und die Schlechtigkeit eines Menschen so erschüttert, dass Mutter und Tochter den Schlag nicht verwinden konnten. Als der Mann abgereist, hatte die Mutter im Stillen immer gehofft, es würde sich noch alles zurechtziehen, und war dann bei dem traurigen Berichte ihres Mannes zusammengebrochen. Ihre Kraft war aufgerieben. Sie war an einer Seite ganz gelähmt, und wenn auch das Bewusstsein wiedergekehrt war, so konnte sie nicht sprechen. Nur mit Mühe wurde ihr die Nahrung eingeflößt.

Auch von den Schwestern kamen schlechte Nachrichten. Man hatte angefragt, ob Tante Emilie auf längere Zeit kommen könnte, doch auch da war Krankheit eingekehrt. Tante Agnes, die seit dem Winter gekränkelt, lag an Lungenentzündung danieder, also war auch auf ein Kommen der andern Schwester nicht zu rechnen.

Frieda, die nach Grünbach an Frau Mehnert geschrieben, um Urlaub gebeten und beantragt hatte, ob sie jetzt einige Wochen Ferien machen und dafür die Sommerferien ausfallen lassen dürfe, war die einzige Hilfe. Als sich aber die Sache in die Länge zog und der Pfarrer inständig bat, ihn nicht zu verlassen, schrieb Frieda, Frau Mehnert möchte entscheiden, ob sie einstweilen eine andere Lehrerin nehmen oder sie ganz freigeben wolle. Die Antwort stand noch aus. Die Mutter hatte wohl Blicke der Liebe für ihre Pflegerin, aber keine Worte. Oft machte sie den Versuch zu sprechen, aber die Zunge blieb gelähmt, und der Körper war schwer zu bewegen.

Es war ein schöner warmer Sommer, so dass man die Kranke oft in den Garten tragen konnte. Da lag sie unter den schattigen Bäumen und blühenden Blumen mit traurigem Gesicht. Es war ihr so schwer, dass sie nicht mehr schaffen und wirken konnte wie sonst. Man sah es ihr an.

Martha erholte sich langsam von ihrer Krankheit. Frieda pflegte sie mit aufopfernder Liebe, eingedenk der vielen Liebe, die sie in diesem Hause empfangen hatte. Die Kranke blieb still und verschlossen gegen sie oder war launenhaft, tadelte das Essen, das Bett oder was es sonst gab. Das schmerzte Frieda. Es war ihr immer, als ob sie alles verschuldet habe. Vielleicht verdross es Martha, dass Frieda, die ihr von der Verbindung mit Riedeck abgeredet hatte, Recht gehabt hatte. Frieda blieb geduldig und freundlich, obgleich es ihr bei Marthas launenhaftem Wesen oft schwer wurde. Doch schob sie vieles auf die Krankheit.

Der Pfarrer, der es wohl merkte, war desto freundlicher zu ihr. Das Zusammensein mit ihm war ihr ein Trost und eine Stärkung für die schweren Stunden der Pflege. Er klagte sich selbst an, dass er es früher oft an der rechten Strenge hätte fehlen lassen. „Aber“, fügte er hinzu, „es war unser einziges Kind. Martha war immer freundlich und gut, es wurde ihr auch nicht schwer gemacht. Hätte sie Geschwister gehabt, so wären ihre Fehler im Zusammenleben mit diesen mehr zum Vorschein gekommen. So hatte sie niemand, der sie störte, der ihre Pläne durchkreuzte, und wir Eltern erfüllten ihr gern alle Wünsche. Nun nimmt Gott sie in eine harte Schule. Jetzt wird ihr größter Wunsch durchkreuzt, jetzt heißt es, sich unter Gottes Willen zu beugen, und das Schwere, was er schickt, sich zum Segen werden zu lassen.“

Sobald es Martha besser ging, versuchte der Vater, sie seelsorgerisch zu beeinflussen. Er redete liebevoll und ernst mit ihr, beschrieb ihr, mit welcher Treue Frieda sie Tag und Nacht gepflegt und bis jetzt keinen Dank, kein freundliches Gesicht von ihr bekommen habe. Martha war eine weiche Natur. Die Worte des Vaters gingen ihr zu Herzen. Im Grunde hatte sie Frieda lieb, aber es war, als müsste sie ihren Unmut, ihre Verzweiflung, ihre Trauer über das Geschehene an irgendeinem auslassen. Durch des Vaters Worte getroffen, kam die Reue über sie. So geschah es, dass Frieda, die ihr die Suppe brachte, sie eines Tages weinend und schluchzend fand. „Martha, was ist dir?“, fragte sie ängstlich. „Ich bin traurig“, schluchzte sie, „dass ich dir in der letzten Zeit so gar keine Liebe gezeigt habe, und du hast so viel für mich getan.“

Nun war es an Frieda, sie zu trösten. Sie verzieh ihr nur zu gern das mürrische Wesen. „Liebe Martha“, rief sie und umarmte sie, „du warst sehr krank – nun wird alles besser. Du kommst morgen in den Garten, da sollst du sehen, wie herrlich alles grünt und blüht. Mutter liegt auch auf der Veranda.“

„Mutter!“, seufzte Martha. „Wenn's nur Mutter erst besser ginge.“

Frieda schwieg. Es war längst klar geworden, dass bei ihr an keine Besserung zu denken war. Der Schlag hatte sie zu unerwartet getroffen. Man konnte nicht wissen, ob sich der Zustand noch in die Länge ziehen werde, oder ob durch einen erneuten Anfall, den der Arzt befürchtete, das Ende bald kommen würde. Von den Tanten kamen auch schlechte Nachrichten. Tante Agnes war noch sehr schwach, der Arzt wünschte für sie einen längeren Aufenthalt im Süden, also war an ein Kommen der Tante Emilie als Ablösung für Frieda gar nicht zu denken. So hatte sie noch einmal nach Grünbach schreiben und um eine endgültige Entscheidung bitten müssen. In diesen Tagen war die Antwort eingetroffen.

Frau Mehnert verzichtete auf Friedas Wiederkommen. Sie begriff vollständig, dass Frieda durch Pflichten gebunden war, die höher standen als die, die sie an Grünbach banden. Sie erkannte dankbar an, was Frieda ihr und den Kindern gewesen war, wie ihr Einfluss auf sie so gut gewesen sei, wie lebhaft sie bedauere, dass es so kommen musste. Dem Brief lagen Schreiben der Kinder bei, allerliebste, kindliche Briefe, die die Liebe zeigten, die sie zu ihrer Lehrerin hatten. Sie bedauerten alle, dass sie nicht wiederkam.

Das Aufgeben der Stelle verursachte Frieda mehr Kampf, als sie geglaubt hatte. Sie hatte so deutlich gefühlt, dass sie den Kindern etwas sein konnte, dass sie in Grünbach am rechten Platz war. Dazu kam, dass sie mit Leib und Seele Lehrerin war und das Krankenpflegen von Haus aus nicht zu ihren besonderen Neigungen gehörte. Aber sie ging den Weg, den Gott ihr vorschrieb.

Es tat Frieda auch Leid, dass der Verkehr mit Doktors dadurch sein Ende erreichte. Das Verhältnis zueinander war immer freundschaftlicher geworden, Lina schloss sich ihr immer vertrauensvoller an. Die Predigten des jungen Pfarrers in Holtenow machten auf sie und ihre Mutter sichtlichen Eindruck, so dass die Arztfrau mitunter sagte: „Ich habe nie gewusst, dass es so etwas gäbe, dass unsere Herzen, wenn man tiefer hineinschaut, nicht so sind, wie wir's uns vorstellen." Die Aussprache über religiöse Fragen mit einer Christin, wie Frau Zeller, war für Mutter und Tochter von großem Segen. So konnte es nicht ausbleiben, dass bald eine innige Freundschaft zwischen Doktor- und Pfarrhaus entstand. Frieda wäre gern als Dritte im Bunde unter ihnen geblieben. Aber Gott hatte es anders beschlossen, und so wollte sie in Geduld ausharren.

Anfang August kam das Ende. Sanft und still entschlief die gute Mutter. Das Leid ihres Kindes hatte sie nicht verwinden können. Alle waren längst auf ihren Heimgang vorbereitet, man musste Gott danken, das er sie von ihrem qualvollen Leiden erlöste. So war die Trauer still, wenn auch tief schmerzlich. Das ganze Dorf nahm innigen Anteil.

„Unsere Mutter ist von uns gegangen", klagte man. „Wer besucht nun unsere Kranken, wer nimmt sich der Armen und Traurigen an?" Die Leute hatten Recht, die Frau Pfarrer war eine Mutter ihres Dorfes gewesen, im eigentlichen Sinne des Wortes.

Der Pfarrer war in diesen Leidenswochen sichtlich gealtert. Frieda musste oft denken: „Welch ein reich gesegnetes Haus war es, Glück, Friede und Freude herrschten darin, Gastfreundschaft war eine der Haupttugenden. Nun, da die Krone des Hauses fehlte, die mit sanftem stillen Geist regiert hatte, war es still, einsam und öde geworden."

„Vater", sagte eines Tages Martha, „ich will versuchen, dir die Mutter in etwa zu ersetzen. Bis jetzt war ich selbstsüchtig, jagte mit Unverstand meinem eigenen Glück nach, suchte es zu ertrotzen. Wie oft habe ich Mutter bestürmt, mir beizustehen, wenn du Bedenken äußertest. Sie hat es bis zuletzt getan, bis der harte Schlag sie zu Boden warf." Der Pfarrer war tief bewegt, als er Martha so reden hörte. Wenn sie zu dieser Erkenntnis gekommen war, würde ihre Seele genesen, und darüber freute er sich.

Martha war aber durch die Krankheit und die inneren Erlebnisse körperlich sehr mitgenommen, auch Frieda sah blass und hohlwangig aus. Sie hatte Großes in den letzten Monaten geleistet, nun war die Kraft erschöpft. Der Arzt verlangte dringend für die beiden Mädchen eine Kur zur Stärkung der angegriffenen Gesundheit. Er schlug ein Sanatorium vor, das ihm persönlich bekannt war und das große Erfolge aufzuweisen hatte. Martha wollte nichts davon wissen, sie bliebe beim Vater, der brauche sie nötig. Erst als dieser ihr vorstellte, dass eine gesunde Tochter ihm mehr nütze als eine kranke, schwächliche, da entschloss sie sich, den Rat des Arztes zu befolgen, zumal die Großtante erklärt hatte, dem

Vater Gesellschaft zu leisten. „Wenn ich auch nicht viel ausrichten kann, so kann ich doch ein Auge auf alles haben“, meinte sie. Martha aber äußerte zu Frieda: „Du kommst, wenn die Kur beendet ist, wieder mit nach Buschrode, dann bleiben wir immer zusammen.“

Dem widersetzte sich Frieda entschieden. Sie hielt es für besser, dass Vater und Tochter allein blieben. Um so inniger würden sie sich aneinander anschließen. Auch liebte Frieda ihren Beruf so, dass sie dringend wünschte, im Herbst wieder eine Stelle anzunehmen. Sie versprach aber, Buschrode immer als ihre Heimat anzusehen und alle Ferien dort zu verleben. „Gott wird mich schon finden lassen, was er für mich ersehen hat“, sagte sie zuversichtlich. So reisten die beiden Mädchen ab.

Im Sanatorium

„Wie schön ist es, welch eine herrliche Luft, wie leicht atmet man hier", sagte Martha, als die beiden Mädchen Arm in Arm durch die großen Anlagen des Sanatoriums wanderten, in dem sie den Abend vorher eingetroffen waren.

„Ja, hier kann man sich kräftigen, allein schon durch die gute Luft", meinte Frieda. „Und sieh da die Berge mit ihren waldigen Abhängen. Da müssen wir hinauf. Wir sollen viel im Freien sein und viel gehen, sagte der Doktor, das stärke die Nerven und mache Leib und Seele gesund." Es war ein schönes Stücklein Erde, wohin man die Mädchen geschickt hatte. Das Sanatorium lag in einem bergumkränzten Tale, umgeben von Wäldern und saftreichen Wiesen.

Munter rauschten die Bächlein durch Felder, Wiesen und blumige Auen. Die Natur gab hier ihr Bestes, und die Menschen, die hierher flüchteten, fanden Ruhe und Frieden, und die von Krankheit Geschwächten Kräftigung und frischen Lebensmut. Es war schon Spätsommer, aber trotzdem war das Sanatorium noch von Menschen aller Art überfüllt. Es war ein stetes Kommen und Gehen. Einige verließen den Ort, wie sie gekommen, unbekannt und fremd, andere, die das Bedürfnis fühlten, sich anzuschließen, redeten die Menschen, die ihnen sympathisch waren, an und schlossen Freundschaft.

Frieda und Martha waren zuerst stille Beobachter. Sie hatten einander zur Gesellschaft, daran ließen sie sich genügen. Doch interessierten sie sich für diesen und jenen, grüßten auch die Vorübergehenden freundlich und standen höflich Rede und Antwort, wenn sie angeredet wurden.

„Sieh nur den alten Herrn dort im Garten", sagte Martha eines Tages. „Er hat ein junges Mädchen bei sich, das immer auf sich warten lässt. Jetzt stampft er wieder mit dem Fuß und sieht ungeduldig nach den Fenstern." Frieda trat auch ans Fenster, und beide bedauerten den Alten, der unruhig hin und her trippelte und nach seiner Begleiterin ausschaute. Endlich kam sie. Er schien böse zu sein, denn er erhob drohend den Finger. Das junge Mädchen, das mit Büchern und Tüchern beladen war, schien die Verzögerung zu erklären, dann nahm sie ihn unter den Arm und wanderte mit ihm los. Es war ein sehr ungleiches Paar. Er, ein langer, dünner Herr, sie, eine kleine gedrungene Gestalt.

„Frieda", sagte Martha zögernd, als sie ihnen von oben nachgesehen hatten, „weißt du, an wen mich die Gestalt des Mädchens erinnert?"

„An Karla, unsere Mitpensionärin", rief Frieda. „Ich musste schon an sie denken, als der alte Herr so ungeduldig wartete. Sie ließ ja stets auf sich warten, weil sie zu jeder Arbeit, und wenn es die kleinste war, noch einmal so viel Zeit gebrauchte als andere Menschen."

„Das müssen wir feststellen", rief Martha. „Es wäre doch hübsch, wenn wir hier eine Bekannte aus früherer Zeit treffen."

„Das kommt in Kurorten oft vor", meinte Frieda. „Doch lass uns auch hinuntergehen, es ist heute ein köstlicher Tag, wir müssen Entdeckungsreisen machen."

Sie verließen die hübschen Anlagen und erstiegen eine kleine Anhöhe. Überall gab es Bänke zum Ausruhen, überall war Bedacht darauf genommen, es den Kurgästen so bequem als möglich zu machen. Die beiden ruhten ein wenig, dann gingen sie in den Wald. Es gab herrliche Buchen und Eichen da oben, die Waldluft war so kräftig und erfrischend. Die jungen Mädchen fühlten von Tag zu Tag mehr die wohltätige Wirkung der Luft, eine freute sich über die andere, wenn die Wangen sich rundeten und die Gesichtsfarbe frischer wurde. Frieda sah mit innerer Befriedigung, wie mehr und mehr der schmerzliche Ausdruck aus Marthas Gesicht wich, und wenn sie beide auch noch von tiefer Trauer über den Tod der Mutter erfüllt waren, so trat doch das andere Ereignis, das so tief in Marthas Leben eingegriffen hatte, mehr und mehr in den Hintergrund. Der Mann war es auch nicht wert, dass man ihm lange nachtrauerte. Es gab allerdings noch Stunden, in denen die alten Wunden aufbrachen, weniger über den Verlust

Riedecks, als über ihre eigene Schwäche, über den Eigensinn, ihren Willen durchgesetzt zu haben. Da fand sie an Frieda die rechte Trösterin, die immer ein Wort bereit hatte, das dem unruhig bewegten Herzen ihrer Pflegeschwester Frieden und Ruhe gab. Wie oft versicherte sie ihr, wie dankbar sie sei, dass sie sie in dieser schweren Zeit zur Seite habe, und wie sie es sich nie vergeben könne, dass sie in ihrer Krankheit so abstoßend gewesen sei.

„Ich war in der ganzen Zeit wie mit Blindheit geschlagen“, sagte sie. „Von dem Augenblick an, da ich mich meiner törichten Liebe hingab, vergaß ich meinen Gott, ich betete nicht mehr wie sonst, ich hatte alle meine Gedanken nur auf den einen Punkt, auf das eine Ziel gerichtet, Riedeck zum Eigentum zu haben, bis das Furchtbare kam, bis mir dann, als ich von der Krankheit allmählich genas, mein Vater die Augen über mich selbst öffnete, und ich mein Unrecht in seiner ganzen Größe erkannte.“ Durch solche Aussprache mit Frieda wurden die beiden wieder miteinander verbunden, besonders diente diese Zeit des Alleinseins in dem Kurort dazu, das Band der Freundschaft immer mehr zu befestigen.

Von dem alten Herrn und seiner Begleiterin sahen sie einige Tage gar nichts. Es regnete und windete, so dass jeder Gast in seiner eigenen Behausung blieb. Dazu kam, dass die Mädchen sich das Mittagessen auf ihr Zimmer bringen ließen, also auch im Speisesaal keine Bekanntschaften machen konnten.

An einem Morgen war das Wetter wieder schön, so gingen Martha und Frieda miteinander plaudernd im Garten spazieren. Sie kamen in den Laubengang, einem geschützten Ort, und wollten sich dort auf einer Bank niederlassen, als sie diese schon besetzt fanden.

„Kehren Sie nicht um, meine Damen, es ist Raum für uns alle da", rief eine freundliche Stimme. Der alte Herr erhob sich und machte mit seiner Hand eine einladende Bewegung. Die Mädchen setzten sich, und der Herr begann eine Unterhaltung. Er freute sich über das gute Wetter, meinte, in einem Kurhause seien Regentage langweilig, man habe schon in dieser Jahreszeit abends lange genug im Zimmer zu sitzen. „Ich muss mich überhaupt sehr in Geduld üben – ganz im Vertrauen zu Ihnen gesagt, meine jungen Damen, ich habe da nämlich eine Nichte zu meiner Stütze und Pflege mitgenommen, und das Mädel ist von solcher Langsamkeit und Pedanterie, dass man aus der Haut fahren möchte. Ich warte nun schon eine halbe Stunde auf sie, was tut sie? Höchstens bindet sie sich eine Schleife, die zehnmal wieder aufgemacht wird, oder steckt sich ein Tuch um, das nicht gut sitzen will. Ist das recht, meine Damen, um solcher Kleinigkeit willen einen alten Onkel warten zu lassen?"

„Heißt Ihre Nichte Karla?", fragte Frieda. „Gewiss, Karla Norden", sagte der alte Herr. „Kennen Sie sie etwa?"

„Ich vermute, wir sind mit ihr in der Meilerschen Pension gewesen."

Langsam und bedächtig kam Karla dahergeschritten, verwundert aufschauend, als sie zwei junge Damen neben ihrem Onkel sitzen sah.

„Ich habe mir ein paar andere Stützen angestellt, weil meine Nichte mich immer warten lässt."

Karla errötete und fasste die Mädchen näher ins Auge. Die sprangen auf, das Erkennen war gegenseitig. Sie schüttelten einander die Hände und sprachen ihre Freude über das Wiedersehen aus.

Fortan sah man die Vier öfter beisammen. Da Martha und Frieda sehr schlank waren, so nahm der alte Herr gern einmal ihr Anerbieten, ihn führen zu dürfen, an, es ging so viel besser, als mit der untersetzten Nichte, die dann mit der andern folgte und plauderte. Es kam sogar vor, dass die jungen Mädchen schnell hinuntereilten, wenn sie den alten Herrn unten warten sahen, und ihn Karla entführten, einmal sich sogar mit ihm versteckten, so dass sie suchen musste. Das hatte den erwünschten Erfolg. Seitdem beeilte sie sich mehr, was ihr sehr schwer wurde. Der alte Herr, der an Martha und Frieda sichtlich Wohlgefallen fand, redete ihnen sehr zu, sich doch an der Mittagstafel zu beteiligen, es sei eine so nette Gesellschaft. Da sie ihn und seine Nichte nun schon kannten, überwanden sie die Scheu und nahmen am gemeinsamen Essen teil.

Es war ganz interessant, die verschiedenen Kurgäste zu beobachten. Die Freundinnen nahmen ihre Plätze neben Karla und ihrem Onkel ein, ihnen gegenüber saß eine vornehme Dame in Trauer, die ein kleines elfjähriges Mädchen bei sich hatte. Das Kind sah blass und kränklich aus, die Mutter klagte, dass die Kleine keinen Appetit habe, und erzählte, dass sie mit ihr hier sei, damit sie in der Gebirgsluft gesunde.

Frieda empfand bald großes Interesse für die Kleine, und die schien an Frieda Gefallen zu finden. Frieda ermunterte sie ständig zum Essen, sagte, dass es ihr noch einmal so gut schmecken würde, wenn Gretchen auch äße, machte kleine Späßchen dabei, so dass sie das Kind unmerklich dahin brachte, die Speisen zu kosten und nach und nach ein wenig mehr zu sich zu nehmen. Die Mutter bemerkte die Zuneigung ihres Töchterchens und war dankbar dafür. Trafen sie sich draußen, so redete sie die jungen Mädchen in liebenswürdiger Weise an und forderte sie einmal zu einer Wagenfahrt nach einem benachbarten Aussichtspunkt auf.

Das war ein großes Vergnügen, besonders für Margarete, die laut ihre Freude darüber äußerte, dass Frieda und Martha sich an der Fahrt beteiligten.

„Das Kind ist immer so allein und seit der schweren Krankheit so teilnahmslos“, äußerte die Mutter. „Erst jetzt, nachdem wir Ihre Bekanntschaft gemacht haben, taut sie ein wenig auf, darum ist es mir so wertvoll, wenn Sie sich an unsern Ausflügen beteiligen." Es war den beiden auch lieb, so netten Anschluss gefunden zu haben.

Die Mutter war über die Fortschritte ihres Kindes sehr erfreut. Karla und der Onkel beteiligten sich auch mitunter an diesen Spaziergängen, doch da der Onkel ein steifes Bein hatte, mussten sie von weiteren Wegen absehen.

„Ihr glaubt es nicht", klagte Karla mitunter, „wie schwer ich es mit dem Onkel habe. Er murrt und knurrt mitunter den ganzen Tag." Die Mädchen rieten ihr, den Onkel nie warten zu lassen, das liebe er durchaus nicht. Sie neckten Karla noch mitunter damit, dass Herr Meiler auch oft ärgerlich gewesen sei, wenn alle auf dem Platz gewesen seien, nur Karla nicht.

„Wir glaubten, du habest dir das längst abgewöhnt", meinte Frieda. „Doch an dem langsamen Wesen haben wir dich zuerst wieder erkannt."

Karla musste lachen, aber gleichgültig war es ihr nicht. Sie beschloss, von nun an nicht mehr auf sich warten zu lassen.

Am andern Morgen rief Martha lachend Frieda ans Fenster. Da stand Karla mit vergnügtem Gesicht und wartete – auf den Onkel. Das war sehr ergötzlich. Sie blieben am Fenster, bis der Alte kam. Da war er. Voll Staunen schlug er die Hände zusammen. Sie hörten Karla fröhlich lachen und sahen, wie sie ihnen noch zuwinkte. Da nahm auch der Onkel den Hut ab und schwenkte ihn vergnügt nach oben, worauf Gegengrüße erfolgten. „Heute wird er wohl nicht knurren und murren“, meinte Martha lachend. Karla hatte dies so gefallen, dass sie von nun an jeden Morgen pünktlich war. Das Beste dabei war, dass sie von da an nicht mehr über Stimmungen des alten Herrn zu klagen hatte.

So vergingen die Wochen für die jungen Mädchen. Sie lernten nach und nach viele Kurgäste kennen, und da sie mit jedem Tag kräftiger wurden, so konnten sie sich sogar einige Male an längeren Ausflügen beteiligen.

Margarete schloss sich immer mehr an die jungen Mädchen an. Die Mutter aber, die nach und nach etwas über deren Lebensverhältnisse erfahren hatte und wusste, dass Frieda Lehrerin war, auch zum Herbst wieder eine Stelle suchte, hegte einen stillen Wunsch im Herzen, den sie erst gegen Ende des Urlaubs aussprach.

Als sie eines Morgens Frieda auf einem Spaziergang traf, und sie von der nahen Abreise sprachen, hing Margarete sich an Friedas Arm und sagte: „Sie dürfen aber nicht wieder fort, Fräulein Senker, Sie müssen immer bei uns bleiben.“

„Ja, liebes Fräulein Frieda, das habe ich auch schon bei mir erwogen“, fiel Frau Roller ein. „Wenn Sie doch eine Stelle annehmen wollen, möchten Sie nicht zu mir kommen und meine Margarete unterrichten, mir aber Gesellschafterin und Freundin sein?“ Frieda sah verwundert auf. „Ich glaubte, Sie seien aus der großen Stadt. Besucht Gretchen da nicht lieber eine Schule?"

„Dazu reichen ihre Kräfte jetzt nicht. Sie müsste mit den andern Mädchen Schritt halten und würde es auch tun, weil sie ehrgeizig ist. Doch sie ist zu schwächlich dazu, sie muss allein unterrichtet werden. Ich aber könnte mir keine liebere Person wünschen als gerade Sie." Frieda errötete über das Lob und sagte, sie könne sich nicht so schnell entschließen, wolle aber bis morgen Antwort geben.

Martha wurde ganz betrübt, als es mit der Trennung nun Ernst werden sollte. Aber sie kannte Friedas festen Sinn. Was sie sich einmal vorgenommen, das führte sie aus. Frieda, die gewohnt war, alles mit ihrem Gott zu beraten, bat den Herrn demütig und kindlich, ihr zu zeigen, ob es sein Wille sei, die Stelle anzunehmen.

Am nächsten Tage sagte sie zu, zur großen Freude von Frau Roller und ihrem Töchterlein.

Nicht lange mehr blieben sie im Sanatorium. Der Arzt entließ beide sehr befriedigt, und der Vater daheim war erstaunt, wie sehr sich seine Töchter zu ihrem Vorteil verändert hatten. Er konnte nicht anders, als seine Zustimmung zu der neuen Stelle zu geben, da er sah, wie sehr Frieda an ihrem Beruf hing, um das, was sie durch die Güte des Pfarrers an Kenntnissen erworben hatte, nun auch im Leben zu verwerten und auf eigenen Füßen zu stehen.

„Du kommst also in deine Vaterstadt zurück, mein

liebes Kind. Möglicherweise findest du doch noch Bekannte deiner Eltern dort."

„Wohl kaum. Die Eltern hatten keine Verwandte, auch hat Mutter nie mit mir von Freunden gesprochen. Sie hat nur mitunter gesagt, die Stadt mit allem, was drum und dran hing, wäre für sie nicht mehr vorhanden."

Aber wunderbar fand Frieda es doch, dass sie wieder nach L. kommen sollte, wo sie geboren war und wo sie die ersten Jahre ihres Lebens zugebracht hatte.

Die neue Stelle

Die beiden Mädchen standen am Grabe ihrer Mutter. Es war am Abend vor Friedas Abreise. „Die Trennung wird mir diesmal besonders schwer“, sagte sie.

„Mir wird sie vielleicht schwerer als dir“, antwortete Martha. „Du kommst in eine große Stadt, wirst viel Neues sehen und hören. Frau Roller sprach schon davon, dass sie dich in Konzerte und Vorträge führen wolle. Ich bleibe allein mit meinem Kummer um die geliebte Mutter zurück.“

„Du hast aber die schöne Aufgabe, deinem Vater alles zu sein. Du musst auch versuchen, deine Mutter im Dorf zu ersetzen. Du hast viele Pflichten hier, während ich doch immer das verwaiste Kind bleibe, das sein Brot bei fremden Leuten essen muss.“

„Sage das nicht“, rief Martha. „Du könntest, wenn du wolltest, immer bei uns bleiben. Ich gäbe was darum, wenn du jetzt noch einwilligtest.“

„Das wäre töricht, Martha. Wir können nicht in die Zukunft sehen, wissen nicht, wie lange Gott deinem Vater das Leben schenkt. Er hat bis jetzt so gütig für mich gesorgt, es wäre unrecht, wollte ich noch länger Wohltaten annehmen. Aber ich werde immer wieder bei euch einkehren und euer Haus stets als meine Heimat betrachten. Wir haben gute und auch böse Zeiten miteinander durchgemacht, sind aber durch das alles immer enger miteinander verbunden, besonders aber seit dem letzten Sommer."

Martha weinte leise, während Frieda sich bückte, hier und da auf dem Grab etwas ordnete und frische Blumen aus dem Pfarrgarten drauflegte. Dann wandte sie sich wieder an Martha.

„Sei getrost, Martha. Du kannst täglich zum Grab deiner Mutter gehen, kannst es schmücken und in Ordnung halten. Ich habe mein Grab mit elf Jahren verlassen müssen und habe nie die Mittel gehabt, etwas dafür zu tun. Aber es soll nun mein Erstes sein, dafür zu sparen. Und wenn ich etwas beisammen habe, dann reise ich nach Steinfeld, wo meine Mutter begraben liegt, und sorge dafür, dass sie ein würdiges Denkmal bekommt."

„Dann begleite ich dich, und du zeigst mir das Haus, wo du mit deiner Mutter gewohnt hast, die Stätte, wo du gespielt hast –"

„Gewiss, das tue ich." Diese Aussicht belebte die Mädchen. Sie spannen die Gedanken an eine solche Reise auf dem Heimweg noch weiter aus.

„Ob du wohl in L. noch Anklänge an die früheste Kindheit finden wirst?"

„Mitunter, wenn ich stark nachdenke, taucht in meiner Erinnerung ein großes Haus mit breiten Treppen auf. Dort müssen wir gewohnt haben, als mein Vater noch lebte. Aber große Häuser wird es viele dort geben, und da ich weder Straße noch Nummer weiß, so wird es wohl nie entdeckt werden, es hat ja auch keinen Zweck. Hauptsache ist, dass ich Frau Roller genüge, und dass ich meine Pflichten Margarete gegenüber voll und ganz erfülle. Ich schreibe dir, Martha, du musst versprechen, mir auch regelmäßig Nachricht von allem zu geben, was sich bei euch ereignet."

So redeten die Mädchen auf dem letzten Wege, den sie miteinander machten. Am Abend gedachte der Pfarrer in der Andacht besonders seines Pflegekindes und befahl es dem treuen Heiland.

Am nächsten Morgen hielt Christian schon früh mit dem Wagen vor der Türe. Martha wollte Frieda bis Neuburg begleiten. Sie kehrten beide noch bei der Großtante ein. Auch hier dankte Frieda für alle Liebe, die ihr von der Tante entgegengebracht war. Dann ging es an den Bahnhof, wo schon Christian mit den Sachen wartete. Er reichte Frieda beim Abschied die Hand. „Von meinetwegen", schmunzelte er, „hätten Sie immer in Buschrode bleiben können, ich hätte nichts dawider gehabt, und die auch nicht." Er zeigte auf seine Braunen, die Frieda streichelte. Wie oft hatte sie den Pferden ein Stückchen Zucker oder sonst etwas Gutes gebracht. Nun wurde es aber Zeit. Sie löste schnell eine Fahrkarte, besorgte den Gepäckschein und stieg in den schon haltenden Zug, nachdem sie Martha noch einmal gebeten hatte, nicht so traurig zu sein, sie würde bald wiederkommen. Noch ein letzter Händedruck aus dem Abteil, ein Winken, dann setzte sich der Zug in Bewegung. Bald brauste er dem fernen Ziel entgegen.

Lang war die Fahrt. Frieda kam durch kleinere und größere Städte, es ging durch Wälder und Felder, bis endlich am Abend die Lichter der großen Stadt auftauchten. Jetzt hielt der Zug. Ein hell erleuchteter großer Bahnhof. Eine Menge Menschen wogten hin und her. Es wollte ihr fast schwindlig werden, als sie so allein unter der Masse dahinschritt. Die Anschrift der Dame hatte sie. Nun galt es, eine Droschke zu erreichen, ihr Gepäck zu versorgen und dann weiter.

Als sie aus der Halle trat, stand ein Diener in Livree am Eingang. Er musterte sie und trat dann höflich auf sie zu. „Fräulein Senker?“, fragte er. Erstaunt nickte Frieda. Mit den Worten: „Frau Roller schickt mich“, ergriff er Tasche, Reisedecke und Schirm und geleitete sie zu einer schon bereitstehenden Droschke. Dann bat er um den Gepäckschein, besorgte die Sachen mit großer Schnelligkeit, schwang sich zu dem Kutscher auf den Bock, dann rasselte der Wagen davon.

Es war für Frieda eine Beruhigung, nicht ganz allein zu sein. Es ging durch endlose Straßen, über große Plätze, bis sie endlich in einer vornehmen Straße vor einem großen Gebäude halt machten.

Oben im ersten Stock war alles hell erleuchtet. Sie sah hinauf. Wirklich, da tauchte Margaretens Gestalt am Fenster auf. Also dort oben würde ihre künftige Heimat sein. Der Diener schritt mit den Sachen voran und klingelte. Da wurde schon die Tür geöffnet. Gretchen fiel ihrer neuen Lehrerin um den Hals und jubelte:

„Wie freue ich mich, dass Sie da sind, liebes Fräulein Senker." Auch Frau Roller streckte ihr beide Hände entgegen und begrüßte sie herzlich. „Margarete konnte es gar nicht mehr erwarten, bis der Herbst kam, der Sie uns bringen sollte. Es ist nur gut, dass Sie da sind."

Der freundliche Empfang tat Frieda sehr wohl. Doch hatte sie sich alles nicht so reich und vornehm gedacht, da Frau Roller im Kurort wohl einen feinen, aber durchaus einfachen Eindruck gemacht hatte.

Margarete führte sie dann in ihr Zimmer, das wohnlich und sehr gemütlich eingerichtet war. Auch hier brannte überall Licht. Frau Roller liebte es, die ganze Wohnung erleuchtet zu sehen. Es war Frieda, als sei sie schon seit langem hier zu Hause. Mutter und Tochter begegneten ihr mit solcher Herzlichkeit, dass sie sich abends mit dankbarem Gefühl zur Ruhe legte, froh, dass ihr eine anscheinend so gute Stelle ohne sonderliche Bemühung zugefallen war.

Es gab allerdings auch hier wie überall Schwierigkeiten zu überwinden. Frieda musste an Margarete beim Unterrichten einen ganz andern Maßstab anlegen als bei gesunden Schülerinnen. Sie war leicht erregt und zum Weinen geneigt, wenn etwas nicht ging, wie es sollte. Das Kind bekam zuweilen Weinkrämpfe, die Frieda erschreckten, und die besorgte Mutter ließ sie nach solchen Anfällen im Bett, so dass der Unterricht tagelang ausfiel. Das war für Frieda, die immer vorwärts strebte, nicht sehr ermutigend. Sie glaubte, dass ein Spaziergang in frischer Luft oft von besserer Wirkung sein würde als das Liegen. Doch als sie eines Tages diese Überzeugung gegen die Mutter aussprach, war sie entschieden gegen eine solche Lösung, und Frieda sagte nichts mehr. Gretchen war von Charakter ein gutes Kind und ließ sich gut beeinflussen. Ihre Liebe zu Frieda war groß und blieb es auch dann, wenn sie genötigt war, strengere Saiten aufzuziehen. Die Kleine hatte, da sie die Schule nicht besuchte, wenige Freundinnen; dadurch war Frieda sehr gebunden, da sie sich auch außerhalb der Stunden viel mit dem Kind beschäftigen musste. Aber Frau Roller sorgte dafür, dass Frieda an dem, was die große Stadt in wissenschaftlicher und künstlerischer Beziehung bot, teilnehmen konnte. So erfreute sie sie oft durch Konzertkarten oder besuchte mit ihr Vorträge, die für Frieda von Interesse sein konnten. An solchen Tagen kam eine ältere Verwandte zu der Kleinen.

Als es Gretchen in letzter Zeit recht gut gegangen war, erklärte die Mutter einmal am Morgen, sie habe drei Konzertkarten, heute dürfe die Kleine sie begleiten. Frieda dachte an Martha. Wie gern hätte sie auch ihr diesen Kunstgenuss gegönnt; sie würde einen sehr einsamen Winter daheim im stillen Pfarrhaus haben.

Als sie am Abend den großen hell erleuchteten Saal betraten, war schon ein großes Publikum versammelt. Ein berühmter Violinspieler trat auf. Frieda sah sich um. Eine auserlesene Gesellschaft umgab sie. Einige bekannte Damen nickten zu Frau Roller herüber, andere, die in ihrer Nähe saßen, begrüßten sie leise. Das Konzert begann.

Alles lauschte atemlos und zollte nach Beendigung des Spiels lauten Beifall. Bei der nun eintretenden Pause erhoben sich einige Herren in den ersten Reihen und verließen den Saal. Sie gingen dicht an Frieda vorüber, die am Ende einer Bank saß. Der eine der Herren, eine elegante Erscheinung mit dunklen Augen, sah sie scharf an und stutzte. Es war fast, als ob er sich erinnerte, sie schon einmal gesehen zu haben. Zögernd ging er weiter. Frieda hatte diesen unbekannten Fremden wohl erkannt, dem sie heute zum drittenmal in ihrem Leben begegnete. Also L. war seine Heimat. Der Gedanke an ihn machte sie unruhig, sie konnte selbst nicht sagen warum. Dann dachte sie an die zweite Begegnung, wo er so ritterlich für die Damen gesorgt hatte. Es war ihr, als fühle sie noch den energischen Händedruck und hörte seine Worte: „Es wäre ja Unsinn, wollten Sie hier sitzen bleiben.“ Gerade in diesem Augenblick gingen die Herren wieder an ihr vorüber und setzten sich an ihren Platz. Das Konzert nahm seinen

Fortgang, alles lauschte, nur Frieda musste ihre Blicke nach dem Herrn richten, der ihr schräg gegenüber Platz genommen hatte. In diesem Augenblick wandte der Bekannte sich auch um, so dass ihre Blicke sich begegneten. Nun sah Frieda nicht wieder hinüber, sie war aber sicher, dass er sie wieder erkannt hatte.

Als das Konzert vorüber war, stand der Diener an der Ausgangstür und geleitete die Damen an eine Droschke, die er für sie besorgt hatte.

„Kannten Sie den Herrn, Fräulein Senker, der uns schräg gegenüber saß?“, fragte Frau Roller, als sie im Wagen Platz genommen hatten. „Er zog ja den Hut vor Ihnen, als er eben an uns vorüberging.“

„Das habe ich nicht gesehen“, sagte Frieda errötend.

„Aber ich habe gesehen, dass er sich im Saal einige Male nach Ihnen umsah, als müsse er Sie kennen.“

„Kennen kann man eigentlich nicht sagen“, meinte Frieda und berichtete nun, dass dieser Herr im vorigen Jahr bei einer großen Schneeverwehung, als der Zug steckengeblieben war, ihr und andern Frauen Hilfe geleistet habe, indem er sie mit einem Schlitten weiterbeförderte. Sie wisse aber nicht, wie er heiße, noch woher er stamme.

„Ich erinnere mich auch nicht, ihn je gesehen zu haben, jedenfalls gehört er aber den guten Kreisen der Stadt an.“ Damit war die Sache für Frau Roller, nicht aber für Frieda erledigt. Ihre Gedanken beschäftigten sich von da an mehr mit dem Fremden, als sie es wollte. Wenn er wirklich in der gleichen Stadt wohnte, so würde er ihr vielleicht doch noch öfter begegnen, vielleicht erführe sie seinen Namen und bekäme Aufklärung über die traurige Szene am Neuburger See. Sie würde sich sehr freuen, wenn das Vorurteil, das sie damals gegen ihn fassen musste, sich als falsch erwies. Der Herr hatte, wenn man ihn näher ins Auge fasste, gar nicht das Aussehen, als ob er jemand mit Bedacht Böses zufügen könnte.

Ein Wiedersehen

Die Zeit ging hin, ohne dass Frieda eine Begegnung mit dem Unbekannten hatte. Zu Weihnachten war sie vierzehn Tage in Buschrode. Es waren wehmütige Tage der Erinnerung an die liebe Entschlafene, die die Seele des Hauses gewesen war und nun von allen so sehr vermisst wurde. Die Tanten waren gekommen, um Martha und den Vater in dieser Zeit nicht allein zu lassen. Tante Agnes war nicht mehr so kräftig wie früher, die Krankheit im Sommer hatte sie recht geschwächt, sie musste sehr behütet werden. Großtante Kathinka war auch gealtert, aber ihr liebes prächtiges Wesen tat allen wohl. Das schöne Fest mit den Predigten übte auf alle einen wohltuenden Einfluss; die Tage vergingen stiller als sonst, aber den Segen des Festes spürte ein jeder. Martha und Frieda waren glücklich, sich wieder zu haben, wenn's auch nicht auf lange war. –Die Zeit zwischen Weihnachten und Ostern verging wie im Flug. Das Leben in der Großstadt brachte für Frieda manche Abwechslung. Frau Roller sah gern Gäste um sich. So lernte Frieda manche interessante Persönlichkeit kennen und hatte viele genussreiche Abende. Die Hausfrau zog sie zu allem heran. Wenn sie auch den unbekannten Fremden nicht wieder getroffen hatte, so hatte sie eine andere Begegnung gehabt, die ihr fast noch wertvoller war.

Es war ein schöner Tag im März, als man das Herannahen des Frühlings schon spürte. In den Vorgärten der Villen sah man schon Schneeglöckchen blühen, auch Krokus und andere Frühlingskinder streckten ihre Köpfchen aus der Erde. Gretchen ging vergnügt neben ihrer Lehrerin. Beide freuten sich über den warmen Sonnenschein und beschlossen, ihren Spaziergang heute ein wenig länger auszudehnen, und wanderten durch die weiten Anlagen in der Vorstadt.

Als eine Bank in Sicht kam, lief Gretchen darauf zu und rief: „Wie schön, dass wir uns setzen können, ich bin so müde."

„Nein, Gretchen, nicht sitzen. In dieser Jahreszeit ist die Luft noch zu rau, du würdest dir eine Erkältung zuziehen."

Eben schritt ein junges Paar vorüber. Die Dame wandte sich, als sie Friedas Stimme hörte, schnell um, als ob die Stimme für sie einen bekannten Klang gehabt hätte, und flüsterte ihrem Begleiter einige Worte zu. Auch Frieda stutzte. Aber das Paar ging weiter, und Frieda sagte zu Gretchen: „Die Dame muss ich kennen, das Gesicht kam mir so bekannt vor." Sie dachte eine Weile nach. „Jetzt hab ich's", rief sie. „Das muss eine frühere Pensionsfreundin von mir sein. Sie hieß Veronika und war verlobt: Gewiss ist sie nun verheiratet und wohnt hier."

„Da können wir sie doch besuchen", rief Gretchen.

„Ja, wenn ich den Namen ihres Mannes wüsste!

Sie hat ihn mir früher einmal genannt, aber ich habe ihn ganz vergessen. Ich weiß nur, dass der Name einen italienischen Klang hatte."

„Wie schade", sagte Gretchen, das gern neue Bekanntschaften machte.

„Vielleicht begegnen wir ihnen noch einmal", meinte Frieda. „Wir wollen öfter in die Anlagen gehen, ich möchte Veronika wirklich gern wiedersehen."

Von da an sah man die beiden öfter nach dieser Freundin auslugen, aber vergeblich, sie kam nicht wieder.

Endlich sollte es doch glücken. Sie waren in einem Galanterieladen, um Einkäufe zu machen. Gretchen suchte ein Ledertäschchen für die Mutter zum Geburtstag aus. Da betrat eine Dame den Laden, die Frieda sofort scharf ins Auge fasste. Sofort kam sie auf sie zu.

„Täusche ich mich, oder erkenne ich in Ihnen eine frühere Pensionsfreundin?"

Kaum hatte sie zu reden begonnen, so unterbrach Frieda sie. „Veronika, du bist es, ich höre es an der Stimme."

„Und du bist bestimmt Frieda, meine Freundin im Meilerschen Hause. Wie kommen wir hier zusammen?"

Frieda zeigte auf Margarete und sagte: „Ich bin als Lehrerin dieser Kleinen nach hier gekommen und fühle mich sehr wohl. Aber du, Veronika? Ich sah dich am Arm eines Herrn. Ich vermute, dass du verheiratet bist."

„Freilich", sagte Veronika, und ein glückliches Lächeln zeigte sich auf ihren Zügen. „Ich bin seit dem Herbst mit meinem Saltino vereinigt. Es hat sich alles besonders vorteilhaft für uns gestaltet."

„Nun wissen wir den Namen", flüsterte Gretchen.

„Was sagt die Kleine?"

„Wir sind uns schon einmal begegnet. Ich glaubte, dich zu erkennen. Da ich aber meiner Sache nicht gewiss war, wagte ich nicht, dich anzureden. Wir wussten nun leider deinen Namen nicht, sonst hätten wir deine Wohnung ausgekundschaftet und hätten dich überfallen."

„Jetzt musst du mich jedenfalls so bald wie möglich aufsuchen. Ich wohne in der Breitestraße 6. Willst du es dir aufschreiben? Komme ja recht bald, ich habe dir viel zu erzählen, und du mir gewiss nicht minder. Wie freue ich mich, eine so liebe Bekannte hier getroffen zu haben."

„Ich besuche dich, sobald ich Zeit habe. Vielleicht darf ich meine kleine Schülerin mitbringen. Sie hat keine Geschwister und ist viel allein."

„Gewiss, die bringst du mit. Wir trinken zusammen Kaffee, und die Kleine sieht schöne Bilder an, während wir miteinander plaudern und uns von alten Zeiten erzählen." Margarete war über die Aussicht, mitgehen zu dürfen, sehr glücklich. Sie erzählte später ihrer Mutter von der Begegnung.

„Es freut mich für Sie, liebes Fräulein Senker, dass Sie diese Bekannte gefunden haben“, sagte Frau Roller. „Vielleicht besucht uns Ihre Freundin auch einmal.“

Schon in der folgenden Woche kam eine Einladung zum Kaffee von Veronika für Frieda und ihre Schülerin.

Sie machten sich an einem Nachmittag zu diesem Besuch auf. Sie mussten ziemlich lange gehen, ehe sie auf die Breitestraße kamen. Sie lag inmitten der Stadt, im eigentlichen Geschäftsviertel. Ein schöner Laden reihte sich an den andern, nur das große vornehme Gebäude Nr. 6 hatte keinen. Aber man sah, dass die Parterrezimmer nicht als Wohnung dienten, sondern Kontore waren, in denen viele Angestellte an ihren Pulten saßen, mit eifrigem Schreiben beschäftigt. Im zweiten Stockwerk sollte Veronika wohnen. Nach den hohen Fenstern und den eleganten Vorhängen zu urteilen, musste es eine schöne Wohnung sein. Veronikas Lage musste sich doch außerordentlich günstig gestaltet haben. Es freute sie für die Freundin, die damals so verzagt gewesen war und trübe in die Zukunft geblickt hatte.

Frieda öffnete die Haustür und trat in die große Halle. Im selben Augenblick kam aus einem der unteren Zimmer ein Herr. Frieda erschrak und errötete tief. Es war wieder der fremde Unbekannte. Er hatte seinen Hut in der Hand, aber statt vorüberzuschreiten, ging er auf sie zu und sagte freundlich: „Nicht wahr? Ich irre mich nicht, wenn ich in Ihnen das Fräulein begrüße, das ich in der Schneenacht im Schlitten nach Neuburg mitnahm. Es war doch wohl besser, dass Sie nicht, wie Sie es wünschten, im Abteil sitzen blieben, denn ich hörte später, dass es große Mühe und Arbeit gemacht hat, den Zug loszueisen, dass es viele Stunden gedauert hat, bis er weiterfahren konnte."

Frieda sagte verlegen: „Ich habe später eingesehen, dass ich Unrecht tat, Ihr Anerbieten von mir zu weisen. Es tat mir nur Leid, dass ich beim Aussteigen nicht Gelegenheit fand, Ihnen zu danken. Aber Sie waren so von Menschen umringt, dass ich nicht durchdringen konnte. Ich hole mein Versäumnis heute nach."

Er machte eine unmutige Bewegung. „Den Dank wollte ich nicht. Aber ich wunderte mich, wo die junge Dame geblieben sein mochte. Sie waren so urplötzlich vom Schauplatz verschwunden."

„Ich hatte in der Nähe eine Tante, zu der ich flüchtete, denn ich fror und sehnte mich nach einer warmen Stube." – „Verzeihen Sie", sagte er darauf, „suchen Sie hier jemand?"

„Ich beabsichtigte eine Freundin zu besuchen, die in diesem Hause wohnt", sagte Frieda, grüßte und ging weiter. Sie ahnte nicht, dass der Herr Besitzer des Hauses war und dass alle, die darin wohnten, mehr oder weniger seine Angestellten waren. Sie ging mit Gretchen die breiten mit Teppichen belegten

Treppen hinauf und hörte nicht, dass der Herr das Haus noch nicht verließ, sondern horchend einen Augenblick verweilte. Er merkte denn auch, dass im zweiten Stock geklingelt wurde, dass man öffnete und Frau Saltino das junge Mädchen freudig willkommen hieß. „Also eine Freundin von Frau Saltino", schmunzelte Herr Gruber. „Da ließe sich vielleicht ergründen, wie das junge Mädchen heißt und wer sie ist."

Frieda war ein sehr hübsches Mädchen, der liebliche Ausdruck ihres feinen Gesichtes zog die Menschen unwillkürlich an. So hatte auch Herr Gruber einen Eindruck empfangen, den er nicht vergessen konnte. Sonst wäre es ihm vielleicht gleichgültig gewesen, ob er einer Dame, die mit ihm im Schnee stecken geblieben war, wieder begegnete, er würde sie wohl kaum wieder erkannt haben. Aber hier war es anders. Schon dass das junge Mädchen sitzen blieb, dass sie nicht wie die andern eilte, hatte sein Interesse erregt. Das wurde verstärkt, als er sie in Gesellschaft der vornehmen Dame und des Kindes im Konzertsaal erblickte. Heute nun, wo er sie sogar in seinem eigenen Hause sah, wurde das Interesse so groß, dass er beschloss, sich über sie näher zu erkundigen.

Frieda saß inzwischen bei Frau Saltino. Sie fühlte sich gleich bei der Freundin heimisch, und wunderbar – sie hatte das Gefühl, als sei sie schon einmal in diesen Räumen gewesen. Sie trat ans Fenster. Sie sah sich als kleines Mädchen auf dem breiten Fenstersims sitzen, eine schlanke blasse Dame, ihre Mutter, neben sich stehen, da, auf einmal Trompetenklang und Trommeln, ein ganzer Zug Soldaten kam die Straße herunter: hatte sie es geträumt oder in frühester Kindheit wirklich erlebt? Die Erinnerung hatte gänzlich geschlafen, wie kam es, dass sie plötzlich aufwachte? Schon als sie die breite Treppe hinaufstieg, durchzuckte sie der Gedanke:

„Hier bist du schon einmal gewesen."

Veronika, die Gretchen mit sich ins Nebenzimmer genommen und ihr schöne Bilder zum Ansehen gegeben hatte, trat zu ihr. „Nun, so ernst in Gedanken versunken?" Frieda lachte. „Es kommt mir hier alles so bekannt vor, als wenn ich es schon einmal gesehen hätte. Hab's vielleicht geträumt. Nun erzähle mir aber von deinen Erlebnissen, Veronika, wie du hierher gekommen bist und wie sich alles zu deinen Gunsten gewendet hat."

„Es würde zu weit führen, wollte ich dir alles ausführlich erzählen. Vielleicht später einmal. Heute nur soviel, dass ein Bekannter meines Mannes, ein sehr einflussreicher großer Fabrikherr, meinem Mann eine Stelle in seinem Kontor gegeben hat, die es uns ermöglichte, das Ziel unserer Wünsche zu erreichen. Nun erzähle aber du mir von dir und vor allen Dingen, wie du hierher gekommen bist."

Frieda berichtete dann von Martha und ihrem traurigen Schicksal, von der Krankheit und dem Tod der Mutter und von ihrer früheren Stelle in Grünbach, die sie deswegen hatte aufgeben müssen. Veronika hörte mit großer Teilnahme zu, sie kannte ja Martha und hatte für alles, was mit der Pension Meiler zusammenhing, großes Interesse.

Eine Entdeckung

„Verzeihen Sie, Frau Saltino“, sagte eines Tages Herr Gruber, als er, wie er mitunter zu tun pflegte, sich zu einem Teestündchen eingefunden hatte, „es war kürzlich eine junge Dame bei Ihnen, war es eine Verwandte von Ihnen oder von Ihrem Mann?“

„Ich wüsste nicht, wer es gewesen sein könnte. War es gestern?“

„Nein, vorgestern Nachmittag gegen vier Uhr. Sie hatte ein kleines Mädchen bei sich.“

„Ja, nun weiß ich es. Es war eine frühere Pensionsfreundin von mir, die Lehrerin geworden und nun hier bei einer Frau Roller lebt.“ Herr Gruber war nicht ganz befriedigt von der Antwort. Warum konnte Frau Saltino nicht den Namen der Dame nennen!

„Davon weiß ich ja gar nichts“, sagte ihr Gatte. „Du hast mir nicht erzählt, dass du Besuch hattest.“

„Weil du immer mit Geschäften überhäuft bist und oft so spät heraufkommst, dass ich nur das Allernötigste mit dir sprechen kann.“

„Ein harter Dienst“, meinte Gruber.

„Wir sind sehr dankbar darüber, nicht wahr Vreneli? Wer war denn nun die junge Dame, die dich besucht hat?“, fragte nun Saltino interessiert.

„Es war Frieda Senker, ich habe dir öfter von ihr geschrieben und auch erzählt.“

„Nun erinnere ich mich. Schade, dass ich sie nicht kennen gelernt habe."

„Sie wird von nun an ein häufiger Gast bei mir sein, wir wollen fortan treu zusammenhalten."

Beide hatten nicht gemerkt, dass sich Herrn Grubers eine sichtliche Erregung bemächtigte, als Veronika den Namen der Freundin aussprach. Es war gut, dass die beiden einige Worte miteinander wechselten, so dass er seiner Bewegung Herr werden konnte. Sollte es möglich sein, dass er in dieser jungen Dame die finden sollte, nach der er lange geforscht hatte? Er saß im Wohlleben, und sie musste sich ihr Brot bei fremden Leuten verdienen! Jetzt war sein Interesse aufs Höchste erwacht. Doch durfte er es nicht zeigen. Die Geschichte musste schon des Onkels wegen geheim bleiben.

„Also das junge Mädchen ist Erzieherin", nahm Gruber das Gespräch wieder auf.

„Sie ist gewiss aus einem kinderreichen Hause, da müssen dann die Töchter einen Beruf ergreifen, um einmal auf eigenen Füßen zu stehen –"

„Das ist hier nicht der Fall. Frieda Senker ist eine Waise. Soviel ich weiß, ist sie von einem Pfarrer angenommen worden, mit dessen Tochter sie sich in demselben Pensionat, wo ich war, aufhielt, um das Seminar zu besuchen." Gruber fragte nicht weiter, ging aber sinnend nach Hause und überlegte nochmals alles. Frieda Senker! Sollte es möglich sein, dass sie sich als die Tochter der Frau Luise Senker entpuppte? Eine Waise – das stimmte ja. Nun hatte er doch endlich einen Anhalt, er wollte jedenfalls nachforschen; wie gern wollte er seinen Verpflichtungen gegen die arme Waise nachkommen, um so mehr, als er schon für das junge Mädchen sowieso Interesse gewonnen hatte.

Der Zufall kam ihm zu Hilfe. Eines Tages, als er die Halle seines Hauses betrat, war die große Tür, die nach dem Hof führte, weit geöffnet, und in der Tür stand ein altes Mütterchen, das die Hand des jungen Mädchens, das ihn aufs Höchste interessierte, mit ihren Händen festhielt und so laut sagte, dass er es hören konnte:

„Ich hab's ja gleich gesehen, als Sie daherkamen, dass ich Sie kennen müsste. Sie waren damals ein kleines Mädchen von drei Jahren, aber jetzt sehen Sie gerade aus wie die Frau Mutter."

Beide hatten Herrn Gruber nicht bemerkt. Er entfernte sich schnell und ging ins Kontor, um einen Schritt näher der Gewissheit, dass die kleine Erzieherin die war, die er schon lange suchte. Diese kleine Szene war am Morgen gewesen; zu Mittag, als die Alte wieder erschien, um ihrem Sohn das Essen zu bringen, rief Gruber sie in sein Privatzimmer.

„Je, was wird denn der Herr wollen, ich hab doch nichts Unrechtes getan", sagte die Alte vor sich hin. Ins Privatzimmer des Herrn gerufen zu werden, bedeutete in der Regel nichts Gutes.

„Sagen Sie doch“, begann Herr Gruber, „mit welchem jungen Mädchen standen Sie da heute morgen im offenen Hoftor?“

Der Alten Züge erhellten sich. „Das Fräulein wollte zu Frau Saltino. Und denken Sie nur an, Herr, sie ist die Tochter von Frau Luise Senker! Aber war das eine Freude! Das Fräulein wollte nach oben gehen, als ich vom Hof kam. Mir war, als sollte ich vor Schreck umfallen, meinte ich doch, die Frau Senker leibhaftig vor mir zu sehen. Freilich, blasser sah die Mutter wohl aus, aber wer denkt gleich da dran. Ich laufe auf sie zu. Da lächelt sie mich so freundlich an, gerade wie die Frau Mutter, und fragt: ‚Kennen Sie mich?’

Nun musst ich ja mit der Sprach’ heraus, und als ich sage: ‚Ich habe eine Frau Senker gekannt, die hier gewohnt hat, und Sie sehen gerade so aus, dass ich dachte, sie wär’s‘, da sagte sie: ‚Nicht wahr, meine Eltern haben einmal in diesem Hause gewohnt; ich bin ein kleines Mädchen gewesen, als mein Vater starb und meine Mutter mit mir weit fortzog. Aber es kommt mir hier alles so bekannt vor, dass es mir immer ist, als müsste ich schon einmal hier gewesen sein.‘ Also, es war richtig Frau Senkers kleine Tochter Frieda. Wir haben uns lange unterhalten. Sie hat mir erzählt, dass sie auf dem breiten Treppenabsatz mitunter mit ihren Puppen gespielt hat. Dann fragte sie mich, ob hinter dem Hof nicht ein Garten sei mit einem Springbrunnen, schönen Obstbäumen und einem Gartenhaus. Da bin ich mit ihr gegangen, hab' ihr den Garten gezeigt, und wir haben uns viel erzählt, sind als gute Freunde geschieden. Ja, Herr, das ist alles wahr. Der Herr hat uns vielleicht im Garten gesehen, was wir eigentlich nicht dürfen. Nun ist der Herr böse und hat mich hereinrufen lassen."

Herr Gruber hatte die Alte ruhig aussprechen lassen. Jedes Wort, was sie sagte, hätte er mit Gold aufwiegen mögen. Es gab ihm Gewissheit über eine Sache, die für ihn von größter Wichtigkeit war.

„Ich bin nicht böse, sondern freue mich über das, was Sie mir mitgeteilt haben. Sie erinnern sich doch, dass Sie mir einmal die Anschrift von Frau Senker gegeben haben?" Die Alte, die leicht vergesslich geworden war, konnte sich nicht gleich besinnen.

Die Alte humpelte glücklich von dannen, dass es keine Schelte gegeben hatte. Herr Gruber war ein guter und anständiger, aber auch ein strenger Herr, der keine Unregelmäßigkeiten ungerügt ließ.

Der Geschäftsbrief

Frieda ahnte von allem nichts. Eines Morgens saß sie allein in ihrem hübschen Zimmer und war mit dem Lesen eines langen Briefes beschäftigt. Margarete war mit ihrer Mutter in die Stadt gefahren, um Einkäufe zu machen, so dass der Spaziergang unterblieb. Die Sonne schien hell und freundlich ins Zimmer, vor ihrem Fenster blühten selbst gezogene Hyazinthen und Alpenveilchen, und Frieda selbst war in froher Stimmung. Hatte sie doch so liebe Briefe von ihren früheren kleinen Schülerinnen erhalten, die noch mit großer Liebe an ihr hingen und immer wieder bedauerten, dass sie nicht bei ihnen hatte bleiben können. Auch von Frau Zeller war ein ausführlicher Brief da, den Frieda mit besonderem Interesse las. Sie sprach wieder ihre Teilnahme aus über alles Schwere, das über das Pfarrhaus von Buschrode hereingebrochen war, besonders schmerzte sie der frühe Tod der Frau Pfarrer, der sie so viel verdankte. Ihr und ihren Kindern ginge es gut. Diese entwickelten sich fröhlich in der guten Luft und bei dem Onkel im Pfarrhause, der nicht nur ausgiebig in leiblicher Beziehung für sie sorgte, sondern auch den heranwachsenden Knaben geistig viel sein konnte. Der Ältere hatte schon lateinische Stunden, auch die Jüngeren lernten gut, und der Onkel vertrat an der Schar Vaterstelle. Frau Zellers Lage war dadurch wesentlich besser geworden, und doch hätte sie lieber gesehen, wenn der Bruder einen eigenen Hausstand hätte gründen können. Aber daran war nach der schmerzlichen Enttäuschung, die er erfahren hatte, nicht zu denken. Doch das Melancholische in seinem Wesen verlor sich immer mehr in der Umgebung der kleinen fröhlichen Gesellschaft. Insofern hatte Frau Zeller ganz recht getan, dass sie mit ihrer Schar zu dem Bruder ins Haus gezogen war.

Nachdem Frieda den Brief gelesen hatte, legte sie ihn hin und sah sinnend zum Fenster hinaus. Wenn die gute Martha nicht so verblendet gewesen wäre und die Bitte dieses trefflichen Mannes hätte erfüllen können, wie glücklich könnte sie, könnten die Eltern jetzt sein. Aber es hatte alles so kommen müssen.

Es klopfte. Frieda fuhr aus ihren Träumereien. Der Diener brachte ein großes mächtiges Schreiben mit einem Siegel. Einen solchen umfangreichen Brief hatte sie nie in Händen gehabt. Sie betrachtete ihn von allen Seiten. Auf dem Kuvert stand: Steudel & Co. Ach, gewiss eine Anpreisung aus irgendeinem Geschäft, die Frau Roller mehr angehen würde als sie, die nicht viel zu kaufen hatte.

Mit Bedacht und ohne sonderliche Neugierde öffnete sie das Schreiben und überflog es. Sie wurde dunkelrot, als sie den Inhalt gelesen hatte, es malte sich eine gewisse Unruhe und Angst auf ihren Zügen. Das Schreiben lautete: „Sehr verehrtes Fräulein! Verzeihen Sie, wenn ich Sie ersuchen muss, sich morgen Mittag zwischen zwölf und ein Uhr in den hiesigen Geschäftsräumen einzufinden. Es handelt sich um eine Sache, die für Sie von größter Wichtigkeit ist."

Rätselhaft waren die Worte. Es musste hier jedenfalls ein Missverständnis vorliegen. Gewiss war eine ganz andere Person gemeint. Mit dem Geschäftshaus Steudel & Co. hatte sie nichts zu tun. Jedenfalls musste sie die Sache mit Frau Roller besprechen, sie war eine kluge, in solchen Sachen sehr bewanderte Frau, und ihrem Rat wollte sie dann folgen.

Frau Roller schüttelte auch den Kopf, als sie den geheimnisvollen Brief gelesen hatte. „Kennen Sie denn irgend jemand aus dem Geschäft? Es ist eine gute Firma, etwas Unreelles ist nicht zu erwarten. Ich bin dafür, dass Sie zu der angegebenen Stunde hingehen, es kann ja nichts schaden. Oder, wenn Sie ängstlich sind, will ich für Sie gehen, liebes Fräulein."

Das wollte Frieda nicht annehmen. „Wenn es zur Mitternachtsstunde wäre, würde ich mich sträuben, aber am hellen Mittag kann ich's schon wagen", scherzte sie. „Aber die Anschrift des Geschäftshauses weiß ich ja gar nicht."

Frau Roller zeigte auf den Brief. Da stand deutlich unter dem Namen der Firma die Straße angegeben. Es war „Breitestraße 6". „Das ist ja – das Haus, wo Saltinos wohnen." Auf einmal ging ihr ein Licht auf. Sie hatte bis jetzt niemand von ihrer Ahnung gesagt, dass sie glaubte, aus diesem Hause zu stammen, jetzt wurde es ihr fast zur Gewissheit, dass hier irgend etwas, sei es nun angenehmer oder unangenehmer Art, mit ihr im Zusammenhang stehe. Es hatte doch vielleicht jemand Kunde von ihrem Vorhandensein, sie war in letzter Zeit öfter in dem Hause aus- und eingegangen, die alte Frau hatte sie bereits an der Ähnlichkeit mit ihrer Mutter erkannt. So machte sie sich denn am folgenden Tage auf den Weg. Etwas bänglich war ihr zumute, als sie die Stufen des Hauses emporstieg und in die Vorhalle trat.

Ein Diener kam auf sie zu, fragte, ob sie Fräulein Senker sei, und führte sie durch einen langen Korridor, öffnete die letzte Tür und meldete: „Fräulein Senker."

Sie betrat ein hohes, elegant eingerichtetes Herrenzimmer. Dunkle schwere Portieren an Türen und Fenstern. Kostbare Bilder in vergoldeten Rahmen zierten die Wände. An einem reich geschnitzten Schreibtisch saß ein Herr, der sich sofort erhob und auf sie zukam.

Frieda erblasste. Er war – ihr Unbekannter, er war der dunkeläugige Herr, der ihr zuerst, als sie noch ein halbes Kind war, am Neuburger See als Schreckgestalt entgegengetreten war, es war der liebenswürdige Ritter im Schneegestöber. Was wollte er hier?

Er forderte sie zum Sitzen auf und begann: „Verzeihen Sie, dass ich Ihnen die Mühe machen musste, hierher zu kommen; ich wusste mir nicht anders zu helfen. Was wir zu verhandeln haben, gehört nicht in die Öffentlichkeit, es kann nur hier in meinem Privatzimmer erledigt werden."

„Sind Sie – denn – der Geschäftsinhaber, von dem ich gestern den Brief erhielt?", fragte Frieda erstaunt.

„Mein Name ist Gruber, aber ich bin seit dem Tode meines Onkels Chef der Firma Steudel & Co."

Frieda sah ihn verwundert an. Also, er war der Chef der großen Firma. Chef des Herrn Saltino, der ihre Freundin Veronika geheiratet hatte. Daher kürzlich die Begegnung mit ihm in der Halle, als sie Frau Saltino das erste Mal besuchte.

Er sah ihr verwundertes Gesicht und sagte lächelnd: „Sie werden sich noch mehr verwundern, verehrtes Fräulein, wenn ich Ihnen meinen Teilhaber nenne."

„Wer ist denn das?", fragte sie gespannt.

„Das sind Sie, mein verehrtes Fräulein."

Sie erblasste aufs Neue und bat ihn, keine Scherze zu machen.

„Dazu ist die Sache zu ernst, als dass ich scherzen könnte. Lange habe ich Sie gesucht und nach Ihnen geforscht, aber es waltete ein Unstern darüber. Ich war im kleinen Städtchen Steinfeld, ich habe in der größeren Stadt, wo Ihr Herr Onkel gewohnt hat, nachgeforscht, nirgends eine Spur, bis ich Sie nun hier getroffen und zufällig Ihren Namen entdeckt habe." Dann begann er zu berichten, wie er an das Sterbebett seines Onkels gerufen worden sei, wie der ihm reuevoll anvertraut, dass er ihren Vater oder vielmehr die Mutter mit einer bedeutenden Summe hintergangen habe. Er habe ein großes Unternehmen, in das der Vater ein Vermögen gesteckt, als gescheitert angegeben. Zu seiner Entschuldigung ließe sich nur anführen, dass er es erst selbst geglaubt habe. Es verhielt sich aber nicht so, gerade das Unternehmen hatte so reichen Gewinn gebracht, dass das Geschäft blühender und größer denn je geworden sei.

„Ihre Frau Mutter", fuhr er fort, „hatte die Stadt verlassen und war weit fortgezogen, niemand wusste wohin. Der Onkel, ich muss es leider gestehen, steckte das Geld in seine Tasche und kümmerte sich nicht weiter um die Frau seines Teilhabers. Erst auf dem Sterbebett kam die Reue, er ließ mich rufen und nahm mir, seinem Erben, das Versprechen ab, an Frau Luise Senker gutzumachen, was er verschuldet."

„Wenn doch meine arme Mutter diesen Tag erlebt hätte", rief Frieda erregt. „Sie hat, so lange ich denken kann, stets mit der bittersten Armut gekämpft, hat für Geld gearbeitet, um ihrem Kinde eine gute Erziehung zu geben. Sie hat nie etwas Böses auf Herrn Steudel gesagt, ich habe seinen Namen nie nennen hören. Aber geahnt habe ich immer, dass meiner Mutter sehr viel Leid geschehen ist."

„An der Tochter soll nun alles gutgemacht werden."

„Ich brauche das Geld nicht", unterbrach Frieda ihn, mit einem Anflug von Bitterkeit. „Fremde Leute haben es mir ermöglicht, ein Seminar zu besuchen. Ich stehe jetzt auf eigenen Füßen und kann mir selbst mein Brot verdienen." Mit diesen Worten erhob sie sich, als wollte sie gehen.

„Bitte, liebes Fräulein, wir müssen uns über die Sache verständigen. Oder halten Sie mich auch für unehrenhaft, dann allerdings muss ich die Verhandlung abbrechen und sie andern Händen übergeben."

Er sah sie traurig an.

Ein düsteres Bild stieg vor ihren Augen auf. Der Eindruck, den sie vor Jahren gehabt, hatte sich noch nicht vollständig verwischt. Sie wollte ja gern das Beste von ihm glauben, aber sie kannte ihn so wenig. Das Ganze kam ihr so überraschend, so überwältigend, dass sie nicht wusste, was tun.

Er sah sie noch immer an, als erwarte er irgendeine Antwort. Als sie beharrlich schwieg, sagte er:

„Trauen Sie mir wirklich so wenig?"

„Bitte, lassen Sie mir Zeit, über das alles nachzudenken. Wie glücklich wäre ich gewesen, wenn meiner Mutter bei Lebzeiten dies eröffnet worden wäre, wenn sie es ein klein wenig leichter hätte haben können. Meine Mutter hat gedarbt, nun mag ich das Geld, das ihr zukam, auch nicht haben. Sie hat mir aber etwas Besseres hinterlassen als Geld und Gut, ein köstliches Erbteil, das mir nicht entrissen werden kann. Damit bin ich bis jetzt gut durch die Welt gekommen und werde es ferner können." Er sah sie fragend an. Plötzlich nahmen ihre Züge den weichen lieblichen Ausdruck an, der ihr eigen war. Sie sagte mit sanfter Stimme: „Meine Mutter hat mich früh gelehrt, mein Vertrauen auf Gott zu setzen, sein Wort zur Regel und Richtschnur meines Lebens zu machen. Es hat mich n i e betrogen."

„In dem Punkt sind wir einig, liebes Fräulein Senker. Das ist auch bei mir der Fall. Wenn ich Gott nicht zum Beistand hätte, mein Vertrauen auf ihn setzte, wüsste ich nicht, wie ich mit den schweren Pflichten meines Berufes fertig werden sollte. Doch Sie sehen angegriffen aus. Gehen Sie nach Hause und überlegen Sie sich, was ich Ihnen anvertraut habe. Suchen Sie, wenn Sie können, über meine Person und über meinen Charakter etwas zu erfahren. Ich sehe es Ihnen an, Sie misstrauen mir", fügte er freundlich lächelnd hinzu. „Und haben Sie mehr Vertrauen zu mir gewonnen, so schreiben Sie mir, wir können dann eingehender über die Sache sprechen. Aber mein Teilhaber bleiben Sie trotzdem. Wir haben das Geschäft zusammen, Ihren Gewinn habe ich sorgsam und treu verwaltet, Sie können sich jederzeit davon überzeugen."

Sie schüttelte den Kopf. „Ich mag gar nicht viel

Geld haben. Es ist mir so beklommen dabei. Doch" – sie zog ihre Uhr –, „es ist höchste Zeit zum Gehen. Frau Roller erwartet mich."

Sie verabschiedete sich von Herrn Gruber, der sie bis an die Haustür geleitete mit den Worten: „Ich denke, ich höre bald mehr von Ihnen."

Aufklärungen

Er ging in sein Zimmer zurück und schüttelte den Kopf. „Ein seltsames Mädchen! Eine andere würde an ihrer Stelle begierig nach dem Reichtum gegriffen haben, der sich ihr in Aussicht stellt. Sie lehnt alles ab, will nichts damit zu tun haben, noch weniger mit mir, wie es scheint. Scheu und misstrauisch sah sie mich an, als ob sie mich für einen Betrüger hielte. Freilich", fügte er in seinem Selbstgespräch hinzu, „kann man es ihr nicht verdenken. Vom Onkel sind sie betrogen worden, was lässt sich da vom Neffen Gutes erwarten. Ich hoffe aber doch, wir kommen noch überein, Frau Saltino muss die Vermittlerin machen. Ein nettes Mädchen bleibt es doch." Mit diesen Worten nahm er seinen Hut, bestieg seinen Wagen, der vor der Tür auf ihn wartete, und fuhr hinaus in seine Villa, wo er in Gottes freier Natur von den Sorgen und Lasten, die das große Geschäft mit sich brachte, aufatmen konnte.

Frieda war in tiefem Nachdenken nach Hause gegangen. Das war alles so überwältigend und unerwartet gekommen, wenn doch ihre liebe, unvergessliche Mutter diesen Tag erlebt hätte, welche Freude für sie beide! Aber so?

Da klopfte es. Ein blonder Mädchenkopf guckte herein, schloss aber leise die Tür wieder und eilte zur Mutter. „Nun, Gretchen, kommt Fräulein Senker?“

„Mutter, sie sitzt in ihrem Lehnstuhl und weint; es ist ihr gewiss etwas Schlimmes begegnet. Sie hat mich nicht gehört, ich bin schnell weggelaufen.“

Mit Besorgnis eilte Frau Roller in Friedas Zimmer.

Sie näherte sich ihr und umarmte sie sanft. „Liebes Kind, was haben Sie nur? Vertrauen Sie mir und lassen Sie sich raten.“

„Es sind geschäftliche Sachen, die der Herr mit mir verhandeln wollte. Ich soll viel Geld haben und brauch' doch nichts.“

„Sie törichtes Kind“, lachte Frau Roller. „Deshalb weinen Sie? Trocknen Sie schnell Ihre Tränen und erzählen Sie mir alles. Es muss doch irgend etwas zugrunde liegen. Umsonst bietet niemand dem andern Geld, besonders kein fremder Geschäftsherr einer jungen unbekannten Dame.“

Frieda erzählte nun Frau Roller von ihrer Vergangenheit, wusste aber mit dem ihr eigenen Taktgefühl die Sache so hinzustellen, dass der Verstorbene nicht als Betrüger erschien, sondern einem Irrtum oder einem Missverständnis erlegen sei, und dass nun der Neffe vom Onkel auf dem Sterbebett den Auftrag erhalten habe, die Summe an die rechtmäßigen Eigentümer zurückzuerstatten. Da viele Jahre darüber hingegangen, sei die Summe angewachsen, der Herr habe es, wie er sagte, für sie verwaltet.

Frau Roller beglückwünschte Frieda und riet, die Erbschaft ja nicht törichterweise von sich zu schieben. Sie solle bedenken, dass sie nicht immer jung und kräftig bleiben würde, dass sie im Alter oder bei Krankheit wohl das Geld brauchen könne. „Und schließlich", fügte sie hinzu, „wie viel Gutes können Sie tun, wenn Ihnen Mittel zur Verfügung stehen, wie viel Arme und Kranke gibt es, die unserer Hilfe bedürfen."

Da leuchtete es plötzlich in Friedas Augen auf. Das war ein neuer Gedanke, der ihr bis jetzt ferngelegen hatte. Bisher war sie immer die Arme gewesen, für die andere Menschen sorgen mussten. Sie war immer die Empfangende gewesen, nun sollte sie die Gebende werden. Welch ein Glück, andern helfen zu können, sie hatte es sich immer gewünscht. „Ich danke Ihnen, dass Sie mich darauf aufmerksam machen, daran habe ich bis jetzt nicht gedacht."

„Sehen Sie, kleine Törin, wenn ich nicht dazwischengekommen wäre, würden Sie alles abweisen und Ihr Leben lang die arme Erzieherin bleiben."

„Ihre Erzieherin bleibe ich aber doch? Sie behalten mich doch, nicht wahr? Ich fühle mich so wohl bei Ihnen, und hier in der großen Stadt habe ich viel Gelegenheit, Armen und Kranken Gutes zu tun."

Frau Roller schwieg und lächelte ungläubig dazu.

„Wollen Sie mich denn nun los sein?", fragte Frieda verzagt.

„Um keinen Preis, Liebste. Bleiben Sie, solange

Sie können und wollen. Margarete und ich sind ja glücklich, Sie zur Hausgenossin zu haben, und wenn Sie in den Geschäftssachen meinen Rat gebrauchen, stehe ich Ihnen immer zur Verfügung."

Das Gespräch mit Frau Roller diente zu Friedas Beruhigung. Wenn nur der Herr, mit dem das Geschäft abgewickelt werden sollte, ein anderer gewesen wäre! Und doch konnte sie nicht sagen, dass Herr Gruber ihr missfiel. Er hatte, wenn er mit ihr sprach, etwas so Freundliches, Vertrauenerweckendes in seinen Zügen, in seinem ganzen Wesen. Wenn sie nur Klarheit über die Szene am Neuburger See hätte bekommen können. Doch auch die sollte kommen, früher als sie gedacht.

Einstweilen eilte es ja mit dem Geschäft nicht, hatte Herr Gruber gesagt. Sobald sie bereit sei, über die Geldverhältnisse mit ihm zu sprechen, solle sie ihm schreiben, er sei jeden Augenblick für sie da. Sie wollte jetzt ihrer Pflicht leben und vor den Sommerferien, ehe sie nach Buschrode reiste, konnten die Geschäfte dann erledigt werden. Plötzlich durchzuckte es sie freudig. Sie konnte nun ihrem Pflegevater, der durch Riedeck so große Verluste gehabt hatte, die Summe, die er in früheren Jahren für sie verausgabt hatte, zurückerstatten, sie konnte für alle schöne Geschenke mitnehmen und für die armen Familien des Dorfes sorgen. Das sollte eine Freude werden! Es war doch schließlich ganz hübsch, wenn man für andere etwas übrig hatte.

Nun war es Mai geworden. Alles blühte und duftete in den großen Anlagen der Stadt, in die Frieda mit Gretchen täglich ging. Es wurden aber auch weitere Spaziergänge unternommen, ebenso machte Frau Roller gern Ausfahrten. So waren sie auch an einem freien Nachmittag mit der Vorortbahn bis ans andere Ende der Stadt gefahren, immer weiter durch die vornehmen Vorstädte, wo es prächtige Villen mit herrschaftlichen Gärten gab. Sie stiegen an der Endstation aus und gingen in ein Restaurant, wo sie in dem hübsch gelegenen Garten Kaffee tranken. Da fiel es Frau Roller ein, dass hier in der Nähe eine Freundin von ihr wohnte, eine kranke, gelähmte Dame, die sie längst hätte besuchen müssen. Sie schlug Frieda vor, sich mit Margarete die schöne Villenstraße mit ihren wundervollen Gärten anzusehen. „Ich komme Ihnen nach einer halben Stunde etwa entgegen, wir fahren dann mit der Elektrischen oder mit einer Droschke nach Hause."

„Bleibe, so lange du willst, Mutter", rief Gretchen. „Ich werde mit Fräulein Senker fröhlich zusammensein." Sie verließen den öffentlichen Garten und begleiteten die Mutter bis zu dem Haus, wo die kranke Dame wohnte. Dann spazierten sie die schöne Straße auf und ab und bewunderten, stehen bleibend, hier und da die blühenden Sträucher und Blumen.

„Sehen Sie diesen wunderschönen Rotdorn, der dort zur Seite der Villa blüht, ich sah noch keinen von solcher Größe und Üppigkeit", rief Margarete und eilte an das Gitter, das den Garten umschloss. Aber sie blieb an irgend etwas hängen, war es ein Nagel oder ein Dorn, ein großer Riss in dem duftigen Kleid war die Folge. Traurig hob sie das Röckchen in die Höhe und sagte:

„Sehen Sie nur, Fräulein Senker, was machen wir nun?"

„Kann ich dem Fräulein behilflich sein?", sagte eine ältere einfach gekleidete Frau, die gerade dabei war, in der Nähe des Tores einen Blumenstrauß zu schneiden. „Wenn Sie eintreten wollen, will ich Ihnen gern den Riss zunähen."

„Sehr freundlich von Ihnen", sagte Frieda. „Aber stören wir nicht?"

„Der Herr, dem die Villa gehört, ist in der Stadt und kommt erst am Abend wieder. Ich bin seine Haushälterin." Mit diesen Worten öffnete sie das Gartentor und ließ Frieda und ihre Schülerin herein. „Kommen Sie mit ins Haus, kleines Fräulein, ich nähe Ihnen den Riss schnell zu."

Sie machte gegen Frieda eine Handbewegung, auch näherzutreten. Die mochte nicht das Haus eines Fremden ohne weiteres betreten und meinte, sie würde sich, wenn es erlaubt sei, den schönen Garten näher ansehen. Die Frau verschwand mit der Kleinen, und Frieda wanderte von Beet zu Beet, den Blumenflor bewundernd.

Da stand plötzlich ein Mann vor ihr und schnitt

an den Rosen. Die Gestalt kam ihr bekannt vor. Hatte sie sie nicht in früheren Jahren tagtäglich gesehen, die etwas verwachsene Gestalt, wo nur gleich? Jetzt wusste sie es. Im Hause des Onkel Wilms; es war Herr Richter, den sie immer mit seiner Mappe hatte ins Kontor gehen sehen.

Sollte es wirklich der Herr Richter sein, der ihr von seiner Tante das Paket Lichter als Weihnachtsgeschenk gebracht hatte?

Er, der gebückt gestanden hatte, erhob sich jetzt. Sie erschrak. Da war die große Narbe auf der Stirn und das eine Auge! Es war nicht natürlich, das war ein Glasauge! Sie näherte sich ihm, bat um Entschuldigung und erzählte kurz die Veranlassung zu dem Eindringen in diesen Park.

Er stutzte, als sie zu reden anfing. „Wie ist mir“, sagte er, und strich mit der Hand über die Stirn, „die Stimme kommt mir so bekannt vor, und wenn ich das Fräulein ansehe, so nehme ich bekannte Züge wahr, sollten wir uns schon einmal begegnet sein?“

„Erinnern Sie sich der kleinen Frieda bei Onkel und Tante Wilms? Ich bin Frieda Senker.“

„Wie ist es möglich, dass ich Sie noch wiedersehe?“, rief er voll Staunen. „Wie oft haben meine Gedanken sich mit Ihnen beschäftigt, immer habe ich gedacht, was wohl aus Ihnen geworden sein könnte. Und nun steht die ehemalige kleine Frieda als stattliches schönes Fräulein vor mir.“ Er äußerte seine Freude so unverhohlen, dass Frieda über die

Anhänglichkeit ganz gerührt war. Aber wie kam er hierher? Eine Flut von Gedanken stürmte auf sie ein. Er stand vor ihr, den sie für tot gehalten hatte. Aber dass er der Verwundete war, den sie damals gesehen hatte, das war ihr auch klar.

„Sie sehen mich an, ich bin sehr verändert. Ein unglücklicher Wurf hat mich so entstellt. Jahrelang habe ich darunter gelitten, bis die Erlösung kam. Jetzt bin ich geborgen, bin in den besten Händen." Darauf erzählte er unaufgefordert das Erlebnis am Neuburger See, ohne jedoch Saltinos Namen zu nennen, und sagte, wie viel er seitdem gelitten habe. „Aber", fuhr er fort, „seit Herr Gruber sich meiner angenommen hat, seit er meine Schwester als Haushälterin und mich als Hausverwalter und zeitweise als Privatsekretär angestellt, habe ich mein gutes Auskommen, lebe in gesunder Luft, so fehlt es mir an nichts."

Gern hätte Frieda nach diesem und jenem noch geforscht, hätte Aufklärungen aller Art von ihm gewünscht, aber da kam das Fräulein Richter mit Margarete aus dem Hause, und gleichzeitig erschien Frau Roller am Tor und spähte unruhig umher. Zudem war Frieda erschrocken, als sie hörte, wem die Villa gehörte. Sie fürchtete, dem Herrn hier begegnen zu können. Darum eilte sie, nachdem sie Herrn Richter die Hand geschüttelt und seiner Schwester gedankt hatte, mit Gretchen der Mutter entgegen.

„Sie sehen ja aus, als hätten Sie ein Erlebnis gehabt", sagte Frau Roller lächelnd, als sie Friedas erregtes Gesicht sah. „Was bedeutet der Besuch in dieser Villa?"

Gretchen unterbrach die Mutter, indem sie von ihrem Missgeschick berichtete, und Frieda erzählte, dass sie in dem älteren Herrn dort einen früheren Bekannten getroffen habe. Dann kam die Elektrische herangesaust. Man stieg ein, und in der Gesellschaft anderer Passagiere wurde das Privatgespräch unterbrochen.

Aber Frieda wurde von seltsamen Gedanken beunruhigt. Es schien ihr nun klar, dass Herr Gruber ein Unrecht, das er an Richter begangen, dadurch sühnen wollte, dass er ihn und die Schwester ins Haus genommen hatte. Von einem Dritten, der beteiligt war, wusste sie nichts, nur diese beiden hatte sie am See gesehen. Die Szene, die sie im Laufe der Jahre beinahe vergessen hatte, trat jetzt wieder deutlicher vor ihre Augen. Sie musste, sobald sie Veronika sah, sie fragen, ob sie wisse, was es für eine Bewandtnis mit Herrn Richter gehabt habe. Aber sie wollte vorsichtig sein, vielleicht ahnte die auch nicht, auf welche Weise der Mann sein Auge verloren habe.

Schon am folgenden Nachmittag klopfte es bei ihr. Veronika erschien mit dem Ausruf: „Liebste, bist du mir böse, schon seit Wochen hast du dich nicht bei mir sehen lassen. Oder bist du etwa krank gewesen?"

„Keines von beiden“, erwiderte Frieda. „Ich werde dich bald einmal besuchen.“

„Zur Strafe sollst du schon morgen Abend kommen, und zwar zu einer kleinen Gesellschaft.“ Frieda versicherte, sie komme lieber einmal allein, aber Veronika bat sehr, sich morgen nicht auszuschließen. Es seien einige sehr liebenswürdige Familien da, denen sie eine Einladung schuldig sei; so musste Frieda wohl zusagen.

Geschickt brachte sie das Gespräch dann auf Herrn Richter, erzählte, wie sie ihn früher gekannt und ihn nun zufällig wieder getroffen habe. „Aber er hat sich verändert“, sagte sie, „er hat eine große Narbe auf der Stirn und ein Glasauge.“

Jetzt war es an Veronika zu berichten.

„Immer wollte ich dir etwas ausführlich erzählen, aber ich fand nie den Mut. Mein Saltino ist an allem schuld! Ich erzählte dir schon in der Pension davon, nun sollst du die ganze Geschichte wissen.“ Sie erzählte haarklein den ganzen Sachverhalt, Frieda hörte atemlos zu.

„Ein Glück“, fügte Veronika hinzu, „dass Herr Gruber dabei war, nun konnte mein Mann schleunigst einen Wagen holen, während Gruber bei dem Verwundeten blieb.“ Dann lobte sie ihren Chef, der so edel an ihnen allen gehandelt hatte, über alles. „Du weißt, liebe Frieda, ich mochte wenig von Religion hören, auch mein Mann nicht. In Herrn Gruber ist uns wahres Christentum entgegengetreten.

Wer so handelt, wie er gehandelt hat, wer so lebt, wie er lebt, wer sich so gegen seine Angestellten und Arbeiter verhält wie er, der muss aus einer Quelle Kraft schöpfen, die nicht von dieser Welt ist. Er hat es selbst meinem Mann gesagt, dass diese Quelle Gottes Wort ist. Daraus holt er sich täglich Rat und Kraft – zu allem, was er tut und unternimmt. Seit mein Mann täglich mit Herrn Gruber verkehrt, spüre ich immer mehr den guten Einfluss, den er in jeder Beziehung auf ihn ausübt. Und wem verdanke ich wohl meine Sinnesänderung?“ Sie sah Frieda mit liebevollen Blicken an und fügte hinzu: „Ja, gute Menschen haben großen Einfluss auf ihre Umgebung.“

Dann erzählte sie noch so viel Rühmenswertes und Gutes von dem Chef des Geschäftshauses, dass Frieda ihn von der Stunde an in ganz anderem Lichte sah als bisher. Sie war von Hochachtung erfüllt von dem, den sie bisher mit einer gewissen Scheu und mit Misstrauen betrachtet hatte.

Schluss

Am andern Tage gegen Abend betrat Frieda zum ersten Mal seit der Unterredung mit Herrn Gruber wieder das große Geschäftshaus. Sie war etwas zaghaft und beklommen. „Vielleicht“, dachte sie, „wird auch Herr Gruber dort sein, und ich habe ihm noch keine Antwort auf seine Mitteilungen gegeben.“ Sie fand einen kleinen Kreis von Herren und Damen um Veronika und ihren Gatten versammelt. Herr Gruber war nicht anwesend. Sie fühlte sich bald wohl unter den Gästen; es waren gediegene, feingebildete Leute, der Ton, der unter ihnen herrschte, war Frieda sympathisch.

Man wollte eben zu Tische gehen, da tat sich die Tür auf, und Herr Gruber erschien. Er entschuldigte sein spätes Kommen, eine dringende Angelegenheit habe ihn zurückgehalten. Er führte eine ältere Dame zu Tisch und schien Frieda kaum zu bemerken.

Nach Tisch schlug Veronika einen Gang in den Garten vor, der sich hinter dem Hause befand und für einen Stadtgarten ganz ansehnlich war. Die Gäste ergingen sich auf den verschiedenen Wegen. Frieda, die ihre alte Bekannte im Hof getroffen und einige Worte mit ihr gewechselt hatte, betrat den Garten allein und sah sich eben nach einer Begleiterin um, als Herr Gruber an ihre Seite trat.

„So allein, kleines Fräulein“, sagte er freundlich. „Und mich haben Sie bis jetzt ganz beiseite gesetzt, haben mir keine Nachricht wegen der geschäftlichen Dinge zukommen lassen. Ich habe immer darauf gewartet.“

„Ich bitte sehr um Entschuldigung, Herr Gruber, dass ich bis jetzt schwieg. Es kam mir alles so unerwartet. Es ist so freundlich von Ihnen, dass Sie sich meiner Sache so angenommen haben.“

„Es war nur meine Pflicht“, unterbrach er sie ernst. „Ich hoffe, Sie machen nun keine Schwierigkeiten mehr wegen der Annahme des Geldes, das Ihnen gehört und als dessen Verwalter ich mich bis jetzt angesehen habe.“

„Ich bin Ihnen sehr dankbar, Herr Gruber, ich habe eingesehen, dass es nicht recht von mir ist, mich gegen die Annahme zu sträuben. Einen großen Wunsch hätte ich –“

„Und der wäre?“

„Wenn ich gleich eine Summe davon erbitten dürfte, um meinem Pflegevater das zu ersetzen, was meine Ausbildung und mein Aufenthalt in einem fremden Pensionat gekostet haben. Ich reise in den Sommerferien zum Besuch dahin und möchte das Geld mitnehmen. Aber es ist eine große Summe, es werden etliche tausend Mark sein.“

Er lächelte. „Sie sollen nächstens Einsicht in die Bücher erlangen. Sie werden merken, dass das für Sie nur eine kleine Summe bedeutet.“

Sie errötete tief. „Herr Gruber!“, rief sie, „das kann ich gar nicht verbrauchen, es wird wie ein Druck auf mir liegen.“

„Wenn wir das Geld, das uns von Rechts wegen gehört, zur Ehre Gottes anwenden, so bringt es uns Segen.“

„Ja, wir können Gutes damit tun.“ Und wieder trat das Leuchten in ihre Augen, das ihrem Gesicht einen so schönen Ausdruck verlieh. – „Hier bist du, Frieda, und in Begleitung unseres Chefs!“, sagte Veronika, die in den Laubengang trat, der am unteren Ende des Gartens lag. „Ich suchte dich schon, da sagten mir einige Damen, die an dir und Herrn Gruber vorübergegangen waren, du hättest mit Geldgeschäften zu tun. Hast dir als Erzieherin wohl schon ein hübsches Sümmchen erspart und willst es hier sicher unterbringen.“

„Wir haben allerdings viel Geschäftliches miteinander abzuwickeln, Frau Veronika“, ergriff Gruber das Wort, „und werden Sie noch bitten, uns zuweilen ein Zimmer zur Verfügung zu stellen, in dem wir verhandeln können. Fräulein Senker wird nicht Lust haben, immer zu mir zu kommen.“

Veronika machte ein verdutztes Gesicht.

„Sie sollen alles erfahren, Frau Saltino, lassen Sie sich von Ihrer Freundin hier berichten, wie die Dinge zusammenhängen. Wenn es Ihnen passt, dürfen wir uns vielleicht morgen Mittag bei Ihnen einstellen?“

„Zu jeder Zeit, zu jeder Stunde, Herr Gruber. Sie wissen, Sie sind immer willkommen, und dass meine liebe Frieda es ist, brauche ich ihr auch nicht zu sagen."

Damit nahm sie Frieda unter den Arm und ging zu den übrigen Damen, während Herr Gruber sich den Herren anschloss, die, eine Zigarre rauchend, den herrlichen Abend im Freien genossen.

Am andern Tage schon sah man Herrn Gruber mit großen Geschäftsbüchern nach oben gehen, wo Frieda auf ihn wartete.

„Ich weiß alles", begrüßte ihn Veronika. „Ich freue mich so sehr für meine Freundin, dass ihre Lage sich so günstig gestaltet."

Sie verließ das Zimmer, und Herr Gruber sagte ernst: „Nun wird mein armer Onkel wohl als Betrüger entlarvt sein." Frieda sah ihn mit ihren klaren Augen vorwurfsvoll an. „Ich weiß zu schweigen über Dinge, die nicht laut werden sollen. Ich konnte meiner Freundin, ohne unwahr zu sein, sagen, dass es sich um rückständige Gelder handele, die meinem Vater gehörten. Sie hatte den Takt, nicht weiter zu forschen."

„Ich danke Ihnen", sagte Gruber und gab ihr die Hand. Dann schlug er die Bücher auf und erklärte und rechnete ihr alles vor, bis sie sagte: „Ich vertraue Ihnen ganz. Wenn Sie mir sagen, über wie viel ich im Jahr zu verfügen haben, und wenn Sie mir erlauben, mir Geld auszubitten, wenn ich welches gebrauche, so werde ich Ihnen wirklich sehr dankbar sein."

„Dann soll ich Ihnen das Kapital nicht auszahlen, sondern es nach wie vor verwalten?"

„Wenn Sie die große Güte haben wollen, wenn es Ihnen nicht zu viel Mühe macht."

„Jetzt, da alles geordnet ist, nicht mehr. Anfangs hatte ich mit großen Schwierigkeiten zu kämpfen. Das Beste aber ist, dass wir die Empfängerin endlich gefunden haben, das hat die größte Mühe verursacht."

„Und doch sind wir uns ein paar Mal so nahe gewesen, dass Sie keine Mühe gehabt hätten, mich zu suchen", musste Frieda schon antworten.

„Allerdings, bei der Schneeverwehung! Wenn ich damals geahnt hätte –"

„Sie haben mich noch viel früher gesehen." Er sah sie verständnislos an. Da Frieda von allem durch Veronika unterrichtet war und nichts vorlag, dessen Gruber sich zu schämen hatte, konnte Frieda zu ihm davon sprechen.

„Erinnern Sie sich der Szene am Neuburger See? Erinnern Sie sich, ein junges Mädchen um ein Tuch gebeten zu haben? Das junge Mädchen war ich."

Gruber erschrak, dass er blass wurde. „Was sagen Sie? Das Kind, das urplötzlich durch das Gebüsch kam, das ich in der Angst meines Herzens um ein Tuch bat, das sind Sie gewesen!"

„Sie baten mich zu schweigen, ich habe mein Versprechen gehalten. Davon ist bis heute nichts über meine Lippen gekommen. Sie sehen daraus, dass ich schweigen kann. Es tut mir nur Leid, dass ich ein Misstrauen gegen Sie mitnahm, da ich nicht ahnen konnte, dass ein Dritter mit im Spiel war."

„Saltino", sagte er leise.

„Ich weiß es. Veronika hat mich über alles jetzt aufgeklärt."

„Daher die Zurückhaltung, das scheue, misstrauische Wesen gegen mich", sagte er halblaut.

„Vergeben Sie mir, ich wusste es ja nicht anders."

„Armes Kind, wie sollten Sie auch!"

Sie sprachen noch eine Weile über dies Erlebnis, bis Frieda plötzlich mit den Worten aufsprang: „Ich muss gehen, die Pflicht ruft mich."

Von da an sahen sie sich öfter. Herr Gruber versäumte keine Gelegenheit, sie zu treffen, wenn er merkte, dass sie bei Veronika war. Auch suchte er oft einen triftigen Grund, um sie zu sprechen. Es war kein Wunder, dass in ihm immer mächtiger der Wunsch aufstieg, sie ganz an sich zu fesseln. Als er dann durch Herrn Richter von der verkümmerten Jugend des Waisenkindes erfuhr, wie die Kleine sie ertragen hatte, da wurde das Verlangen, sie von nun an zu schützen, immer mächtiger.

Sie selbst aber erblühte immer lieblicher und holder, ahnte aber nicht, dass sie mehr und mehr eine begehrenswerte Blume wurde.

Als die Sommerferien ihren Anfang nahmen, bat

sie Herrn Gruber, ihr nun das versprochene Geld auszuhändigen. „Wie wär's, Fräulein Senker, wenn ich Ihnen das Geld selbst nach Buschrode brächte? Eine junge Dame darf nicht mit so vielem Geld reisen."

„Ließe es sich denn nicht schicken?", fragte Frieda errötend. „Sie wollen mich wohl nicht bei Ihren Freunden haben?", fragte er ernst. „Ich beabsichtige doch, meinen Freund in der Nähe von Neuburg einige Tage zu besuchen, dann wäre es mir ein Leichtes, einen kleinen Abstecher in Ihr Dörfchen zu machen. Aber, wenn ich nicht darf –"

„Sie dürfen", sagte Frieda und senkte die Blicke, noch tiefer errötend. –Sie war noch nicht zwei Tage in Buschrode, als auch schon ein Brief von Gruber an sie kam. Sie kannte die Handschrift wohl und erbrach ihn zitternd.

Er bat mit wenigen, aber inhaltschweren Worten um ihre Hand, fragte, ob sie sein rechter Teilhaber, seine treue Gefährtin im Leben werden wolle, mit ihm Freud und Leid teilen und sonst alles, was Gottes Gnade ihm bescheren wolle. Wenn nicht, so wolle er das versprochene Geld ihr durch Postanweisung zuschicken, hätte sie aber ein freudiges Ja, so würde er selbst kommen und es bringen. Die Antwort lautete: Er möchte es selbst bringen!

Frieda hatte natürlich den Ihrigen alle wunderbaren Erlebnisse mitgeteilt. Die ahnten wohl, was noch kommen würde, denn als sie Martha mit dem Inhalt des Briefes bekannt machte, umarmte diese sie mit den Worten: „Ich habe mir schon gedacht, dass dies das Ende der wunderbaren Geschichte sein würde.“

Der Schmerz um den Tod der Mutter war durch die Zeit gemildert, es herrschte schon wieder fröhliche Stimmung im Hause. Alle Sommergäste waren wieder eingetroffen, außer den Tanten auch wieder Frau Zeller mit den Kindern. Sie wollte so gern die Freundschaft mit Buschrode aufrecht erhalten.

Und als nun Gruber dazukam, und es eine Verlobung gab unter den Bäumen und Blumen des Pfarrgartens, herrschte wieder Freude und Frohsinn, wenn auch Frieda im innersten Herzen die gütige Pflegemutter vermisste.

Frieda fand ein reiches Glück an der Seite ihres Mannes, den sie nicht allein lieben musste, sondern zu dem sie in vollster Hochachtung hinaufsah. Beide Menschen aber gaben Gott in allem die Ehre und waren ihren Angestellten und Untergebenen ein Vorbild, wie ein Christ in allen Lagen des Lebens sich nach Gottes Wort zu richten habe, ihm in allem zu dienen suche.

Mit Frau Roller und Margarete wurde ein starkes Freundschaftsverhältnis aufrecht erhalten, ebenso mit Veronika.

Fräulein Richter blieb als Haushälterin in der Villa und stand der jungen Frau kräftig mit Rat und Tat zur Seite. Sie blieb oben in der kleinen Wohnung mit ihrem Bruder, dem die helle Freude aus den Augen über Friedas Geschick leuchtete.

„Sie hat's verdient", pflegte er oft zu sagen. „Sie war ein Segenskind und ist auch jetzt allen zum Segen gesetzt, mit denen sie umgeht." –Von Buschrode aber kam Martha jedes Jahr einmal bei Frieda zu Besuch. Als sie nach einigen Jahren auch einmal bei ihr weilte, erzählte sie ihr, dass ihr Vater sich in den Ruhestand begeben habe, und dass Pastor Marbach zum künftigen Pfarrer von Buschrode berufen sei.

„Wo bleibt Ihr denn aber?", fragte Frau Frieda.
„Wir hatten die Absicht, nach Neuburg zu ziehen.

Aber vielleicht bleiben wir ganz in Buschrode. Der Pfarrer hat darum gebeten", fügte sie errötend hinzu, „und wahrscheinlich werden wir es tun!"

Helene Hübener
Im Rosenhaus
Bestell-Nr. 330 905
269 Seiten, Taschenbuch

Das Buch erzählt von den beiden Schwestern Julia und Anna.
Durch das Erbe des Rosenhauses fühlt Julia sich verpflichtet, dort Menschen Aufzunehmen und ihnen zu helfen. Anna lernt einen Amtsrichter kennen und übernimmt die Mutterstelle für dessen Kinder, die allzu früh Halbwaisen wurden. Durch den plötzlichen Tod ihres Mannes steht sie jedoch vor einer fast unlösbaren Aufgabe. Julia sieht wieder einmal eine Möglichkeit zu helfen. Schon blad zieht Anna mit ihren Kindern in das Rosenhaus ein.

FRANCKE
Verlag der Francke-Buchhandlung GmbH

Kristina Roy
Das wiedergefundene Paradies
Bestell-Nr. 330 912
76 Seiten, Taschenbuch

Ein trauriges Leben scheint dem Waisenjungen Andrischko und seiner kleinen Schwester beschieden – keiner will die beiden an Kindes Statt bei sich aufnehmen.
Erst als sich der alte Martisch bereit erklärt, die Kleinen als Vormund aufzuziehen, wendet sich ihr Schicksal zum Guten. Als frommer Mann erzieht er sie im Glauben an Jesus Christus.
Wie die Kinder schließlich zum Segen für das ganze Dorf werden, schildert die bekannte Autorin in ihrer unverwechselbaren, kristallklaren Sprache.